U0944093

电工学实践教程

张廷锋 李春茂 莫文贞 王小璠 许少衡 编著

清华大学出版社
北京

内容简介

电工电子实验是工科院校电工技术与电子技术及相关课程的实践性环节，是整个教学环节中的重要组成部分。本教程包括电工学实验必备的基础知识（第1章）和电工电子实验（第2～5章）两部分。实验部分包括电工技术实验、模拟电子技术实验、数字电子技术实验和综合设计性实验4类，共29个实验，读者可根据不同的教学要求及实验室条件进行选择。部分实验内容可采用Multisim等电路仿真软件进行。附录中介绍了常用电工电子元器件、常用实验教学软件、实验室常用电工仪表与电子仪器。全书重点介绍实验原理，培养学生的实验技能，而实验所用仪器仪表的种类不作为重点。

本书适用于高等学校理工科非电类各专业的"电工学实验"教学。

图书在版编目(CIP)数据

电工学实践教程/张廷锋，李春茂主编. —北京：清华大学出版社，2006.3(2007重印)
ISBN 978-7-302-12576-1

Ⅰ. 电…　Ⅱ. ① 张… ② 李…　Ⅲ. 电工学－实验－高等学校－教材　Ⅳ. TM1-33

中国版本图书馆CIP数据核字(2007)第006763号

责任编辑：张占奎
责任印制：何　芊

出版发行：清华大学出版社
　　网　址：http://www.tup.com.cn，http://www.wqbook.com
　　地　址：北京清华大学学研大厦A座　　**邮　编**：100084
　　社 总 机：010-62770175　　**邮　购**：010-62786544
　　投稿与读者服务：010-62776969，c-service@tup.tsinghua.edu.cn
　　质 量 反 馈：010-62772015，zhiliang@tup.tsinghua.edu.cn
印 装 者：北京市清华园胶印厂
经　销：全国新华书店
开　本：185mm×230mm　**印　张**：12.25　**字　数**：251千字
版　次：2006年3月第1版　**印　次**：2012年7月第7次印刷
印　数：12201～13700
定　价：18.00元

产品编号：021179-02/TM

前 言

电工电子实验是工科院校电工技术与电子技术及相关课程的实践性环节，是整个教学环节中的重要组成部分。本实践教程包括电工学实验必备的基础知识和电工电子实验两部分。实验中既有基础性实验，也有综合性、设计性实验。基础实验可以帮助学生巩固和加深理解所学的知识，培养学生的实践技能和动手能力；综合性、设计性实验旨在培养学生面向工程问题的思维方法和设计能力。

本书内容覆盖面广，包括测量知识，以及常用实验仪器仪表、Multisim 电路仿真软件及实验注意事项等，具体实验内容包括电工技术、电路、模拟电子技术、数字电子技术实验环节和设计性综合型实验，实验教师可根据实际情况适当选择。部分实验内容可采用 Multisim 等电路仿真软件进行实验。实验内容中，标有“＊”的为选做内容。

本书是在华南理工大学电工教研室全体教师多年的实验教学经验基础上编写的，张廷锋担任主编，李春茂任副主编，莫文贞编写附录 A，许少衡编写附录 B，王小璠编写第 4 章及实验 27，李春茂编写绪论、第 1 章、第 3 章及实验 29，张廷锋编写附录 C、第 2 章及第 5 章(实验 27、实验 29 除外)。全书由张廷锋统稿，孙季丰教授审阅了书稿。

大连理工大学唐介教授、上海交通大学朱承高教授、北京交通大学张晓冬教授、西南交通大学李春茂教授对本书大纲和目录进行了认真审阅并提出修改建议。在本书编写过程中，华南理工大学电工教研室的老师们提出了许多宝贵意见。华南理工大学电子与信息学院黄洁雨副院长、徐向民副院长对本书的出版工作给予了特别关注。在此，一并表示衷心的感谢。

由于编者水平所限，书中难免存在错误和不妥之处，衷心希望广大读者批评指正。

编　者

2005 年 12 月于华南理工大学

目录

绪论

电工学实践教学包括电工电子实验、课程设计和电子工艺实习等诸多环节，它对于学好电工学及其后续专业课程有着举足轻重的作用，应当给予足够重视。

0.1 实践教学的地位和作用

传统的教学体制以基础理论教学为主，实验教学一直处于“教辅”地位。20世纪末，特别是进入21世纪以来，政府对教育的投入大幅度提升，实验室建设规模空前扩大，面对当前社会对人才的需求情况，应把实践教学环节提高到同理论课教学同等重要的地位，使得承前启后的实践教学真正从“教辅”中解脱出来，与理论课教学和科学研究有机地紧密结合在一起，使学生通过实践教学过程的训练，深化对基础理论的认识，同时加强培养学生的动手操作能力、实践创新能力以及科研能力和工程意识，从而培养出适合社会需要的优秀人才。

0.2 安全用电

在电工学实践教学过程中，需要使用电源和电器设备。人体是导电体，当不慎触及电源或漏电设备时，电流通过人体使其受到伤害，这就是电击。电击对人体的伤害程度与通过人体电流的大小、通电时间的长短、电流通过人体的途径、电流的频率以及触电者的健康状况和精神状态等各种因素有关。工频交流电是比较危险的，当人体通过1mA的工频电流时就会有不舒服的感觉，通过50mA的电流时就可能发生痉挛、心脏麻痹，时间过长就会有生命危险。为了确保人身和仪器设备安全，防止触电事故发生，要求学生在熟悉安全用电常识的前提下，必须严格遵守以下安全操作规程：

(1) 不能随意合电闸，尤其是总电闸，未经允许绝对不能私自合闸。

(2) 严禁带电接线、拆线或改线，即应先接线再通电，先断电再拆线。

(3) 接线完毕，要认真复查，确信无误后再接通电源进行实验。

(4) 在实验中，特别是闭合或断开闸刀开关时，要随时监视仪表和机电设备有无异常现象，如指针反转、异响、异味、温度过高等现象。一旦发现应立即断电检查，如情况严重可请指导教师协助检查。

(5) 实验时要严肃认真，同组之间密切配合。不得用手触及电路中的裸露部分，特别是强电实验，以防触电。

（6）电源接通后要尽量培养单手操作的习惯，以防止双手触及电路中的不安全电压，造成触电事故。

（7）接通电源的电路不能有空甩线头的现象，否则易出现电源短路、烧坏仪器或人员触电等情况。线路连接好后，多余和暂时不用的导线都要拿开。

（8）万一遇到异常情况或触电事故，应立即切断电源，或用绝缘工具迅速将电源线断开并查找原因。

（9）在测量电路时，若被测值难以估计，仪表量程应置最大，然后根据其指示情况逐渐减小量程，防止因过压、过流而烧坏仪表。

（10）遵守各项操作规程，培养良好的操作习惯，努力做到人员和设备的安全。

0.3 电工学实验规则

（1）实验前必须认真预习，这是做好实验的关键所在。预习中明确实验目的，熟悉其原理、手段、方法及步骤。要认真完成预习思考题，了解仪器仪表的使用方法等。

（2）认真测量与记录各项实验数据，对被测量点的数目和间隔要安排合适，变化曲线的最高点和最低点必须测出，变化曲线的拐弯处测量点要选得密一些，测量点要分布在整个范围内等，这些都要事先考虑好。实验数据应记在事先画好的表格中，并注明被测量的名称和单位等。

（3）实验中要仔细观察、记录各种现象和规律，并运用所学知识解释这些现象，必要时应当与指导教师共同探讨。

（4）实验结束，应检查实验数据是否与理论值接近，如果相差较大应分析其原因。实验结果经老师检查无误后方可拆线，整理好实验器材后才能离开实验室。

（5）认真及时完成实验报告。实验报告是整个实验的重要组成部分，必须认真对待。报告纸采用规定的格式。实验报告除填好报告纸上各栏外，一般应包括以下几项：

① 实验目的；

② 实验原理图；

③ 实验仪器、设备和器件；

④ 实验内容与步骤；

⑤ 实验数据及分析；

⑥ 实验结论、误差分析及心得体会；

⑦ 思考题。

（6）遵守实验室规章制度，严禁乱搬、乱动与本次实验无关的仪器和设备。

第1章 基础知识

1.1 基本电量的测量

在电工电子技术测量过程中，首先要选择适当的测量方式和测量方法，将被测量与作为标准量的度量器进行直接或间接的比较，从而得到测量结果。然而由于种种因素的影响，测量结果总是不同程度地存在一定的误差，这就需要进行误差分析。本节主要讨论测量方式、测量方法、测量误差及其消除方法，然后介绍一些电工仪表和测量数据处理的基本知识。

1.1.1 测量技术中的重要概念

测量是将被测量与标准量进行比较的过程。在这一过程中，人们借助于专门的设备，通过实验的方法获得被测量的数值大小。所谓电工测量，是指对各种电磁量的测量，它所用的专用设备是各种电工测量仪表仪器。测量技术中有两个重要概念，即准确度和精密度。

(1) 准确度。指测量结果与被测量真值的接近程度，它反映系统误差的影响程度，即后面提到的相对误差。

(2) 精密度。指在重复测量同一系统时所得结果相互一致的程度，它反映了随机误差的影响。例如：用某电压表测真值为12V的电压，三次测得的结果分别为10.950V、10.951V和10.949V；用另一块电压表测同一电压值，三次测得的结果分别是11.90V、11.85V和11.95V。从测量结果来看，虽然第一块电压表测得的结果与真值12V的差异较大，但它三次测量结果之间的差异小，故第一块表比第二块表精密度高。

测量过程一般包括以下三个阶段：

(1) 准备阶段。首先要明确被测量的性质及测量所要达到的目的，然后选择合适的测量方式、测量方法及相应的测量仪表仪器。

(2) 测量阶段。建立测量仪表仪器所必需的测量条件，细心操作并认真记录每一个测量数据。

(3) 数据处理阶段。根据记录的数据，进行数据分析和处理，以求得测量结果，并对出现的误差进行分析。

1.1.2 测量方式的分类

按获得被测量结果的方式不同，测量可分为直接测量、间接测量和组合测量3种。

(1) 直接测量。将被测量与度量器的标准量直接比较,或用事先经过校验好的仪表进行测量,从而测出被测量的数值大小和单位。例如,用直流电桥测量电阻或用电流表测量电流,用电压表测量电压等属于直接测量。直接测量被广泛用于工程技术测量中。

(2) 间接测量。先通过直接测量几个与被测量有函数关系的量,然后再通过计算,求出被测量的数值。例如用伏安法测量电阻,可先测出电阻两端的电压与流过该电阻的电流,然后用欧姆定律间接计算出该电阻的阻值。当被测量由于某些原因而不便于直接测量时,可以采用间接测量。

(3) 组合测量。如果被测量有多个,它们彼此间又具有一定的函数关系,并能以某些可测量的不同组合形式表示,那么可先通过直接或间接方式测量这些组合量的数值,再通过联立方程组求得未知的被测量的数值。这种测量方式称为组合测量。

例如,导体的电阻 R_t 随温度 t 而变,两者之间的函数表达式为

$$R_t = R_{20}[1 + \alpha(t - 20) + \beta(t - 20)^2] \tag{1-1}$$

如果要确定某种导体的电阻 R_t 与温度之间的关系,则须测定式(1-1)中的温度系数 α、β 以及在 20℃ 该导体的电阻 R_{20},为此,可分别测出该导体在 20℃ 和 t_1、t_2 时的电阻值 R_{20}、R_1 和 R_2,并代入式(1-1)中,得到由两个方程式组成的方程组,求解方程组即可求出 α 和 β。

在组合测量中,所能列出的方程式的数目应等于未知被测量的数目。

1.2 测量误差及其分析

在实际测量中,由于测量仪表仪器不够准确,测量方法不很完善,测量人员的技术水平不是很高等种种因素的影响,都会使测量结果与被测量真值之间存在一定的差别,这种差别称为测量误差。所谓真值就是被测量在规定条件下客观存在的量值。真值是无法被准确知道的,即不能从测量中获得,而只能从国家计量标准中导出。

1.2.1 测量误差的类别

根据误差的性质和产生的原因,误差可以分为系统误差、随机误差和疏忽误差3类。

1. 系统误差

在多次测量同一个量时,如果误差的数值大小和符号保持恒定,或遵循一定的规律变化,那么这类误差就称为系统误差。系统误差按其成因及表现特点可分为两类。若多次重复测量同一个量时,数值的大小和符号保持恒定不变的误差称为恒定误差。在多次测量同一个量时,误差总是遵循一定的规律变化,这种误差称为变值误差。

变值误差又有累进误差、周期性误差以及按复杂规律变化的误差3种。累进误差在整个测量过程中是逐渐增加或逐渐减小的；周期性误差按照某种规律周期性改变误差的数值大小和符号；按复杂规律变化的误差，其变化规律虽然复杂，但还是有一定的规律。

由于系统误差的数值大小和符号能准确确定，所以经常被用来修正测量数据。

产生系统误差的原因主要有以下几个方面：

(1) 测量仪表仪器和环境造成的误差。测量仪表仪器本身结构和制作工艺的不够完善，例如仪表指示刻度不够准确，会造成系统误差；使用仪表仪器时未满足所规定的使用环境条件，例如安装位置不够正确、环境温度不符合要求等，也会造成系统误差。

(2) 测量方法和理论造成的误差。测量方法不够完善或者测量所依据的理论不完善，例如采用近似公式、忽略了电源内阻等，都会造成系统误差。

(3) 人员误差。人员误差也称个人误差，它是由测量人员的最小分辨力、感官的生理变化、反映速度或习惯等因素而带来的误差。这种误差因人而异，并与个人实验时的心理或生理状态有关。

从以上分析可知，系统误差的主要特点是：系统误差产生在测量之前，具有确定性，多次测量也不能减小和消除它，即不具有抵偿性。

2. 随机误差

随机误差又称偶然误差。在相同条件下多次重复测量同一被测量时，随机误差的数值会发生变化，且没有固定的变化规律。随机误差是由众多的微小因素造成的。例如周围环境的各种随机量，如磁场或温度的微小变化、空气扰动、大地震动等偶然因素均可造成随机误差。随机误差是难以估计到的。通过大量的测量实验发现，随机误差具有以下4个特点：

(1) 有界性。在有限次测量中，随机误差总是有界限的，不可能出现无穷大的随机误差。

(2) 对称性。在一定测量条件下的有限次测量中，绝对值相等的正误差与负误差出现的次数大致相同。

(3) 抵偿性。由于随机误差具有对称性，所以取这些误差的算术平均值时，绝对值相等的正负误差便相互抵消。

(4) 单峰性。随机误差不会等于零，它总是在零的附近随机波动，波动时大时小，且绝对值小的误差出现的次数多于绝对值大的误差出现的次数。

3. 疏忽误差

明显与实验测量结果不相符的误差称为疏忽误差，又称过失误差或粗大误差。它主要由测量过程中某些意外发生的不正常因素造成，包括测量人员的主观原因和外界条件的客观原因两个方面。测量人员粗心大意是引起疏忽误差的主要原因。测量条件发生意外的突变引起测量仪表仪器指示值突然跳动也会造成疏忽误差。疏忽误差是一种严重偏离测量结果的误差，含有疏忽误差的测量数据都是不可靠的，应当舍去。

1.2.2 减小误差的方法

在测量中，误差不可避免，要想完全消除误差是很困难的。但是只要采用合理的测量方法、测量人员有严谨的工作作风，就可以将误差控制在最小范围内，以致基本消除。

1. 减小系统误差的方法

减小系统误差没有千篇一律的方法，必须根据实际情况进行分析。下面介绍几种常用的方法。

(1) 预先研究可能产生误差的来源并加以适当校正，其中包括测量前校正所有有关的仪器仪表，审核有关的测量方案和理论，确定有关的校正公式、曲线和数据等。

(2) 消除产生误差的根源。如测量前认真检查有关仪器仪表是否调整好，仪表指针是否调在零位。还要检查仪器仪表是否安放在合适的位置上，各种接线是否正确；同时还要选好利于观察仪表的位置，以免出现因视觉而产生的误差。

(3) 采取特殊的测量方法。针对出现系统误差的不同情况，可分别采取以下的特殊测量方法，以减小系统误差。

① 正负误差补偿法。当系统误差为恒值时，可对被测量在不同的测量条件下进行两次测量，并使一次误差为正，另一次误差为负(两次误差绝对值相等)，然后求出这两次测量数据的平均值，作为测量结果。

例如，为了消除恒定的外磁场对磁电式仪表所造成的系统误差，假设在测量初始位置时，外磁场与仪表内磁场叠加，使测量出现正误差，此时仪表指针的偏转角为

$$\alpha_1 = \alpha + \Delta\alpha$$

式中：α——仪表指针在无外磁场影响下的正确偏转角；

$\Delta\alpha$——仪表指针在外磁场作用下产生的附加偏转角。

然后将仪表从初始位置转动180°，使外磁场对仪表产生相反的影响，这时仪表指针的偏转角为

$$\alpha_2 = \alpha - \Delta\alpha$$

取两次读数的平均值，即

$$(\alpha_1 + \alpha_2)/2 = (\alpha + \Delta\alpha + \alpha - \Delta\alpha)/2 = \alpha$$

由于测量结果是取两次读数之和的一半，所以系统误差正负值相互抵消。

② 换位法。当系统误差为恒值时，通过适当安排，对被测量进行两次测量，并使产生误差的因素从相反的方面影响测量结果，然后取两次测量结果的平均值，以达到减小或消除系统误差的目的。例如，用双臂电桥测量电阻时，为了减小因比率臂电阻不准确造成的误差，可以采取换臂的办法，即将两个比率臂的电阻的位置调换一下，再进行一

次测量，然后取两次测量结果的平均值。

③ 替代法。采用替代法测量时，被测量的误差与仪表仪器本身及外界因素无关，而只与标准量的准确度有关。一般情况下，标准量的误差很小，可以忽略，因此，替代法可以大大减小或消除系统误差。

2. 减小随机误差的方法

与系统误差不同，随机误差不能利用实验的方法减小或消除，惟一的办法是尽可能进行多次测量，并取各次测量结果的算术平均值，以减小随机误差的影响。测量次数越多，其随机误差的影响越小，测量结果的算术平均值越接近真值。

随机误差一般较小，工程上常可以忽略。

3. 减小疏忽误差的方法

由于疏忽误差绝大多数情况下是由测量人员粗心大意造成的，所以提高测量人员的技术水平、培养严谨的科学态度和工作作风，加强责任心，在测量过程中做到精力集中，一丝不苟是避免疏忽误差的关键。保证测量条件在整个测量过程中稳定不变，避免在外界条件剧烈变化时进行测量，也可使疏忽误差产生的机会大为减少。

1.2.3 电工仪表的误差

用于测量各种电量和磁量的仪器仪表统称为电工仪表。对于任何仪表，不论其质量如何，在进行测量时，仪表指示的数值和被测量的真值相接近的程度称为仪表的准确度，准确度又称为精确度。准确度是用误差的大小来衡量的，误差越小，准确度越高。仪表误差分为基本误差和附加误差。

基本误差指仪表在规定的温度、湿度、放置方式以及无外电场和外磁场干扰等工作条件下，由于制造工艺不完善，仪表本身所固有的误差。例如仪表活动部分存在机械摩擦、标度尺分度不准确或仪器部件装配不好，都会使仪表在测量时产生误差。

附加误差是由于仪表工作在非正常工作条件下产生的一种额外误差。例如由于环境温度、湿度、频率、外界电磁场、电流或电压波形等变化而造成的测量误差均属附加误差。

仪表误差的大小可以用绝对误差、相对误差和引用误差3种表示法表示。

1. 绝对误差

测量时，仪表指示的数值 A_x 与被测量的真值 A_0 之间的差值称为仪表的绝对误差。若绝对误差用 Δ 表示，则

$$\Delta = A_x - A_0 \tag{1-2}$$

绝对误差的单位与被测量的单位相同。

例 1-1 真值为10A的电流，用电流表甲测量时指示为10.1A；用电流表乙测量时指示为9.8A，分别求甲和乙电流表测量时的绝对误差。

解 设甲电流表的绝对误差为Δ_1,乙电流表的绝对误差为Δ_2,则由式(1-2)得

$$\Delta_1 = A_{x1} - A_0 = 10.1 - 10 = 0.1(\mathrm{A})$$

$$\Delta_2 = A_{x2} - A_0 = 9.8 - 10 = -0.2(\mathrm{A})$$

可见,绝对误差有正负之分。Δ为正时,测得的值偏大;Δ为负时,测得的值偏小。测量同一个量时,Δ的绝对值越小,测量的结果越准确。

为了得到被测量的真值,由式(1-2)得

$$A_0 = A_x - \Delta = A_x + (-\Delta) = A_x + C \tag{1-3}$$

式中:C——修正值,$C=-\Delta$,即修正值与绝对误差大小相等,符号相反。

2. 相对误差

相对误差等于绝对误差Δ与被测量的真值之比,并用百分数表示。若相对误差用γ表示,则

$$\gamma = \Delta / A_0 \times 100\% \tag{1-4}$$

相对误差γ也有正负之分。

例 1-2 用两只电流表测量两个大小不同的电流,设甲电流表在测量真值为400A的电流时,指示值为404A,乙电流表在测量真值为100A电流时,指示值为102A,分别求甲、乙两电流表在上述测量中的绝对误差和相对误差。

解 绝对误差分别为

$$\Delta_1 = A_{x1} - A_0 = 404 - 400 = 4(\mathrm{A})$$

$$\Delta_2 = A_{x2} - A_0 = 102 - 100 = 2(\mathrm{A})$$

相对误差分别为

$$\gamma_1 = \Delta_1 / A_{01} \times 100\% = 4/400 \times 100\% = 1\%$$

$$\gamma_2 = \Delta_2 / A_{02} \times 100\% = 2/100 \times 100\% = 2\%$$

上面的计算结果表明:甲电流表的绝对误差比乙电流表大,但相对误差小些。由于相对误差便于对不同测量结果的测量误差进行比较,所以在工程上凡要求计算测量结果的误差或是评价测量结果的准确度时,一般都用相对误差。

在相对误差的实际计算中,有时难以确定被测量的真值,这时可用仪表指示值A_x代替真值A_0,从而求出相对误差的近似值,即

$$\gamma \approx \Delta / A_x \times 100\% \tag{1-5}$$

需要指出的是,相对误差虽然能表明测量结果与被测量的真值之间的差异程度,也能说明测量不同数值时的准确度,但它不能完全说明仪表性能的好坏,即仪表的准确度。同一只仪表在测量同一被测量的不同数值时,其绝对误差Δ通常变化不大,但随着被测量数值的变化,A_x却可以在一定范围内有很大的变化,因此用式(1-5)计算相对误差时,对应于被测量的不同数值A_x,会有不同的相对误差。显然,用相对误差难以衡量仪表本身性能的好坏。这是相对误差的不足之处。

3. 引用误差

引用误差是用来衡量仪表本身性能好坏的量，它是反映仪表基本误差的数值。一般所说的仪表误差即指此基本误差。引用误差规定为绝对误差 Δ 与仪表量程 A_m 的比值，并以百分数表示。引用误差若用 γ_m 表示，则

$$\gamma_m = \Delta / A_m \times 100\% \tag{1-6}$$

可见引用误差是相对误差的特例。

式(1-6)中，仪表的量程 A_m 是指仪表仪器在规定的准确度下，对应于某一测量范围内所能测量的最大值。量程又叫量限、上限或满刻度。

例 1-3　某量程为 150V 的电压表，假设测量 100V 电压时的指示值为 97V，求该电压表的引用误差 γ_m。

解　由已知

$$A_x = 97\text{V}; \quad A_0 = 100\text{V}; \quad \Delta = 97 - 100 = -3(\text{V})$$

根据式(1-6)，得

$$\gamma_m = \Delta / A_m \times 100\% = -3/150 \times 100\% = -2\%$$

注意：式(1-6)仅适用于单向标度尺的仪表(即零位在一侧的仪表)，对于双向标度尺的仪表(零位在中间)，引用误差 γ_m 要用绝对误差与两个上限的绝对值之和的百分比来表示，即

$$\gamma_m = \Delta / (|A_m| + |-A_m|) \times 100\% \tag{1-7}$$

对于无零位标度尺的仪表，引用误差用绝对误差与上、下量限差值的百分比表示，即

$$\gamma_m = \Delta / (A_{m1} - A_{m2}) \tag{1-8}$$

式中：A_{m1}——上量限值；

A_{m2}——下量限值。

顺便指出，引用误差虽然能较好地反映仪表的基本误差，但由于在测量值不同时，产生的绝对误差或多或少总有些不同，因此，仪表的引用误差不能看作常数。

1.2.4　电工仪表的准确度

1. 仪表的准确度

为了确切地表示仪表的准确度，可采用最大引用误差来表示仪表的准确度。最大引用误差是指绝对误差最大时的引用误差。对于大量使用的单向标度尺仪表，其准确度是指仪表在规定的正常工作条件下进行测量时，可能产生的最大绝对误差 Δ_m 与所用的量程 A_m 之比(以百分数表示)。若仪表的准确度用 δ 表示，则

$$\delta = \Delta_m / A_m \times 100\% \tag{1-9}$$

最大引用误差越小，仪表的基本误差越小，其准确度也越高。

2. 仪表的级别

仪表的级别是表示仪表准确度的等级。根据国际 GB 7676—1987 规定，指示式仪

表在有效量程范围内和规定使用条件下测量时，其基本误差不得超过相应的准确度级别。下表给出了电流表、电压表的 11 个准确度等级，以及每个等级所对应的基本误差。

准确度等级	0.05	0.1	0.2	0.3	0.5	1.0	1.5	2.0	2.5	3.0	5.0
基本误差/%	±0.05	±0.1	±0.2	±0.3	±0.5	±1.0	±1.5	±2.0	±2.5	±3.0	±5.0

功率表和无功率表分为 10 个等级，分别是 0.05 级，0.1 级，0.2 级，0.3 级，0.5 级，1.0 级，1.5 级，2.0 级，2.5 级和 3.5 级。

相位表和功率因数表分 10 个等级，分别是 0.1 级，0.2 级，0.3 级，0.5 级，1.0 级，1.5 级，2.0 级，2.5 级，3.0 级和 5.0 级。

电能表及其比较仪器的准确度等级及对应的基本误差另有国家标准规定。

知道仪表的准确度等级和量程，就可以算出该仪表在测量时可能产生的最大绝对误差 Δ_m。

例 1-4 一只量程为 250V、准确度为 1.5 级的电压表，测量时，它可能产生的最大绝对误差 Δ_m 为多少？

解 由上表查出，准确度为 1.5 级的电压表允许的基本误差（即最大引用误差）为 ±1.5%。故根据式(1-9)得

$$\Delta_m = \delta A_m = \pm 1.5\% \times 250 = \pm 3.75(\text{V})$$

就是说，这只电压表在全部有效刻度上，读数的绝对值都不会超出 ±3.75V 的误差范围。同一仪表，由于其本身的准确度 δ 和量程 A_m 一定，所以它可能产生的最大绝对误差不变。同样，如果知道某仪表的准确度等级和量程，也可以算出该仪表在测量某一值时，可能产生的最大相对误差。

例 1-5 如果用例 1-4 中的电压表测量 150V 的电压，可能产生的最大相对误差是多少？

解 由例 1-4 计算结果得最大绝对误差 $\Delta_m = \pm 3.75\text{V}$，由式(1-5)得与 Δ_m 相应的最大相对误差 γ_{max} 为

$$\gamma_{max} = \Delta_m / A_x \times 100\% = \pm 3.75/150 \times 100\% = \pm 2.5\%$$

由此可见，在一般情况下，测量结果的准确度（即最大相对误差）并不等于仪表的准确度。测量结果的准确度不仅与仪表的准确度有关，而且还与被测量的数值大小有关。因为同一仪表可能产生的最大绝对误差不变，所以测量不同值时，测量结果的最大相对误差不同。

顺便指出，在复用仪表中，对不同的被测量及不同的电流种类可以有不同的准确度；对于测量同一个量的多量程仪表，其不同的量程也可以有不同的准确度等级。

3. 仪表的选用原则

下面仅从仪表的准确度和量程两个方面来讨论应如何选用仪表。

(1) 用同样量程的两只仪表测量同一被测量,准确度越高的仪表测出结果的准确度也越高。所以在量程相同的情况下,宜选用准确度较高的仪表。

例如,用0.1级和1.0级两只10A量程的电流表分别测8A的电流,0.1级电流表可能产生的最大绝对误差为±10×0.1%=±0.01A,最大相对误差为±0.125%;而1.0级电流表可能产生的绝对误差为±10×1.0%=±0.1A,其最大相对误差为±1.25%。可见选0.1级电流表测量的准确度更高些。

(2) 由于同一只仪表同一量程的最大绝对误差不变,所以被测量的数值越接近满刻度,测量结果的最大相对误差越小。在选择仪表量程时,通常应使被测量的读数占仪表满刻度的1/2或2/3以上为宜。

总之,选用仪表时,应从工作实际需要出发,既要考虑仪表的准确度越高,测量结果越可靠;又要注意到用高准确度,但量程很大的仪表去测小数值的量时,不一定能获得满意的结果,即测量的最大相对误差不一定会更小。另外,仪表的准确度越高,价格越贵,维修越困难。所以不要盲目追求高准确度仪表。用准确度较低的仪表就能满足测量要求时,不要选高准确度的仪表。通常0.1级和0.2级的仪表用作标准表;0.5级至1.5级的仪表用于实验,1.5级至5.0级的仪表用于工程中。

1.3 测量数据的处理

数据处理是电工测量中必不可少的工作。测量时如何从标度尺上正确读取数据,如何整理数据,又如何进行近似计算,如何按照预先规定或技术标准做出正确判断,都是测量人员必须掌握的基础知识。

有人认为:测量读取数据时,数据位数取得越多,测量越准确;近似计算时,位数取得越多,计算结果越准确。其实不然,由于测量方法的不同,系统误差的影响以及测量人员感官的差别,测量误差是不可避免的。测量人员只能从标度尺读取一定位数的近似值,读取数据的位数过多,不但不能提高测量结果的准确度,反而使计算工作量大大增加,容易出差错;而读取位数过少,显然也会增大误差。那么,测量数据究竟应取多少位才合适呢?要回答这个问题,先要了解欠准数字的含义和测量数据的定位方法。

1. 欠准数字及测量数据的定位

如果用量程为3V的电压表测量某电压,当指针指在2.4~2.5中间时,则测量数据就是2.45V。其中,2.4V为准确值,而百分位上的数字5是估计数字。估计数字就称为欠准数字。欠准数字可以是0、1、2、3、4、5、6、7、8、9中的任意一个数字。测量读取数据时,只能取一位欠准数字,而且必须读取一位欠准数字。

一般来说,测量数据的数位要根据仪表精度而定,即测量数据应读取到仪表标度尺最小分度值的后一位。显然小数右边的0不能随意删去,它虽然与数值的大小无关,但它具有定位和表示仪表精度的作用。若删去小数右边的 0,则降低了仪表的精度；若在小数的右边随意增添 0,则夸大了仪表的精度。

2. 有效数字及有效位数的确定

由以上分析可见,测量数据最后一位数字必须是欠准数字,欠准数字为 0 时,也必须写出来。从测量数据左侧的第一个非 0 数字到欠准数字的所有数字都是有效数字,有效数字的个数就是有效位数。

对于任意一个非零数,其有效数字及有效位数的确定原则如下：

(1) 纯小数的有效数字及有效位数的确定。从纯小数左边第一个非 0 数字起到最右边数字止的各个数字都是有效数字,其个数就是纯小数的有效位数。如 0.32、0.032、0.0032 均有两位有效数字,即有效位数均为 2；而数 0.320、0.3200、0.010000 则分别有 3、4、5 位有效数字,即有效位数分别为 3、4、5。

(2) 非纯小数的有效数字及有效位数的确定。从整数的最高位起到小数的最低位止,各位上的数字都是有效数字,整数位数与小数位数之和就是有效位数。如 52.43、3.506、4.020 均有 4 位有效数字,即有效位数均为 4。

(3) 右边含若干个 0 的整数的有效数字及有效位数的表示方法。这种情况下,若无特别说明,则各个数字均为有效数字,该整数的位数就等于有效位数。如果题设条件中指明了有效位数,而有效位数又不等于原数的整数位数时,可以用科学记数法表示,即把该数写成含 1 位整数的非纯小数与 10^n 乘积的形式。此非纯小数的各个数字均为有效数字,有效数字个数为有效位数。如要将数 6300 分别表示为有效位数为 2、3、4、5 的数,可分别得 6.3×10^3、6.30×10^3、6.300×10^3 及 6.3000×10^3。又如,将 100 分别表示为有效位数为 1、2、3、4 的数,可得 1×10^2、1.0×10^2、1.00×10^2 及 1.000×10^2。

由以上分析可得如下结论：

(1) 有效数字中,左侧第一位不能是 0。

(2) 有效位数确定后,小数右边有 0 时,不能随意删去 0；也不能在小数右边随便增添 0。

(3) 有效位数确定后,整数位数不一定就是有效位数,有效位数由题设条件或实际情况决定。

(4) 有效位数确定后,整数末位的 0 不一定是有效数字。

(5) 用科学记数法表示整数的有效数字和有效位数时,将小数位数加 1 就得到有效位数；一个右边含若干个 0 的整数可以用科学记数法表示为含不同有效位数的数。

1.4 电路调试和常见故障的分析与检查

由于电子技术实验中电路和故障情况较为复杂,所以本节主要介绍电子电路的调试与故障分析检查,电工技术实验中的有关问题将在各实验中介绍。

1.4.1　电子技术实验电路调试

1. 调试前的准备

实验电路接线完毕后，首先必须做好以下检查工作，才能通电调试。

(1) 检查接线。一般可直接对照电路原理图进行查线，按一定程序逐一检查。如果电路中布线较多，则可以以元器件(如运放、数字集成电路、晶体管等)为中心，依次检查其引脚的有关连线，这种方法不仅可查出错线或少接的线，还能查出多余的线。

为确保连线正确，对已查过的线通常应在电路图上标出，并用万用表电阻挡对接线作连通检查，这样可以同时发现接触不良的部位。

(2) 检查元器件安装情况。重点要检查二极管、三极管、集成器件、电解电容等外引线与极性有否接错，元器件外引线之间有无短路。这里必须注意，在连线前要对元器件进行筛选，对其中不符合要求的元器件进行剔除。

(3) 检查电源及信号源接入情况。检查电源供电(包括极性)及信号源连线是否正确，检查电源输入端与公共接地之间是否存在短路。

电子电路经以上各项检查确认无误后，才可通电调试。

2. 调试方法

所谓电子电路的调试，是以达到电路设计指标为目的而进行的一系列测量、调整、再测量、再调整的反复进行过程。

(1) 先分调后总调。调试往往采用先分调后总调(联调)的方法。任何复杂电路都是由一些单元电路组成的。分调是按信号流程，逐级调整各单元电路，使其满足设计要求；而总调则是在分步完成各单元电路调试的基础上，逐步扩大调试范围，对其总体特性进行调试，最后完成整机调试，从而达到总体设计目标。

(2) 静态调试和动态调试。电子电路的一个重要特点是交直流并存，因此电子电路有静态和动态调试之分。

静态调试一般是指在没有外加信号的条件下(通常将电路信号输入端接地，以防干扰)所进行的直流测试和调整过程。例如对于模拟电子电路，静态测试过程应包括测量直流参数、静态工作点等，在放大电路实验中调整工作点使晶体管工作在线性区；对于数字电路，其静态测试是测各输入端和输出端的高低电平值及逻辑关系等。

动态调试是在静态调试的基础上进行的。调试的方法是在电路的输入端接入适当频率和幅值的信号，按信号的流向逐级检测各有关点的参数、波形和性能指标是否满足设计要求，如有必要，再进一步合理地修正电路参数。

(3) 注意事项。为了保证调试的效果，必须提高测量精度，减少测量误差，需要注意以下事项：测量仪器的输入阻抗必须远大于被测处的等效阻抗；测量仪器的带宽必须大于被测电路的带宽；测量仪器的接地端必须和被测电路的接地端连接在一起，以免引入干扰。

1.4.2 常见故障的分析与检查

在电工电子电路中，不可避免地会出现各种各样的故障，在处理故障之前，应保持现场，切勿随意拆除或改动电路。一般在发现故障之后，应从故障现场出发，进行分析、判断，通过反复检查测试，逐步找出产生故障的原因、性质，最后找出故障所在具体位置，以便及时排除。

1. 常见故障

(1) 测试设备故障。测试设备可能功能不正常，如测试棒及探头损坏等。

(2) 电路元器件故障。如晶体管、集成器件、电容、电阻等特性不良或损坏，常常可能使电路有输入而无输出，或输出异常。

(3) 接触不良故障。如插接点接触不牢靠，电位器滑动接点接触不良，甚至有断线。这种故障一般是间隙性的，或突然停止工作。

(4) 人为故障。如操作者接线错误、元器件参数选错、二极管或电解电容器极性接反、示波器旋钮挡级选择不对，造成波形异常甚至无波形显示等。

(5) 各种干扰引起的故障。所谓干扰是指来自设备或系统外部的、破坏有用信号的无用信号。干扰源种类很多，常见的有：直流电源滤波不佳，纹波电压幅度过大；感应干扰，空间的各种电磁波通过分布电容或电感等各种途径窜扰到电路或电子仪表中；接地不当引起的干扰等。

2. 检查故障的基本方法

(1) 直接观察法。不使用任何仪器，只利用人的视觉、听觉、嗅觉以及直接碰摸元器件作为手段来寻找和分析故障。此法较简单，可作为对电路初步检查之用。

(2) 电阻测量法。在电路不带电的情况下，用万用表电阻挡测量电路的阻值、导线或元件的通断等。

(3) 电压测量法。在电路带电的情况下，用电压表测量电路中有关的各点电位，或两点之间的电压，再应用理论知识分析和寻找故障。

(4) 信号跟踪法。把一个幅度与频率适当的信号送入被测电路的输入端，利用示波器，按信号的流向，逐级观察各点的信号波形。如某一级异常，则故障就在该级。这种方法对电子电路最为适用。

(5) 对比或部件替换法。将被怀疑有故障的电路参数和工作状态与相同的正常电路进行对比；或用与故障电路同类型的元器件、插件板等来替换故障电路中可能产生故障的部分，从中发现和判断故障。

以上列举的几种方法，在使用时可根据实际情况灵活掌握。对简单故障一般用一种方法即可查出故障点；但对于复杂故障，则需采用多种方法，互相配合，才能找到故障点。一般情况下,寻找故障的常规做法是:首先用直接观察法,排除明显的故障;然后用万用表检查静态参数;最后用信号跟踪法对电路作动态检查。

1.4.3 电子电路中的共地

由于电子电路周围存在杂散电磁场,它们通过电磁感应产生干扰,窜扰到电子电路及交流电子仪表线路中,影响正常工作。为防止这种干扰,一般采用电磁屏蔽和妥善接地的办法。电磁屏蔽就是把交流电子仪表和实验电路罩在金属外壳内,并把外壳与仪表的一个端子(黑色)相连,此外壳通过电源插头的接地端与电网的地相连。当外界电磁干扰侵入时,干扰将被金属外壳短路入地,而不致窜入仪表和实验电路中,减少了对实验系统的干扰。

虽然交流信号可以不分正负,但交流电子仪器仪表的输入或输出的两个端子却有红(信号线)、黑(地线)两色之分,说明它们不能互换使用,而且一般黑色端子与其外壳相连。在测量中要将各种电子仪器仪表的黑色端子连在一起,即都处于某公共电位点。这个公共电位点虽不一定是电网接地点,但称为共地端,用"⊥"符号表示。当电磁干扰袭来时,将被各仪表外壳短路到共地端,从而起到屏蔽作用。

第2章　电工技术实验

实验1　基尔霍夫定律和叠加原理的验证

1. 实验目的

(1) 验证基尔霍夫电流定律和电压定律。

(2) 验证叠加原理。

(3) 加深对参考方向(正方向)概念的理解。

(4) 通过对电阻、电压、电流的测量,熟悉万用表和直流稳压电源的使用方法。

2. 实验原理简述

基尔霍夫电流定律和电压定律是电路的基本定律,基尔霍夫电流定律(KCL)用来确定电路中连接在同一节点上各支路电流间的关系,具体表述为:对于电路中任一节点,在任一时刻,流入(或流出)该节点所有支路电流的代数和等于零,即 $\sum I=0$。基尔霍夫电压定律(KVL)用来确定回路中各部分电压之间的关系,具体表述为:对于电路中的任一回路,在任一时刻,沿着该回路的所有支路电压降的代数和等于零,即 $\sum U=0$。

叠加原理的内容是:在线性电路中,各个电源在每一条支路中共同产生的电压或电流,可看成每个电源单独作用时在该支路产生的电压或电流的代数和。

3. 实验仪器设备及元器件

(1) 直流稳压电源;

(2) 直流电压表;

(3) 直流毫安表;

(4) 万用表;

(5) 电阻元件。

4. 预习及思考

(1) 计算图1-1所示电路中各支路电流及电压的理论值,并据此选择毫安表和电压表的量程。

(2) 实验电路中,采用单个电压源作用,将另一个电压源撤掉后,其所在支路的端口怎样连接? 如该电源为电流源情况又如何?

(3) 实验中,若用指针式万用表或指针式直流毫安表和电压表测支路电流和电压,什么情况下会出现指针反偏?应如何处理?在记录数据时应注意什么?若用数字万用表或直流数字毫安表和电压表测量,则会有什么显示?

5. 实验内容与要求

(1) 验证基尔霍夫定律和叠加原理的实验参考线路见图 1-1。

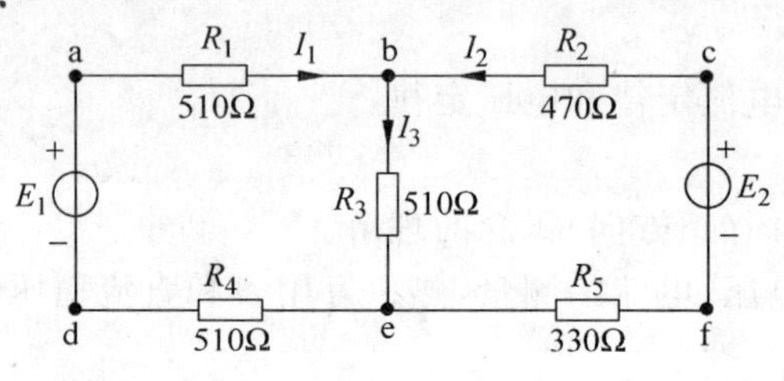

图 1-1 实验 1 电路

(2) 接线前,把直流稳压电源调节到 $E_1=12\text{V}$、$E_2=6\text{V}$,断电后接入电路中,检查无误后接通电源,按表 1-1 测量各支路电流及电压。

表 1-1 基尔霍夫定律和叠加原理的验证

测量项目 / 实验内容	E_1 /V	E_2 /V	I_1 /mA	I_2 /mA	I_3 /mA	U_{ab} /V	U_{cb} /V	U_{be} /V	U_{ed} /V	U_{ef} /V
E_1 单独作用										
E_2 单独作用										
E_1 与 E_2 共同作用										

6. 实验注意事项

(1) 稳压电源 E_1(12V)和 E_2(6V)须经电压表校准后,方可接入电路。注意稳压电源输出端不可短路。

(2) 测量各支路电流和电压时,应按设定的参考方向正确接入表笔,即红表笔接"+",黑表笔接"−",测量及记录数据时注意正负号的区分。

7. 实验总结及思考

(1) 根据实验得到的数据进行分析比较,归纳总结实验结论,即验证基尔霍夫定律和叠加原理的正确性。

(2) 比较理论计算数据和实验测量数据,分析产生误差的原因。

(3) 实验电路中,若将一个电阻器改为二极管,叠加原理还成立吗?为什么?

(4) 若将电路中的直流电源改为交流电源,叠加原理和基尔霍夫定律还成立吗?

实验 2　戴维南定理和诺顿定理的验证——有源二端网络等效参数的测定

1. 实验目的

(1) 通过实验验证戴维南定理和诺顿定理,加深对该定理的理解。

(2) 掌握测量有源二端网络等效参数的一般方法。

2. 实验原理简述

任何一个线性含源网络,如果仅研究其中一条支路的电压和电流,则可将电路的其余部分看作一个有源二端网络(或称为含源二端口网络)。

戴维南定理指出:任何一个线性有源二端网络对外部电路的作用,可以用一个电压源与一个电阻串联来等效代替,此电压源的电动势 U_s 等于这个有源二端网络的开路电压 U_{oc},其等效内阻 R_0 等于该网络中所有独立源均置零(理想电压源视为短路,理想电流源视为开路)时的等效电阻。

诺顿定理指出:任何一个线性有源二端网络对外部电路的作用,可以用一个电流源与一个电阻的并联组合来等效代替,此电流源的电流 I_s 等于这个有源二端网络的短路电流 I_{sc},其等效内阻 R_0 等于该网络中所有独立源均置零时的等效电阻。

$U_{oc}(U_s)$ 和 R_0 或者 $I_{sc}(I_s)$ 和 R_0 称为有源二端网络的等效参数。

有源二端网络等效参数的测量方法如下。

(1) 开路电压、短路电流法测 R_0。在有源二端网络输出端开路时,用电压表直接测其输出端的开路电压 U_{oc},然后再将其输出端短路,用电流表测其短路电流 I_{sc},则等效内阻为

$$R_0 = \frac{U_{oc}}{I_{sc}}$$

如果二端网络的内阻很小,将其输出端口短路容易损坏其内部元件,不宜采用此法。

(2) 伏安法测 R_0。用电压表、电流表测出有源二端网络的外特性曲线,如图 2-1 所示。根据外特性曲线求出斜率 $\tan\varphi$,则内阻

$$R_0 = \tan\varphi = \frac{\Delta U}{\Delta I} = \frac{U_{oc}}{I_{sc}}$$

也可以先测量开路电压 U_{oc},再测量电流为额定值 I_N 时的输出端电压值 U_N,则内阻为

$$R_0 = \frac{U_{oc} - U_N}{I_N}$$

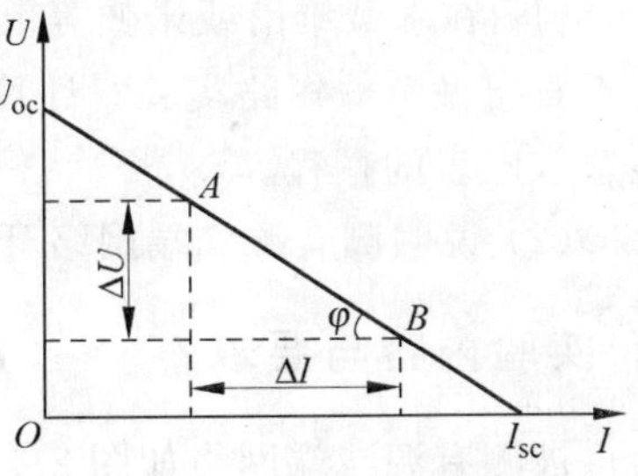

图 2-1　有源二端网络外特性

(3) 半电压法测 R_0。如图 2-2 所示，改变负载电阻的大小，当负载电压为被测网络开路电压的一半时，负载电阻(由电阻箱的读数确定)即为被测有源二端网络的等效电阻值。

(4) 零示法测 U_{oc}。在测量具有高内阻有源二端网络的开路电压时，用电压表直接测量会造成较大的误差。为了消除电压表内阻的影响，往往采用零示测量法，如图 2-3 所示。

零示法测量原理是用一低内阻的稳压电源与被测有源二端网络进行比较，当稳压电源的输出电压与有源二端网络的开路电压相等时，电压表的读数将为 0。此时将电路断开，测量稳压电源的输出电压，即为被测有源二端网络的开路电压。

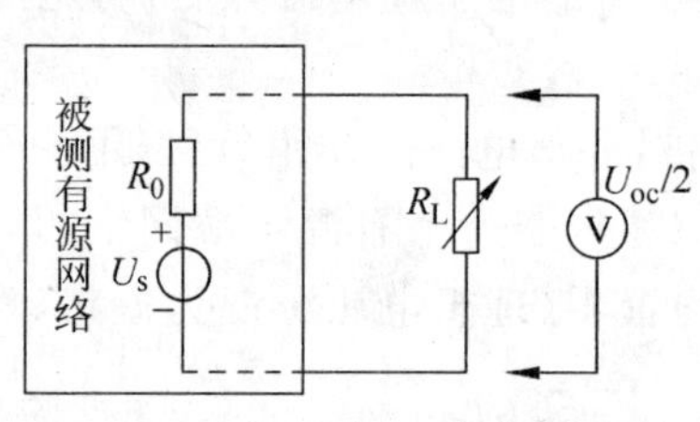

图 2-2 半电压法测量电路

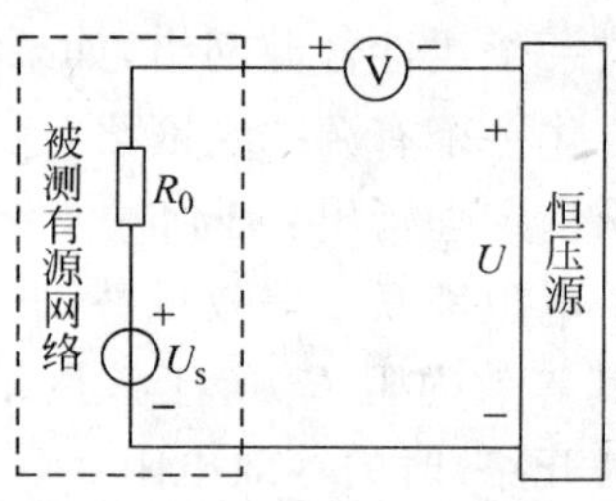

图 2-3 零示法测量电路

3. 实验仪器设备及元器件

(1) 直流稳压电源；

(2) 直流电压表；

(3) 直流毫安表；

(4) 万用表；

(5) 电阻元件、电位器。

4. 预习及思考

(1) 在求戴维南或诺顿等效电路时，做短路试验，测 I_{sc} 的条件是什么？在本实验中可否直接做负载短路实验？计算图 2-4(a)所示电路中 U_{oc} 和 I_{sc} 的值，以便测量时准确地选取电表的量程。

(2) 说明测有源二端网络开路电压及等效内阻的几种方法，并比较其优缺点。

5. 实验内容与要求

被测有源二端网络如图 2-4(a)所示。

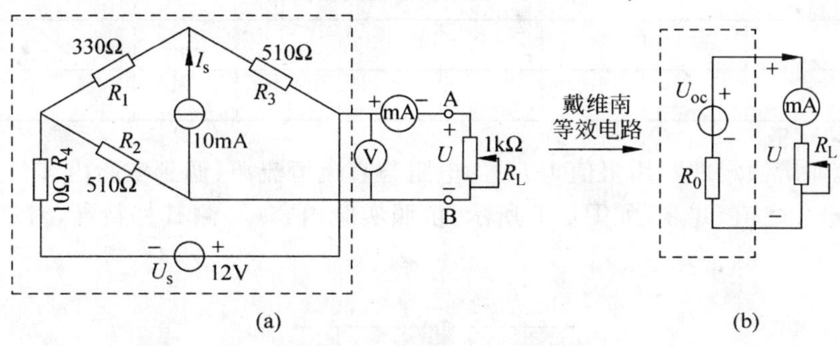

图 2-4　被测有源二端网络

(1) 用开路电压、短路电流法测定戴维南等效电路的 U_{oc}、R_0 和诺顿等效电路的 I_{sc}、R_0。按图 2-4(a)接入稳压电源 $U_s=12V$ 和恒流源 $I_s=10mA$，不接 R_L，测出 U_{oc} 和 I_{sc}，并计算出 R_0，记录于表 2-1 中。

表 2-1　开路电压及短路电流实验数据

U_{oc}/V		I_{sc}/mA		$R_0=U_{oc}/I_{sc}/\Omega$	
理论值	测量值	理论值	测量值	计算值	直测值

(2) 有源二端网络等效电阻(又称入端电阻)的直接测量法，见图 2-4(a)。将被测有源网络内的所有独立源置零(去掉电流源 I_s 和电压源 U_s，并在原电压源所接的两点用一根短路导线相连)，然后用伏安法或者直接用万用表的欧姆挡测定负载 R_L 开路时 A、B 两点间的电阻，此即为被测网络的等效内阻 R_0。测量 R_0 并记录于表 2-1 中。

(3) 负载实验。按图 2-4(a)接入 R_L。改变 R_L 阻值，测量有源二端网络的外特性曲线，记录于表 2-2 中。

表 2-2　有源二端网络外特性实验数据

U/V									
I/mA									

(4) 验证戴维南定理。用阻值为 R_0 的电阻与直流稳压电源(调到实验内容(1)时所测得的开路电压 U_{oc} 之值)串联，如图 2-4(b)所示，仿照实验内容(3)测其外特性，记录于表 2-3 中。对戴维南定理进行验证。

表 2-3 戴维南定理实验数据

U/V									
I/mA									

(5) 验证诺顿定理。用阻值为 R_0 的电阻与直流恒流源(调到实验内容(1)时所测得的短路电流 I_{sc}之值)并联,如图 2-5 所示,仿照实验内容(3)测其外特性,对诺顿定理进行验证。

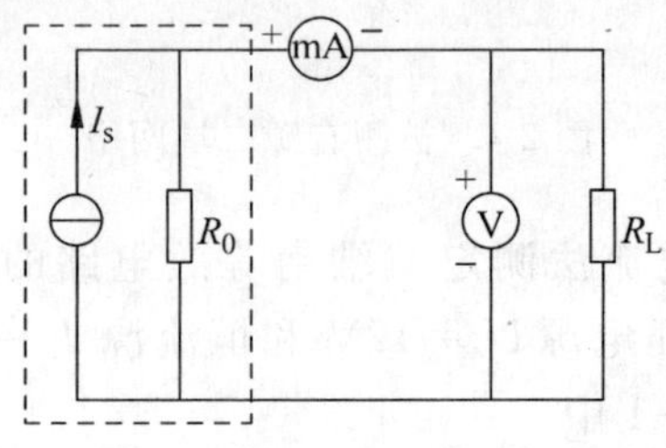

图 2-5 零示法测量电路

*(6) 用半电压法和零示法测量被测网络的等效内阻 R_0 及其开路电压 U_{oc}。线路及数据表格自拟。

6. 实验注意事项

(1) 测量时应注意电流表量程的转换。

(2) 实验内容(2)中,电压源置零时不可直接将稳压源短接。

(3) 用万用表直接测 R_0 时,网络内的独立源必须先置零,以免损坏万用表。

(4) 用零示法测量 U_{oc}时,应先将稳压电源的输出调至接近于 U_{oc},再按图 2-3 测量。

(5) 改接线路时,要关掉电源。

7. 实验总结及思考

(1) 根据步骤(3)、(4)、(5),分别绘出曲线,验证戴维南定理和诺顿定理的正确性,并分析产生误差的原因。

(2) 将步骤(1)、(2)、(6)几种方法测得的 U_{oc} 和 R_0 与预习时电路计算的结果作比较,能得出什么结论?

(3) 归纳总结实验结果。

实验3　*RLC* 串联电路的频率特性

1. 实验目的

（1）观察 *RLC* 串联谐振现象，加深对串联谐振电路特点的理解，了解电路参数对频率特性的影响。

（2）学习测定并绘制 *RLC* 串联电路幅频特性曲线的方法。

（3）学习函数信号发生器、毫伏表的使用方法。

2. 实验原理简述

图 3-1 所示的 *RLC* 串联电路中，电路的阻抗模

$$|Z|=\sqrt{R^2+(X_L-X_C)^2}$$

其阻抗模及电流随频率变化的关系如图 3-2 所示。当 $X_L=X_C$，即 $\omega L=\dfrac{1}{\omega C}$时，

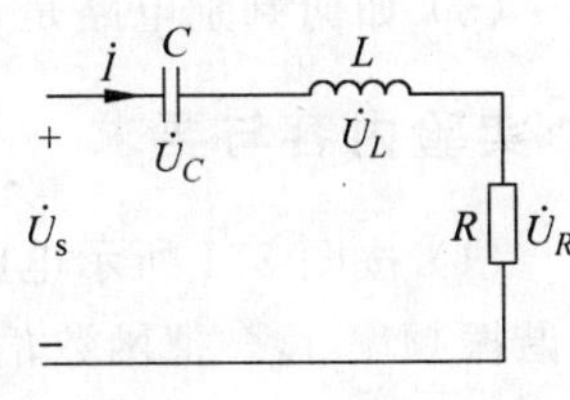

图 3-1　*RLC* 串联电路

$$|Z|=\sqrt{R^2+(X_L-X_C)^2}=R$$

$\dot{U}$与 $\dot{I}$ 同相，电路发生串联谐振，谐振角频率 $\omega_0=\dfrac{1}{\sqrt{LC}}$，谐振频率 $f_0=\dfrac{1}{2\pi\sqrt{LC}}$。

串联电路电流 I 随频率变化的关系曲线称为电流谐振曲线，如图 3-2 所示。谐振时，电路呈现纯电阻性，阻抗模最小，当外施电压一定时，电流达到最大值，即 $I=I_0=\dfrac{U_s}{R}$。当 $f\neq f_0$ 时，$I<I_0$，在电流 $I=\dfrac{I_0}{\sqrt{2}}$时，所对应的两个频率 f_L 和 f_H 为下限频率和上限频率。f_H-f_L 称为电路的通频带，通频带的宽度(BW)与品质因数 Q 值有关。

电路发生串联谐振时，

$$U_R=U_s,\quad U_L=U_C=QU$$

其中

$$Q=\frac{1}{\omega_0 RC}=\frac{\omega_0 L}{R}=\frac{1}{R}\sqrt{\frac{L}{C}}$$

Q 值越大，特性曲线越尖锐，通频带越窄，电路的选择性越好。

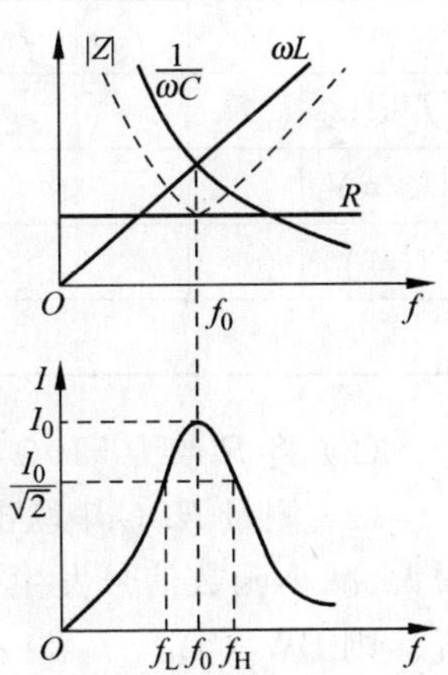

图 3-2　谐振曲线

3. 实验仪器设备及元器件

(1) 函数信号发生器;

(2) 交流毫伏表;

(3) 电感、电容、电阻等。

4. 预习及思考

(1) 按照实验内容给定的电路参数,计算电路的谐振频率 f_0。

(2) 阅读函数信号发生器的使用说明。

(3) 如何判别电路是否发生谐振?

5. 实验内容与要求

(1) 按图 3-1 所示电路接线。设 R、L、C 分别为 200Ω、10mH、0.022μF,计算电路的谐振频率 f_0。把函数信号发生器(正弦波)的输出频率调节到 f_0,并调节函数信号发生器的输出幅度,使其输出正弦波的有效值 $U_s=1\text{V}$。用交流毫伏表测量 U_R,应有 $U_R \approx U_s$,否则再微调函数信号发生器的输出频率。当电阻两端的电压 U_R 达到最大时,对应的频率即为该串联电路的谐振频率 f_0,测量 U_R 并记录于表 3-1 中。以 f_0 为中心,分别增大、减小函数信号发生器的输出频率,每隔一定频段测量一次 U_R,记录于表 3-1 中(注意保持 U_s 的幅度不变)。测量 $f=f_0$ 时 U_C 和 U_L 的值。

表 3-1 $R=200\Omega$ 时的测量结果

	f_6	f_5	f_4	f_3	f_2	f_1	f_0	f_7	f_8	f_9	f_{10}	f_{11}	f_{12}
f/kHz													
U_R/mV													
I/mA													
$f=f_0$ 时,$U_C=$　　$U_L=$													

(2) 将 R 改为 510Ω,重复实验内容(1)的操作,将数据记录于自拟表格中。

(3) 测量 RLC 串联电路的通频带。在实验内容(1)、(2)电路中,以 f_0 为中心,分别增大、减小函数信号发生器的频率,使 $U_R=0.707U_{R\max}$,记录对应的频率分别为 f_H 和 f_L。则 $BW=f_H-f_L$。

6. 实验注意事项

(1) 选择频率测试点时,靠近谐振频率点的频率间隔应小一些(如 500Hz),远离谐振频率点的频率间隔可取大一些(如 1000～2000Hz)。

(2) 注意在调节函数信号发生器频率的过程中保持其输出电压 U_s 不变。

7. 实验报告要求

(1) 整理实验数据，用方格纸在同一坐标平面上画出实验内容(1)和(2)两条电流谐振曲线。

(2) 分别计算实验内容(1)和(2)电路的通频带与 Q 值，说明品质因数 Q 对谐振曲线的影响。

(3) 谐振时，U_C 和 U_L 有什么关系？

(4) 根据理论计算，电路发生谐振时，应有 $U_R=U_s$，而实际测量中总有 $U_R<U_s$，分析理论计算与实际测量不同的原因。

实验 4 *RC* 电路的频率特性测试

1. 实验目的

(1) 熟悉 *RC* 电路的频率特性。

(2) 学会用交流毫伏表和示波器测定文氏电桥电路的幅频特性和相频特性。

2. 实验原理简述

在 *RC* 串联的正弦交流电路中，电容元件的阻抗 $X_C=\dfrac{1}{2\pi fC}$，它与信号源的频率有关。当输入信号源 U_i 保持幅值不变而频率变化时，其容抗也随之改变，从而使电路中各部分所产生的电流和电压（响应）的大小和相位也随之改变。*RC* 电路中的电流及各部分电压与频率的关系称为 *RC* 电路的频率特性。

一般称输出电压 $\dot{U}_o$ 与输入电压 $\dot{U}_i$ 的比值为电路的传递函数，用 $T(j\omega)$ 来表示，即

$$T(j\omega)=\frac{\dot{U}_o}{\dot{U}_i}=\frac{U_o(\omega)}{U_i(\omega)}\angle\varphi(\omega)=|T(j\omega)|\angle\varphi(\omega)$$

$|T(j\omega)|$ 随 ω 变化的特性称为电路的幅频特性，$\varphi(\omega)$ 随 ω 变化的特性称为电路的相频特性，二者统称电路的频率特性。

由 *RC* 电路的频率特性可以组成不同类型的滤波器。

1) 高通滤波器

电路如图 4-1(a)所示，它是由 *RC* 串联组成的电路。由电路分析得知，该电路的传递函数为

$$T(j\omega)=\frac{\omega RC}{\sqrt{1+(\omega RC)^2}}\angle\frac{\pi}{2}-\arctan(\omega RC)$$

其幅频特性为

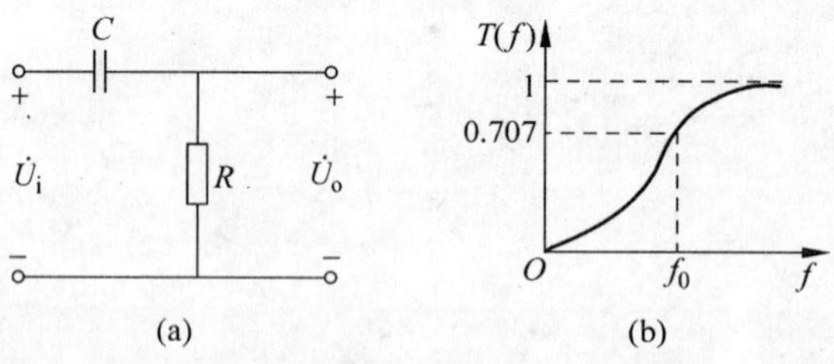

图 4-1 高通滤波器及其幅频特性曲线

$$|T(j\omega)|=\frac{U_o(\omega)}{U_i(\omega)}=\frac{\omega RC}{\sqrt{1+(\omega RC)^2}}$$

或者写成

$$|T(f)|=\frac{2\pi fRC}{\sqrt{1+(2\pi fRC)^2}}$$

其幅频特性曲线如图4-1(b)所示。图中 $f_0=\frac{1}{2\pi RC}$,称为截止频率,它所对应的 $T(f)=\frac{1}{\sqrt{2}}=0.707$。

由幅频特性曲线可以看出:当 $f>f_0$ 时,$T(f)$ 变化不大,接近于1,即 U_o 接近于 U_i;当 $f<f_0$ 时,$T(f)$ 显著下降。这种电路具有抑制低频信号,而使高频信号通过的特点,故称为高通滤波器。

2)低通滤波器

电路如图4-2(a)所示,它也是由 RC 串联组成的电路。由电路分析得知,该电路的传递函数为

$$T(j\omega)=\frac{1}{\sqrt{1+(\omega RC)^2}}\angle-\arctan(\omega RC)$$

其幅频特性为

$$|T(j\omega)|=\frac{U_o(\omega)}{U_i(\omega)}=\frac{1}{\sqrt{1+(\omega RC)^2}}$$

或者写成

$$|T(f)|=\frac{1}{\sqrt{1+(2\pi fRC)^2}}$$

其幅频特性曲线如图4-2(b)所示。

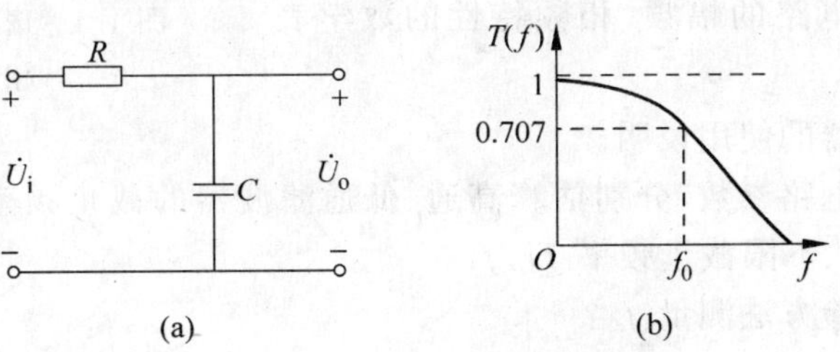

图4-2 低通滤波器及其幅频曲线

由此幅频特性曲线可以看出:当 $f<f_0$ 时,$T(f)$ 变化不大,接近于1,即 U_o 接近于 U_i;当 $f>f_0$ 时,$T(f)$ 显著下降。这种电路具有抑制高频信号,而使低频信号通过的特点,故称为低通滤波器。

3）RC 串并联选频电路

图 4-3 所示是一个 RC 的串并联电路，又称文氏电桥电路。该电路结构简单，被广泛地用于低频振荡电路中作为选频环节。取 $R_1=R_2=R$，$C_1=C_2=C$，则该网络的传递函数为

$$T(j\omega)=\frac{U_o}{U_i}(\omega)=\frac{1}{3+j(\omega RC-1/\omega RC)}$$

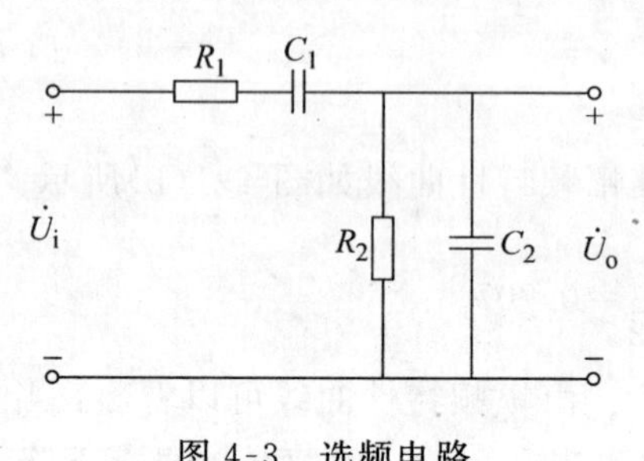

图 4-3 选频电路

其幅频特性为

$$|T(j\omega)|=\frac{1}{\sqrt{3^2+(\omega RC-1/\omega RC)^2}}$$

幅频特性曲线如图 4-4(a)所示。相频特性为

$$\varphi(\omega)=-\arctan\frac{\omega RC-1/\omega RC}{3}$$

相频特性曲线如图 4-4(b)所示。

当角频率 $\omega=\omega_0=\dfrac{1}{RC}$时，$|T(j\omega)|=\dfrac{U_o}{U_i}(\omega)=\dfrac{1}{3}$，此时输出电压 $\dot{U}_o$ 与输入电压 $\dot{U}_i$ 同相。由图 4-4(a)可见选频电路具有带通特性。

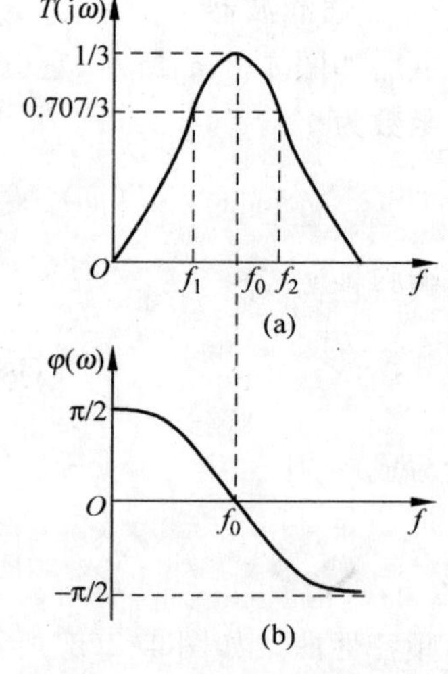

图 4-4 选项电路的幅频及相频特性曲线

3. 实验仪器设备及元器件

（1）信号发生器；

（2）交流毫伏表；

（3）双踪示波器；

（4）电阻、电容。

4. 预习及思考

（1）推导 RC 电路的幅频、相频特性的数学表达式。

（2）阅读示波器的使用说明。

（3）根据给定电路参数，分别估算高通、低通滤波器的截止频率 f_0，文氏电桥电路的固有频率 f_0 及上、下限截止频率 f_2、f_1。

（4）如何用实验方法测量 f_0？

5. 实验内容与要求

（1）测量高通滤波器的幅频特性。调节信号发生器，使其输出有效值为 1V 的正弦波。按图 4-1(a)接线，取 $R=1\text{k}\Omega$，$C=0.22\mu\text{F}$；把正弦波信号接入电路中，并保持 $U_i=$ 1V 不变，调节输入信号的频率，用交流毫伏表测出对应的输出电压 U_o，填入表 4-1 中。

表 4-1　计算值：f_0=　　　　测量值：f_0=

次序	1	2	3	4	5	6	7	8	9	10	11
f/Hz	20	60	100	200	500	f_0	1000	2000	5000	7000	10000
U_o/mV											

(2) 测量低通滤波器的幅频特性。按图 4-2(a)接线，取 $R=1\text{k}\Omega, C=0.22\mu\text{F}$；把正弦波信号接入电路中，并保持 $U_i=1\text{V}$ 不变，调节输入信号的频率，用交流毫伏表测出对应的输出电压 U_o，填入表 4-2 中。

表 4-2　计算值：f_0=　　　　测量值：f_0=

次序	1	2	3	4	5	6	7	8	9	10	11
f/Hz	20	60	100	200	500	f_0	1000	2000	5000	7000	10000
U_o/mV											

(3) 测量选频电路的幅频、相频特性。按图 4-3 接线，取 $R_1=R_2=1\text{k}\Omega, C_1=C_2=0.22\mu\text{F}$；把正弦波信号接入电路中，并保持 $U_i=1\text{V}$ 不变，调节输入信号的频率，用交流毫伏表测出对应的输出电压 U_o，填入表 4-3 中。

将图 4-3 电路的输入和输出分别接到双踪示波器的 Y_A 和 Y_B 两个输入端，改变输入正弦信号的频率，观测相应的输入和输出波形间的时延 τ 及信号的周期 T，则两波形间的相位差为

$$\varphi=\varphi_o-\varphi_i=\frac{\tau}{T}\times 360°$$

将结果填入表 4-3 中。

表 4-3　计算值：f_0=　　　　测量值：f_0=

次序	1	2	3	4	5	6	7	8	9	10	11
f/Hz	20	60	100	200	500	f_0	1000	2000	5000	7000	10000
U_o/mV											
φ/(°)											

6. 实验注意事项

实验过程中，应始终保持输入信号 $U_i=1\text{V}$ 不变。

7. 实验报告

(1) 根据实验数据，绘制高通、低通滤波器的幅频相频特性及 RC 串并联电路的幅频特性和相频特性曲线。把用实验方法测得的 f_0 与理论计算值比较，分析误差原因。

(2) 在 RC 串并联电路的相频特性曲线上估计带宽 Δf，并与预习内容比较。

实验5　*RL* 串联电路参数测量及其功率因数的提高

1. 实验目的

（1）通过实验，深刻理解交流电路中电压电流的相量关系。

（2）学习交流电路参数的测量方法与提高交流电路功率因数的方法。

（3）了解日光灯电路的工作原理及安装方法。

（4）学习自耦变压器和单相功率表的使用。

2. 实验原理简述

日光灯工作时，灯管和镇流器可等效为一个 RL 串联电路（其中 R 为灯管的等效电阻与镇流器的线圈电阻之和），是一种感性负载。RL 串联电路的电路参数可通过测量电路的有功功率、输入电压、输入电流求得。功率因数

$$\cos\varphi = \frac{P}{UI}$$

阻抗模

$$|Z| = \frac{U}{I}$$

等效电阻

$$R = \frac{P}{I^2} = |Z|\cos\varphi$$

等效电抗

$$X = X_L = |Z|\sin\varphi = 2\pi fL$$

由于感性负载有较大的感抗，因而功率因数较低。当负载功率 P 和供电电压 U 一定时，功率因数 $\cos\varphi$ 越低，线路电流 I 越大，从而增大了线路电压降和线路功率损耗。若线路总电阻为 R_1，则线路电压降和线路功率损耗分别为 $\Delta U = IR_1$ 和 $\Delta P = I^2 R_1$，分别与 I 及 I^2 成正比。另外，电路的功率因数越低，表明无功功率越大，电源必须用较大的容量和负载电感进行能量交换，电源向负载提供有功功率的能力必然下降，从而降低了电源容量的利用率。因而，要提高供电系统的供电质量和经济效益，必须采取措施提高感性负载的功率因数。

提高电感性负载功率因数的方法通常是在负载两端并联容量适当的电容器，使负载的无功总功率 $Q = Q_L - Q_C$ 减小。当并联电容器的 $Q_C = Q_L$ 时，总无功功率 $Q = 0$，此时功率因数 $\cos\varphi = 1$，线路电流 I 最小。若继续并联电容器，等效负载变为容性，将导致功率因数下降，线路电流增大，这种现象称为过补偿。

3. 实验器材与设备

（1）日光灯管、镇流器、启辉器；

（2）交流电压表、交流电流表；

（3）可变电容箱、自耦变压器；

（4）测电流插座盒及插头。

4. 预习及思考

（1）熟悉日光灯电路的工作原理。

（2）了解功率表的工作原理和使用方法。

5. 实验内容与要求

（1）按图 5-1 接线，将电容器开关全部拨向断开位置，自耦变压器调到输出为 0V 位置。检查无误后，合上电源开关 K，调节自耦变压器使其输出电压为 220V（用交流电压表校准），此时日光灯管应正常工作。

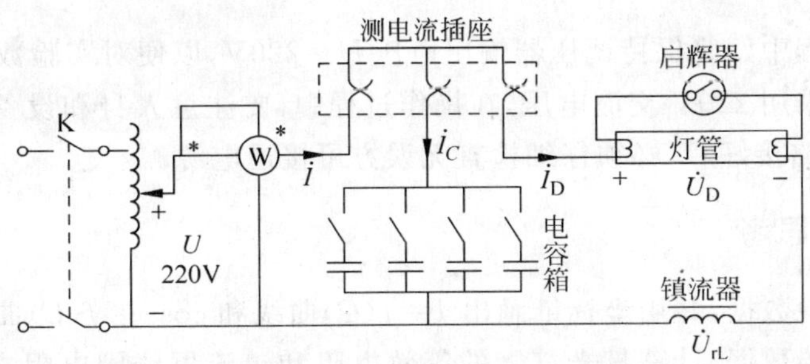

图 5-1　日光灯电路

（2）测量日光灯电路的端电压 U、灯管端电压 U_D、镇流器端电压 U_{rL}、灯管电流 I_D 及功率表读数 P，记录于表 5-1 中。

表 5-1　电压及功率测量数据

U/V	U_D/V	U_{rL}/V	I_D/A	P/W

（3）提高功率因数。按表 5-2 要求，分别接入不同容量的电容器，测量各参数，计算 $\cos\varphi$ 并记录。

表 5-2 功率因数的提高

测量次序	电容/μF	P/W	I/A	I_D/A	I_C/A	$\cos\varphi$
1						
2						
3						
4						
5						
6						
7						
8						

6. 实验注意事项

(1) 本实验自耦变压器的额定输入电压为 220V。对于线电压为 380V 的三相四线制供电电源,自耦变压器的输入端应分别接电源的相线和零线,输出端接负载电路。严禁把自耦变压器的输入端接在两根相线上,或把自耦变压器的输入端和输出端接反,以免损坏实验设备。

(2) 实验过程中始终保持调压器输出电压 $U=220$V,以便对实验数据进行比较。

(3) 本实验采用 220V 交流电压,在操作过程中,要注意人身和设备安全。接、拆线路必须断电。线路接好后,必须仔细检查无误方可接通电源。

7. 实验总结及思考

(1) 整理实验数据,并用坐标纸画出 $I=f(C)$ 曲线和 $\cos\varphi=f(C)$ 曲线。

(2) 根据实验数据,计算日光灯管的等效电阻和镇流器线圈电阻之和 R 及镇流器电感 L。

(3) 为什么 $U\neq U_D+U_{rL}$,$I\neq I_D+I_C$?

(4) 日光灯电路并联电容器后,电路中哪些量发生变化?哪些量没有变化?为什么?

(5) 并联电容器后,提高了电路的功率因数,能否改变感性负载本身的功率因数?为什么?

(6) 要使电路的功率因数 $\cos\varphi=1$,应并联多大容量的电容?

实验6　三 相 电 路

1. 实验目的

（1）学习三相负载的星形、三角形连接方法。

（2）掌握对称三相电路线电压与相电压、线电流与相电流的关系。

（3）熟悉负载星形连接时中线的作用。

（4）观察不对称负载分别作星形、三角形连接时的工作情况。

2. 实验原理简述

三相负载可接成星形（又称Y接）或三角形（又称△接）。当三相对称负载星形连接时，线电压 U_l 是相电压 U_p 的$\sqrt{3}$倍，线电流 I_l 等于相电流 I_p，即

$$U_l = \sqrt{3}\,U_p, \quad I_l = I_p$$

中线电流 $I_O=0$，可以不接中线。

当三相对称负载三角形连接时，有

$$I_l = \sqrt{3}I_p, \quad U_l = U_p$$

不对称三相负载星形连接时，必须采用三相四线制接法，而且中线必须可靠连接，以保证三相不对称负载的每相电压等于电源相电压。

不对称负载作三角形连接时，$I_l \neq \sqrt{3}I_p$，但只要电源的线电压对称，加在三相负载上的电压仍是对称的，对各相负载工作没有影响。

3. 实验仪器与设备

（1）三相电源（线电压 220V）；

（2）三相负载；

（3）交流电压表；

（4）交流电流表；

（5）测电流插座。

4. 预习及思考

（1）三相负载根据什么条件采用星形连接或三角形连接？

（2）本次实验为什么要采用线电压 $U_l=220\text{V}$ 的三相电源供电？

5. 实验内容与要求

(1) 按图 6-1 连接电路，按表 6-1 要求分别对下述两种负载情况进行测量。

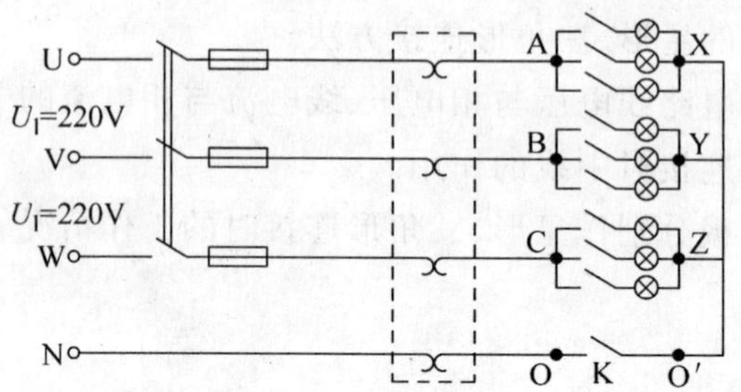

图 6-1　负载星形连接的三相电路

表 6-1　负载星形连接实验数据

测量项目			U_{AB} /V	U_{BC} /V	U_{CA} /V	U_{AX} /V	U_{BY} /V	U_{CZ} /V	$U_{OO'}$ /V	I_A /A	I_B /A	I_C /A	I_O /A	各相灯数			各相亮度		
														A	B	C	A	B	C
负载情况及中线	对称	有中线							/					3	3	3			
		无中线											/	3	3	3			
	不对称	有中线							/					1	2	3			
		无中线											/	1	2	3			

负载对称(每相负载开启三盏灯)：在有中线(K 闭合)、无中线两种情况下，测量线电压、相电压、线电流(相电流)、中线电压和中线电流。观察有无中线两种情况下各相灯泡亮度是否一致。

负载不对称(A、B、C 相各开启 1、2、3 盏灯)：在有中线、无中线两种情况下，测量线电压、相电压、线电流(相电流)、中线电压和中线电流。观察有无中线两种情况下各相灯泡亮度是否一致。

(2) 按图6-2连接电路，按表6-2要求分别对下述两种负载情况进行测量。

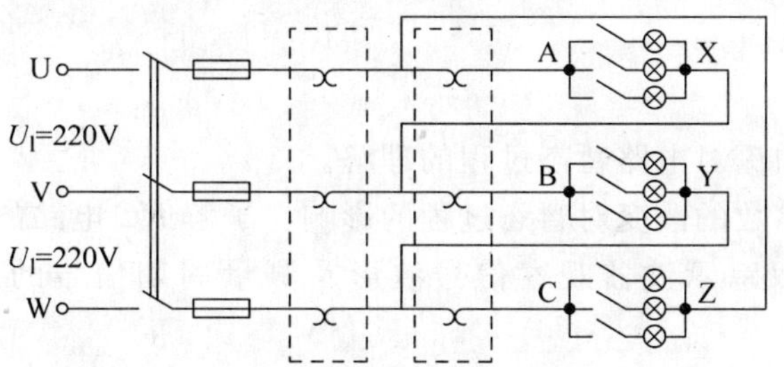

图6-2 负载三角形连接的三相电路

表6-2 负载三角形连接实验数据

测量项目		U_{AB} /V	U_{BC} /V	U_{CA} /V	I_A /V	I_B /V	I_C /V	I_{AB} /A	I_{BC} /A	I_{CA} /A	各相灯数			各相亮度		
											A	B	C	A	B	C
负载	对称										3	3	3			
	不对称										1	2	3			

负载对称：测量线电压(相电压)、线电流、相电流。

负载不对称：测量线电压(相电压)、线电流、相电流。

6. 实验注意事项

(1) 本实验采用220V三相工频交流电，要注意人身安全，接线、拆线必须断电，严格遵守"先接线、后通电，先断电、后拆线"的操作原则。

(2) 线路接好后，必须经仔细检查无误后才可接通电源。在通电测量时，不可触及导电部件，以免发生触电事故。

7. 实验总结

(1) 根据实验数据，计算当负载对称时，星形连接的 U_l/U_p 以及三角形连接的 I_l/I_p 值。

(2) 根据实验结果分析三相电路负载星形连接时中线的作用。

(3) 根据实验结果，说明本应三角形连接的负载，如误接成星形，会产生什么后果？本应星形连接的负载，如误接成三角形，又会产生什么后果？

实验 7 *RC* 电路暂态过程的研究

1. 实验目的

(1) 通过实验加深对电路暂态过程的理解。

(2) 研究电路参数的改变对暂态过程的影响。了解 *RC* 电路的实际应用。

(3) 学习使用双踪示波器观察信号波形及测量周期信号的周期、频率及幅值的方法。

2. 实验原理简述

电路从一个稳态变化到另一个稳态的过程称为过渡过程，也称暂态过程。过渡过程的产生是由于电路中存在储能元件(电感 L 或电容 C)。由于电感电流和电容端电压不能突变，故暂态过程是一个渐变过程，理论上需持续无穷长的时间，工程应用上一般认为当渐变时间 $t=(3\sim5)\tau$($\tau=RC$ 或 $\tau=L/R$)时，过渡过程结束，电路达到另一个稳态。

将图 7-1(b)所示的周期性矩形脉冲加在如图 7-1(a)所示电容电压初始值为零的 RC 串联电路上，电容 C 通过电阻 R 充、放电的过程可以自动地重复实现，其波形如图 7-1(c)所示。当矩形脉冲从零跃升为幅值 U 时，电容 C 通过电阻 R 充电，有

$$u_C = U(1-\mathrm{e}^{-\frac{t}{\tau}})$$

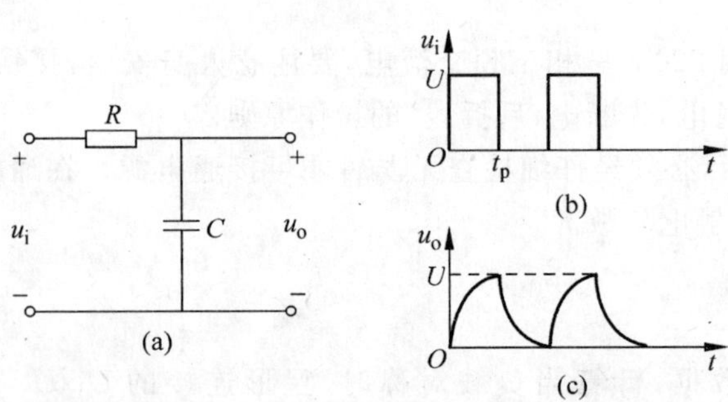

图 7-1 *RC* 电路及其输入输出波形

当矩形脉冲从幅值 U 跃降为零，电容 C 通过电阻 R 放电，有

$$u_C = U\mathrm{e}^{-\frac{t}{\tau}}$$

若 $t_p=(3\sim5)\ \tau(t_p=T/2)$，则当矩形脉冲从零跃升为幅值 U 时，可认为输入信号施加于 RC 电路的零状态响应。当矩形脉冲从幅值 U 跃降为零时，可认为 RC 电路产生零输入响应。当 $\tau\gg t_p(\tau>5t_p)$时，从 u_o 得到 u_i 的积分波形，该电路成为积分电路。

如将电路改为图 7-2 所示形式，u_o 从电阻两端取得，则当 $\tau \ll t_p$（$\tau < 0.2t_p$），从 u_o 得到 u_i 的微分波形，该电路成为微分电路。当 $\tau \gg t_p$（$\tau > 5t_p$）时，从 u_o 得到 u_i 耦合波形，该电路成为耦合电路。

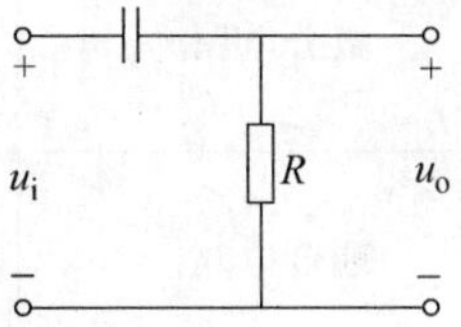

C
+ +
u_i R u_o
− −

图 7-2　微分及耦合电路

3. 实验仪器及元器件

（1）双踪示波器；

（2）函数信号发生器；

（3）电阻（5.1kΩ、10kΩ、20kΩ、30kΩ）、电容（0.01μF、0.022μF、0.47μF、1μF）。

4. 预习及思考

（1）阅读示波器、函数信号发生器的使用说明。

（2）掌握微分、耦合和积分电路的特点及组成条件，在输入信号 u_i 的 $f=200\text{Hz}$ 的条件下，计算满足各种电路条件的 RC 值。从所提供元件中选择合适的电阻、电容组成相应功能的电路，在表 7-1 中画出对应电路图，并标注元件参数。

5. 实验内容与要求

（1）用双踪示波器观察图 7-1(a)、图 7-2 所示 RC 一阶电路的输入输出波形，记录于表 7-1 中。输入信号 u_i 为 $f=200\text{Hz}$，幅值为 5V，占空比为 50% 的矩形波，$RC=\tau \approx t_p/5$。

（2）选择合适的电路参数，分别连接成 RC 微分电路、RC 耦合电路、RC 积分电路，用示波器分别观察它们的输入、输出波形，记录于表 7-1 中。

表 7-1　RC 电路暂态过程实验电路及波形

电路及波形名称	电路图	电路参数			波形图
输入电压波形（$f=200\text{Hz}$）	×	周期	5ms		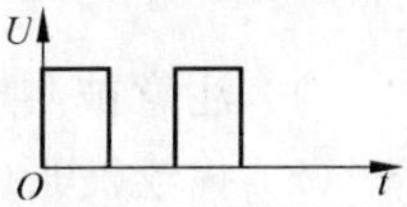 U O t
		脉宽	2.5ms		
		幅值	5V		
RC 电路暂态过程电容电压波形 u_C		R	20kΩ		
		C	0.022μF		
		τ	计算值		
			测量值		
RC 电路暂态过程电阻电压波形 u_R		R	20kΩ		
		C	0.022μF		
		τ	计算值		
			测量值		

续表

电路及波形名称	电路图	电路参数		波形图
微分电路		R		
		C		
		τ		
耦合电路		R		
		C		
		τ		
积分电路		R		
		C		
		τ		

*(3) 测量 RC 电路的时间常数 τ。图 7-3 所示为图 7-1(a)电路的输出波形 u_o，当输入信号为高电平时，电容器电压随时间按指数规律从 $u_C=0$ 上升到 $u_C=U$。由 $u_C=U\left(1-e^{-\frac{t}{\tau}}\right)$知，当 $t=\tau$ 时，$u_C=0.632U$，所以，用示波器测量电容器从 $u_C=0$ 上升到 $u_C=0.632U$ 所需的时间，即为电路的时间常数 τ。测量该时间常数 τ，记录于表 7-1 中。

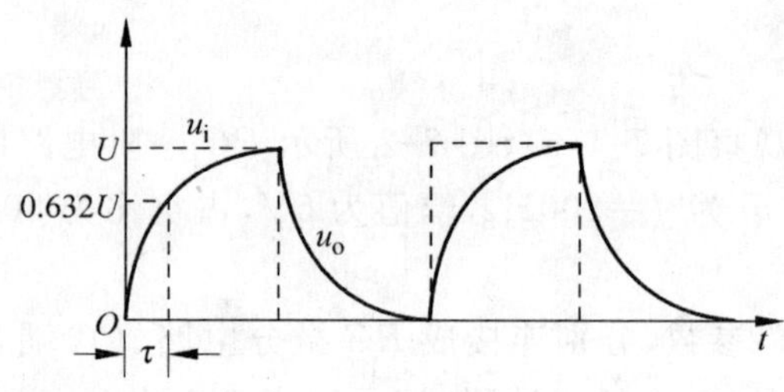

图 7-3　τ 值测量

6. 实验注意事项

(1) 注意被测电路的输入/输出端、信号发生器和示波器要共地。

(2) 描绘波形时，输入波形和输出波形的相位和幅值要相对应。

7. 实验总结及思考

(1) 根据实验观测结果，绘出 RC 一阶电路充放电时的变化曲线，由曲线测得时间常数 τ 值，并与参数值的计算结果进行比较。

(2) 根据实验观察结果，归纳总结微分、耦合和积分电路的组成条件及波形变换的特征。

(3) 简述 RC 微分电路、RC 耦合电路及 RC 积分电路各有什么实际应用。

实验 8　电动机的基本控制电路

1. 实验目的

(1) 了解电动机及交流接触器、控制按钮等低压电器的规格、型号和结构。

(2) 掌握三相异步电动机直接启动、正反转控制电路的工作原理、接线及操作方法。

(3) 学习使用万用表检查继电接触控制线路的方法。

2. 实验原理简述

由继电器、接触器和按钮等控制电器实现对电动机的控制，称为继电接触控制。图 8-1 所示为实现三相异步电动机直接启动、停止的控制电路，它由控制电动机的主电路和控制接触器线圈的控制电路组成。该电路的控制原理如下：当三相电源开关 K 合上后，按下启动按钮 SB_2，交流接触器 KM 的线圈通电，接触器三个主触点吸合，电动机 M 启动。当松开 SB_2 后，它回到断开状态，由与其并联的接触器辅助常开触点维持线圈通电，使接触器主触点保持在闭合状态。如按下停止按钮 SB_1，则线圈断电，接触器主触点断开，电动机停转。该电路还具有短路保护、过载保护和零压保护作用，它是三相异步电动机最基本的控制电路，各种功能的控制线路都由它演变而来。

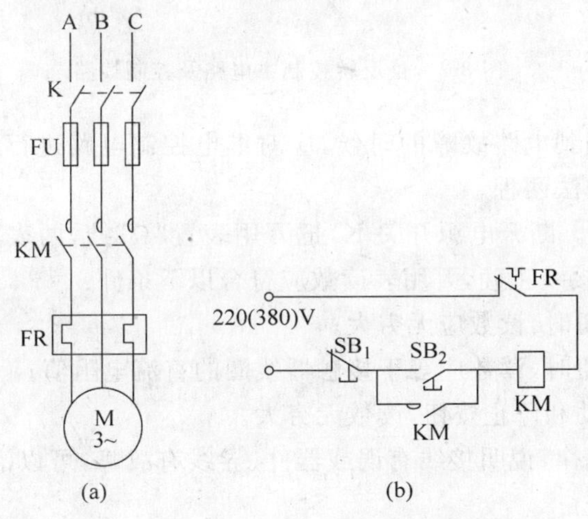

图 8-1　直接启动主电路及控制线路

图 8-2 所示为电动机正反转控制电路。当正转接触器 KM_F 主触点闭合时，电动机正转；当反转接触器 KM_R 主触点闭合时，电源相序改变，电动机反转。由图可见，如接触器 KM_F、KM_R 同时闭合，将导致电源短路，因此必须保证两个接触器不得同时接通工

作，即两个接触器的线圈不得同时通电。图 8-2 所示控制电路中，正转接触器 KM_F 的一个常闭辅助触点串接在反转接触器 KM_R 的线圈电路中，而反转接触器 KM_R 的一个常闭辅助触点串接在正转接触器 KM_F 的线圈电路中，两个常闭触点形成电气连锁，使两个线圈不能同时通电。同时，复合按钮 SB_F 及 SB_R 的常开触点和常闭触点分别接入不同控制回路中，形成机械连锁，可使电动机直接由正转经瞬停而反转，或由反转经瞬停而正转，不需要按停止按钮。

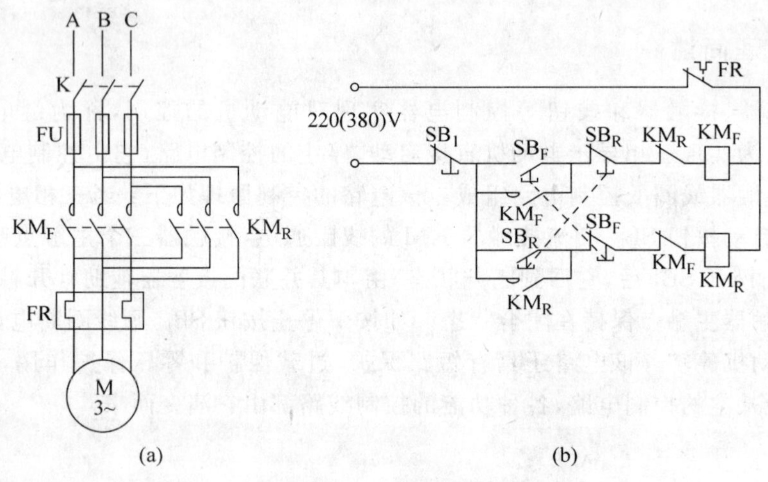

图 8-2 正反转控制主电路及控制线路

在完成接线或遇到电路故障的时候，应对继电控制电路进行检查。检查方法有断电检查法和通电检查法两种。

(1) 断电检查法。断开电源开关 K，把万用表置“Ω”挡，两表笔接于控制电路接电源的两个端点上，如接线正确，万用表读数应符合以下条件：

① 未按所有按钮时，读数应无穷大；

② 按下启动按钮时，读数应等于接触器线圈的直流电阻值；

③ 同时按下启动和停止按钮，读数无穷大。

如不符合上述规律，说明接线有误或器件、导线有故障，可以沿着控制回路，对导线和器件逐个进行检查。

(2) 通电检查法。合上电源开关 K，用万用表交流电压挡或交流电压表进行检查：将一根表笔接在控制电路一侧电源线上，另一根表笔从控制电路另一侧电源线上，逐个触点、逐条线向启动按钮移近。在断路点之前，均可测到电源电压，过了断路点后便测不到电压，从而可找出断路的地方。

一般初学者宜采用断电检查法。

3. 实验器材与设备

(1) 三相异步电动机；

(2) 控制按钮；

(3) 交流接触器；

(4) 热继电器；

(5) 万用表。

4. 预习及思考

(1) 在图 8-2 电路中，如果误把接触器 KM_F(或 KM_R)的一个常闭辅助触点和其线圈串接在同一控制回路中，按下启动按钮 SB_1 会出现什么现象。

(2) 在电动机正反转控制电路中，如果电动机可以启动运行而不能换向，可能由哪些原因引起。

5. 实验内容与要求

(1) 记录三相异步电动机铭牌数据。根据铭牌数据和实验室三相电源电压等级确定电动机定子三相绕组的连接方式。

(2) 电动机直接启动控制。

① 按图 8-1 接线，检查无误后，合上电源开关 K，进行启动、停车操作。

② 断开电源开关 K，拆除自锁触点 KM，重新启动电动机，进行点动试验。

③ 断开电源开关 K，将接电动机定子绕组三根电源线中的任意两根对调，重新启动电动机，观察电动机转向的改变。

(3) 电动机的正反转控制

按图 8-2 接线，检查无误后，合上电源开关 K，按下正转按钮 SB_F，观察电动机的转向，并设定此方向为正转，再按下反转按钮 SB_R，观察电动机是否反转。

6. 实验注意事项

(1) 注意安全。连接、修改和拆除线路时，切记断开电源开关；运行电路前要仔细检查电路，确认接线无误后方可启动。

(2) 接线前应将电路原理图与各电器实物对上号，注意区分电路中接触器触点和按钮触点的不同位置，区分哪个是接触器 KM_F，哪个是接触器 KM_R。

(3) 交流接触器控制线圈的额定电压分 220V 和 380V 两种，接线时应根据控制线圈的电压等级决定控制电路应该接到两根相线(380V)之间还是接到相线与零线之间(220V)。

(4) 本实验电路接线比较复杂,接线时要掌握两个要领:

① 先连接主电路,再连接控制电路,即“先主后控”;

② 控制电路中既有串联回路,又有并联支路,接线时先接串联回路,再接并联支路,即“先串后并”。

7. 实验报告要求

(1) 按标准符号画出实验电路图。

(2) 若实验过程出现过问题,说明其原因及解决方法。

实验 9　电动机的时间控制电路

1. 实验目的

(1) 了解时间继电器的结构、工作原理及其在控制电路中所起的作用。

(2) 学习简单时间控制电路的设计方法。

2. 实验原理简述

在生产过程中，若一个动作完成后，需间隔一定时间，再开始下一个动作，就需要对电动机按一定时间间隔进行控制。利用时间继电器可以实现时间控制。

图 9-1 是用时间继电器实现三相异步电动机Y-△自动换接降压启动的控制电路原理图。其中 KT 是通电延时型时间继电器，有两个触点，即延时断开的常闭触点和延时闭合的常开触点。电动机的启动和停止由接触器 KM 控制；当电动机启动时，接触器 KM-Y工作，定子绕组接成Y型；当电动机运行一定时间后，接触器 KM-Y断开，同时接触器 KM-△开始工作，定子绕组接成△型。从而实现三相异步电动机Y-△自动换接降压启动。

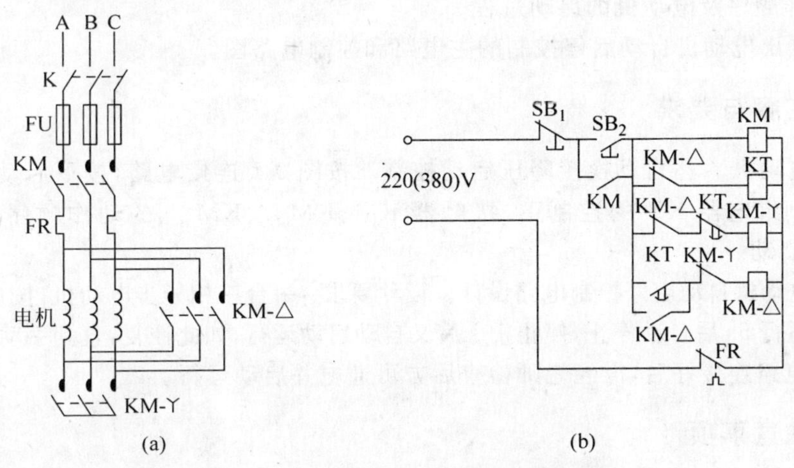

图 9-1　Y-△换接启动的主电路和控制电路

下面介绍简单控制电路的设计方法。

(1) 根据生产工艺过程的实际需要，确定其对控制电路的要求、动作顺序以及需要哪些保护环节，从原理上选择必要的控制电器。

(2) 按动作的先后顺序逐步画出控制电路原理图。一般先画出满足单个目的的原理电路，再考虑各个控制作用之间的制约关系和时间顺序，最后反复检查整个控制电路是否满足控制要求。

(3) 根据保护要求,在原理电路图中加入适当的保护环节。

控制电路在满足控制目的的前提下,应尽可能简单,触点尽可能少。控制电路原理图的一般安排规则是:按动作先后,主电路从左到右,控制电路从上到下。控制电路中,非自动电器如按钮、行程开关、转换开关等和自动电器的自锁、互锁触点等安排在线圈左边,保护电器的触点安排在线圈的右边。

3. 实验器材与设备

(1) 三相异步电动机;
(2) 控制按钮;
(3) 交流接触器;
(4) 热继电器;
(5) 时间继电器。

4. 预习及思考

(1) 分析图 9-1 所示电路中,从按下 SB_1 电动机启动到电动机稳定运行阶段各控制部件的动作顺序及电动机的启动过程。

(2) 画出电动机自动启停控制的主电路和控制电路图。

5. 实验内容与要求

(1) 电动机Y-△自动换接降压启动控制。按图 9-1 连接电路,按下启动按钮 SB_1,观察在时间继电器 KT 的控制下,接触器 KM、KM-Y、KM-△的动作顺序,如何完成Y-△换接启动。

(2) 电动机自动启停控制电路设计。设计要求:一台三相异步电动机,按启动按钮电动机启动运行 5s 后自动停止,停止 10s 后又自动启动运行,如此往复,直到手动停止为止。

设计电路连接好后,需经老师检查后方可通电并启动运行。

6. 实验注意事项

(1) 本实验电路接线复杂,接线前必须分析理解电路的控制原理,了解部件的控制作用。接线时严格遵守"先主后控"、"先串后并"的原则。

(2) 区分电动机各绕组的始末端和排列顺序。

(3) 运行时注意观察各部件的动作顺序。

7. 实验报告要求

(1) 按标准符号画出实验电路图。

(2) 若实验过程出现过问题,说明其原因及解决方法。

实验 10　可编程控制器实验

1. 实验目的

(1) 学习可编程控制器的使用。

(2) 熟悉可编程控制器的基本指令及编程方法。

(3) 学习简单应用程序的设计。

2. 实验原理简述

可编程控制器(PLC)是一种数字运算操作的电子系统,专为在工业环境下运用而设计。它采用了可编程序的存储器,用来在其内部存储执行逻辑运算、顺序控制、定时、计数和数学运算等操作指令,并通过数字式和模拟式的输入和输出,控制各种类型的机械或生产过程。PLC 是微机技术与传统的继电接触控制技术相结合的产物,它克服了继电接触控制系统中机械触点接线复杂、可靠性低、功耗高、通用性和灵活性差的缺点,充分利用了微处理器的优点,因此在现代工业控制中得到了广泛的运用。

PLC 一般由 CPU、存储器、输入输出接口(I/O)、电源、编程器、扩展接口和外部设备接口等主要部件组成。如果把 PLC 看作一个系统,外部的各种开关信号或模拟信号均为输入变量,它们经输入接口寄存到 PLC 内部的数据寄存器中,而后经逻辑运算或数据处理以输出变量形式送到输出接口,从而控制外部设备。

I/O 接口是 PLC 与输入输出连接的部件,输入接口接受外部设备(如按钮、行程开关、传感器等)的控制信号,输出接口则将经主机处理过的结果通过输出电路驱动外部设备(如接触器、电磁阀、指示灯等)。

编程器用来编写、修改进而生成用户程序,还可以监测系统运行情况等。编程器有专用编程器和个人计算机软件编程两种。专用编程器由 PLC 生产厂家提供,只能用于某一厂家某些型号的 PLC。由于个人计算机的日益普及,目前大多数 PLC 厂家都开发了以计算机为硬件平台和其标准操作系统为软件平台的 PLC 软件编程系统,其特点是用户界面好、功能强。

西门子 S7-200 系列 PLC 的编程可采用 PG702 编程器,也可采用 STEP 7 编程软件在计算机上编程。本实验采用 STEP 7 编程。

3. 实验仪器设备

(1) 可编程控制器(西门子 S7-200 系列 CPU224 型)实验箱;

(2) 编程通信电缆;

(3) 计算机及编程软件;

(4) 交流接触器(线圈额定电压 220V);

(5) 三相异步电动机。

4. 预习及思考

(1) 实验之前阅读附录 B.2 有关 S7-200 可编程控制器编程软件的使用说明,初步了解其使用方法。

(2) 分析理解实验内容 2)十字路口交通灯控制梯形图的控制原理,按实验内容 3)的要求修改程序。

(3) 在图 10-3 电动机正反转控制程序中已经设置了电气互锁,为什么在图 10-2 PLC 的外部接线图中还要设置由 KM_1 和 KM_2 常闭触点构成的电气互锁?

5. 实验内容与要求

1) 用 PLC 实现对异步电动机的正、反转控制

(1) 控制要求:按下正转启动按钮,电动机正转;按下反转启动按钮,电动机反转;按下停止按钮,电动机停止运行。

(2) 确定 I/O 点数及其分配,见表 10-1。

表 10-1 I/O 点数及其分配

输 入	输 出
SB_0:I0.0	KM_1:Q0.0
SB_1:I0.1	KM_2:Q0.1
SB_2:I0.2	

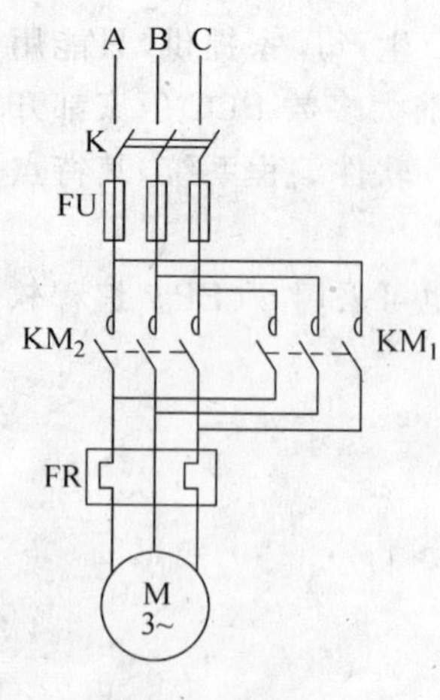

图 10-1 正、反转主电路

其中 SB_0 为正转启动按钮,SB_1 为反转启动按钮,SB_2 为停止按钮,KM_1 为正转接触器线圈,KM_2 为反转接触器线圈,共 5 个 I/O 点。

(3) 连接主电路及 PLC 控制电路外部接线。主电路及 PLC 控制电路外部接线分别如图 10-1、图 10-2 所示。

(4) 画出梯形图,如图 10-3(a)所示。写出对应的语句表,如图 10-3(b)所示。

(5) 输入图 10-3 所示的梯形图或语句表。

(6) 调试并运行程序。如果实验室没有电动机及交流接触器,可把 PLC 输出点 Q0.0 及 Q0.1 分别接到实验箱的指示灯,指示灯亮表示接触器线圈通电,接触器吸合。

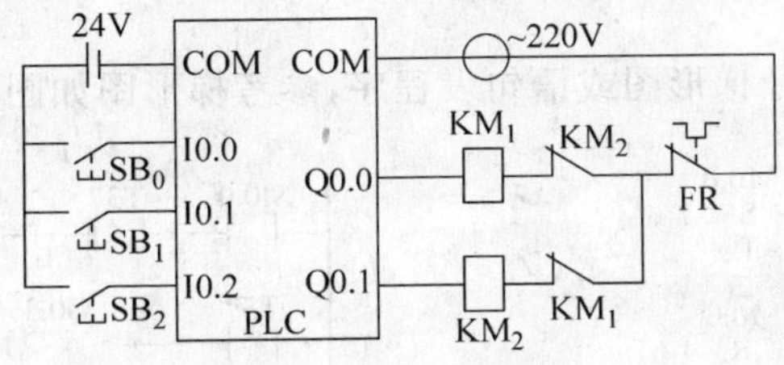

图 10-2　PLC 控制电路

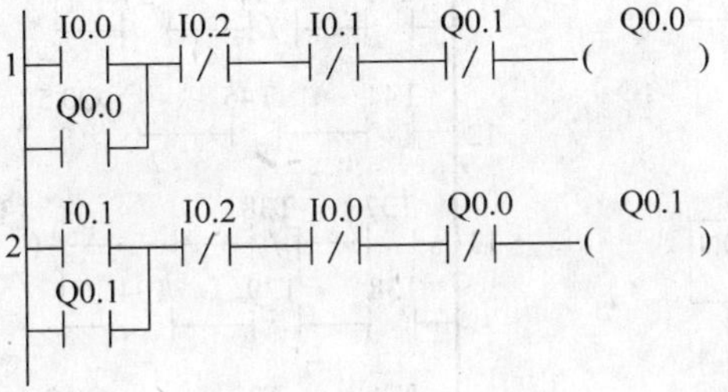

(a) 梯形图

```
NETWOR1
LD      I0.0
O       Q0.0
AN      I0.2
AN      I0.1
AN      Q0.1
=       Q0.0
NETWOR2
LD      I0.1
O       Q0.1
AN      I0.2
AN      I0.0
AN      Q0.0
=       Q0.1
```

(b) 语句表

图 10-3　电动机正、反转控制程序

2) 用 PLC 实现对十字路口交通灯的控制

十字路口交通灯示意图如图 10-4 所示。

(1) 控制要求：①当按下启动开关时，信号灯系统开始工作，且南北红灯亮，东西绿灯亮；当按下关断开关时，所有信号灯都熄灭。②南北红灯亮维持 25s。在南北红灯亮的同时东西绿灯也亮，并维持 20s，到 20s 时，东西绿灯闪亮，闪亮 3s(三次)后熄灭。在东西绿灯熄灭时，东西黄灯亮，并维持 2s，到 2s 时，东西黄灯熄灭，东西红灯亮。同时，南北红灯熄灭，南北绿灯亮。③东西红灯亮维持 30s。南北绿灯亮维持 25s，然后闪亮 3s(三次)后熄灭。同时南北黄灯亮，维持 2s 后熄灭，这时南北红灯亮，东西绿灯亮。如此不断循环。

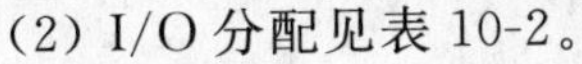

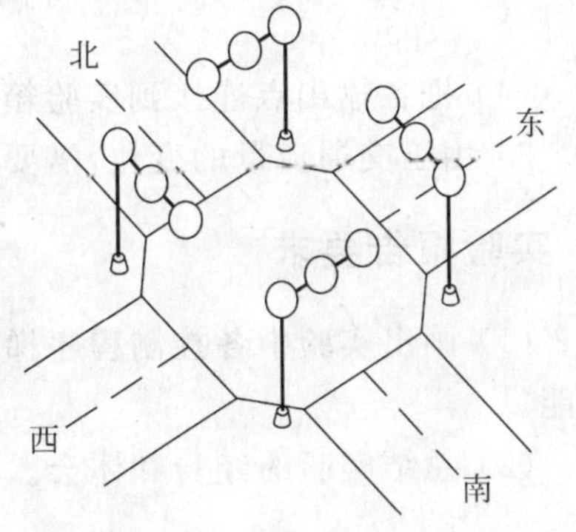

图 10-4　交通灯示意图

(2) I/O 分配见表 10-2。

表 10-2　I/O 点数及其分配

输　入	输　出	
启动按钮：I0.0 关断按钮：I0.1	南北红灯：Q0.0 南北绿灯：Q0.1 南北黄灯：Q0.2	东西红灯：Q0.3 东西绿灯：Q0.4 东西黄灯：Q0.5

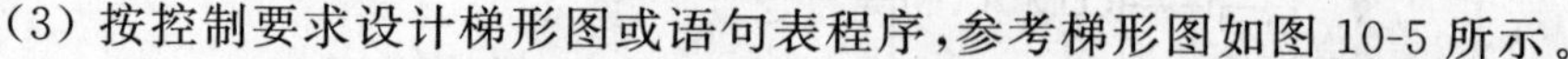
（3）按控制要求设计梯形图或语句表程序，参考梯形图如图 10-5 所示。

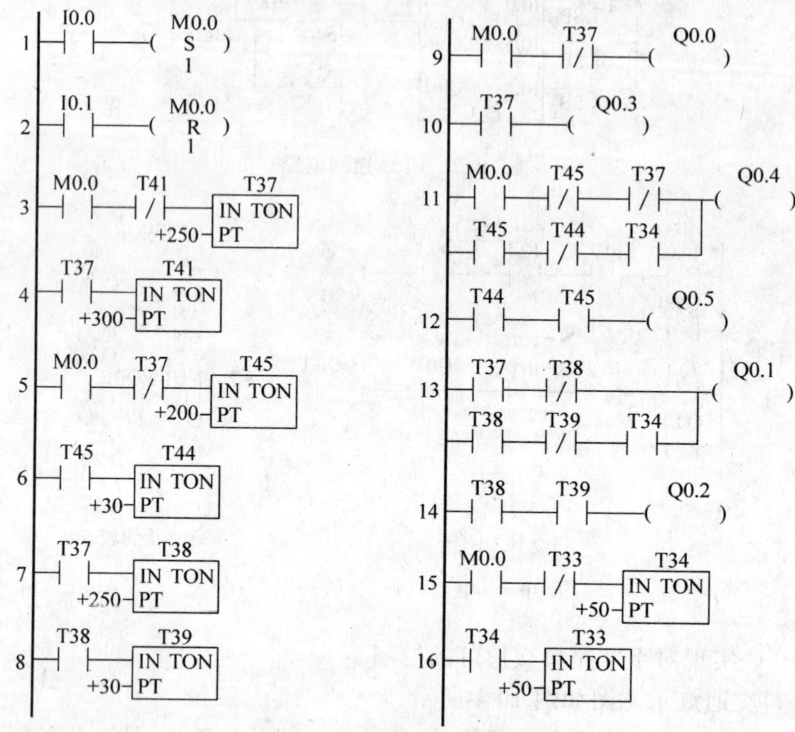

图 10-5　交通灯控制梯形图

（4）把各输出点连接到实验箱上对应颜色的指示灯，调试并运行程序。

3）由于交通流量的变化，需要把南北绿灯维持时间改为 15s，试修改程序实现之。

6. 实验报告要求

（1）画出实验中各控制程序梯形图，并在自己修改的梯形图上标注各梯形图网络的功能。

（2）总结实验的经验和体会。

第3章　模拟电子技术实验

实验11　单级晶体管放大电路

1. 实验目的

(1) 掌握放大电路静态工作点的调整和测试方法。

(2) 了解静态工作点对放大电路性能的影响。

(3) 学习测量放大电路的交流电压放大倍数、输入电阻、输出电阻以及最大不失真输出电压的测试方法。

(4) 熟悉常用电子仪器、仪表的使用方法。

2. 实验原理

电压放大电路的基本任务是在输入端接入交流信号 u_i 后，在其输出端得到一个不失真的交流输出信号 u_o，且有足够的电压放大倍数。图11-1所示为电阻分压式稳定静态工作点的共射极单管放大电路，其基极偏置电路由 R_{B1} 和 R_{B2} 分压电路构成。如果静态工作点选择得过高或过低，或者输入信号过大，都会使输出波形失真。为获得合适的静态工作点，一般采用调节上偏置电阻 R_P 的方法，在发射极接有电阻 R_E，以稳定静态工作点 Q。

(1) 输入电阻 r_i

放大器的输入电阻是从放大器的输入端看进去的等效电阻，加上信号源之后，它就

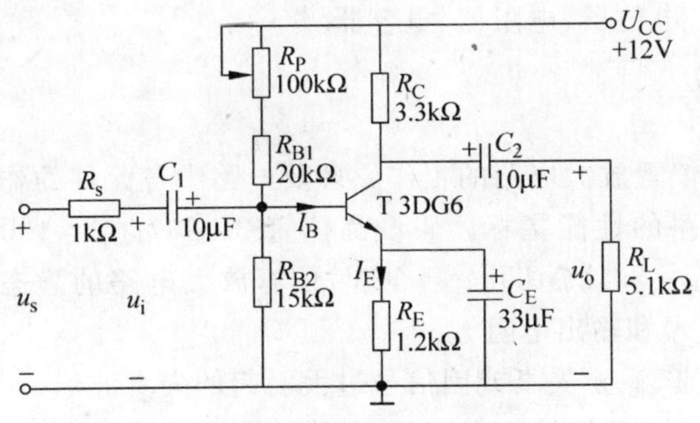

图11-1　单级放大电路

是信号源的负载电阻，用 r_i 表示，则

$$r_i = u_i / i_i = R_s u_i / (u_s - u_i)$$

式中：u_s——信号源电压的有效值；

R_s——信号源内阻；

u_i——放大电路输入电压的有效值(5mV)。

r_i 的大小直接关系到信号源的工作情况。

(2) 输出电阻 r_o

放大器的输出电阻是从放大器的输出端向放大器看进去的等效电阻，用 r_o 表示，由下式计算：

$$r_o = R_L(U_{oc} - U_{oL}) / U_{oL}$$

式中：U_{oc}——放大电路开路时输出电压的有效值；

U_{oL}——放大电路接负载 R_L 时输出电压的有效值。

(3) 电压放大倍数 A_u

放大器的电压放大倍数是在输出波形不失真的情况下，输出电压与输入电压有效值(或最大值)的比值，即

$$A_u = u_o / u_i$$

3. 实验仪器设备及元器件

(1) 直流稳压电源；

(2) 函数信号发生器；

(3) 双踪示波器；

(4) 万用电表；

(5) 交流毫伏表；

(6) 晶体三极管、电位器、电阻器、电容器。

4. 实验预习及思考

(1) 理解分压式偏置放大电路的工作原理及电路中各元件的作用。

(2) 估算实验电路的性能指标。假设晶体管 3DG6 的 $\beta = 100$，$R_{B1} = 15\text{k}\Omega$，$R_{B2} = 50\text{k}\Omega$，$R_C = 3.3\text{k}\Omega$，$R_L = 5.1\text{k}\Omega$，$U_{CC} = +12\text{V}$，估算放大电路的静态工作点 Q 与电压放大倍数 A_u，输入电阻 r_i 和输出电阻 r_o。

(3) 了解饱和失真、截止失真或因信号过大引起的失真波形。

(4) 掌握有关输入电阻及输出电阻的测试方法。

5. 实验内容及过程

按实验原理图接好电路。以稳压电源负端为接地参考点，按照图 11-2 所示各仪

器与实验电路的连接方式接入 $U_{CC}=+12V$ 的直流电压，其他仪器根据需要接入相应端。

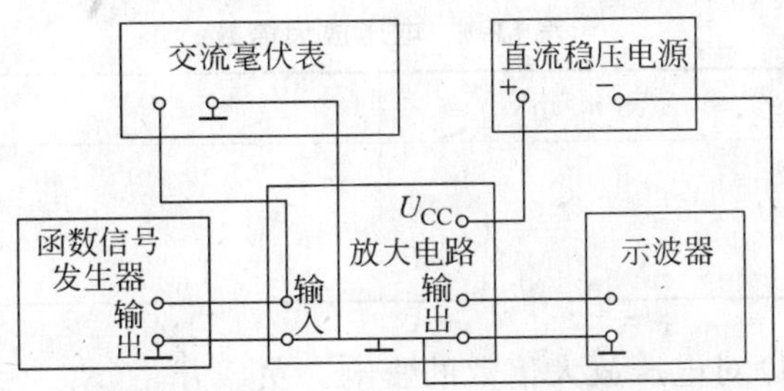

图 11-2　实验仪器与放大电路的连接方式

(1) 静态工作点的调试与测量。输入端不输入交流信号，即 $u_i=0$，接通直流稳压电源 $U_{CC}=12V$，调节上偏置电阻(通过调节 R_P)使 $V_C=7V$，以保证 Q 点在负载线的中间位置，测量相应的 V_B、V_E 并记入表 11-1。

表 11-1　静态工作点($V_C=7V$)

测量值	V_B/V	V_E/V	V_C/V
计算值	U_{BE}/V	U_{CE}/V	$I_C/mA=U_{R_C}/R_C$

(2) 输入电阻 r_i 及输出电阻 r_o 的确定。在放大电路图 11-1 输入端接入频率为 1kHz 的正弦交流信号 u_s，在输出电压 u_o 不失真的情况下，用交流毫伏表测出 u_s 和 u_i 的有效值，算出输入电阻 r_i 并记入表 11-2 中。

保持 u_s 不变，在输出电压 u_o 不失真的情况下，断开 R_L，测量放大器空载时的输出电压 U_{oc}；接入负载电阻 $R_L=5.1k\Omega$，测量放大器带负载时的输出电压 U_{oL}，算输出电阻 r_o 并记入表 11-2 中。

表 11-2　输入/输出电阻

测　量　值			计算值
R_s	u_s	u_i	$r_i=u_iR_s/(u_s-u_i)$
1kΩ			
R_L	u_{oC}	u_{oL}	$r_o=(u_{oC}/u_{oL}-1)R_L$
5.1kΩ			

(3) 测量输出电压，计算电压放大倍数。在放大电路输入端接入频率为 1kHz 正弦交流信号 u_s，调节函数信号发生器输出旋钮使输入电压有效值 $u_i=5mV$，同时用示波器

观察输出电压 u_o 的波形。在输出波形不失真情况下，按表 11-3 给定条件测量 u_i 和 u_o，计算 $A_u = u_o/u_i$ 并记入表 11-3 中。

表 11-3 电压放大倍数

测试条件	测 u_i/mV	测 u_o/V	A_u
$R_L = 5.1k\Omega$			
$R_L = 10k\Omega$			
$R_L = \infty$			

*(4) 静态工作点 Q 对电压放大倍数的影响。负载开路($R_L = \infty$)，u_i 适当，调节 R_P，用示波器监视输出电压 u_o，在波形不失真情况下，测量数据组 I_C 和 u_o 值，记入表 11-4 中。测量 I_C 时，应使输入信号 $u_i = 0$。

表 11-4 静态工作点对电压放大倍数的影响(u_i= mV)

I_C/mA				
u_o/V				
A_u				

(5) 静态工作点 Q 变化对输出波形的影响。在给定条件下，用示波器观察输出波形，并记入表 11-5 中。

表 11-5 静态工作点 Q 变化对输出波形的影响

测试条件	输出波形	失真类型
R_P 适中，Q 点合适，输出波形无失真	u_o O t	
R_P 太小，Q 点偏高	u_o O t	
R_P 太大，Q 点偏低	u_o O t	
R_P 适中，Q 点合适，输入信号幅值太大	u_o O t	

6. 实验注意事项

(1) 为使放大电路正常工作，不要忘记接入工作直流电源。

(2) 函数信号发生器、示波器应与实验电路共地。

(3) 放大电路的输入电压 u_i 和输出电压 u_o 不属于同数量级，测量时要特别注意转换仪表量程。

7. 实验总结及思考题

(1) 画出实验电路原理图，列表整理测试结果，并把实测的静态工作点、电压放大倍数、输入电阻、输出电阻值与它们的理论计算值（取一组相关数据）进行比较，分析产生误差的原因。

(2) 总结集电极电阻 R_C、负载电阻 R_L 值及静态工作点对电压放大倍数、输入电阻、输出电阻的影响。

(3) 讨论静态工作点变化对输出波形的影响。

(4) 改变放大电路的静态工作点是否会影响放大电路的输入电阻？改变负载 R_L 是否会影响放大电路的输出电阻？

(5) 放大电路的测试中，输入信号频率一般选择 1kHz，为何不选择 100kHz 或更高的频率？

(6) 分析讨论在调试过程中出现的问题。

(7) 写出完整、规范的实验报告。

实验 12　多级阻容耦合放大电路与射极跟随器

1. 实验目的

（1）理解多级阻容耦合放大电路总电压放大倍数与各级电压放大倍数的关系。

（2）熟悉多级放大电路的测试方法。

（3）学习多级放大电路输入电阻和输出电阻的测试方法。

（4）熟悉射极跟随器的特点及应用。

（5）观察输入、输出电压波形，比较其相位关系。

2. 实验原理

图 12-1 所示为三级阻容耦合放大电路。阻容耦合的优点是：前级和后级直流通路彼此隔开，各级静态工件点互不影响，便于分析和设计。它在多级放大电路中得到了广泛应用。但由于耦合电容的存在，它对直流信号（缓变信号）的传输较差；在集成电路中制造大电容很困难，不便于集成化。所以，阻容耦合只适用于分立元件组合电路。实验电路的前两级为实验 11 所做的电阻分压式稳定静态工作点的共射极放大电路；第三级为共集电极连接的射极跟随器。因为它具有电压放大倍数接近于 1（但略小于 1），输出电压与输入电压同相位，输入电阻值大，输出电阻值小等特点，既可作为多级放大电路的输入级，也可作为输出级或中间缓冲级，灵活方便，应用广泛。

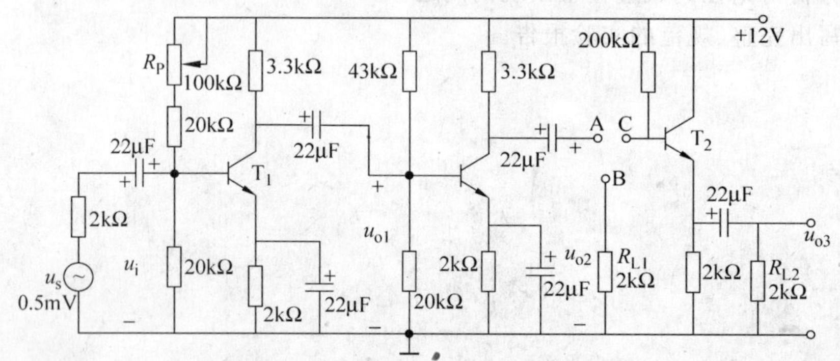

图 12-1　三级阻容耦合放大电路

3. 实验仪器设备及元器件

（1）直流稳压电源；

（2）函数信号发生器；

(3) 双踪示波器；

(4) 万用电表；

(5) 交流毫伏表；

(6) 晶体三极管、电位器、电阻器、电容器。

4. 实验预习要求

(1) 复习射极跟随器的特点及应用。

(2) 了解多级放大电路的工作原理及电路中各元件的作用。

(3) 熟悉多级放大电路总电压放大倍数与各级电压放大倍数的关系。

(4) 熟悉本实验所用仪器仪表的使用方法及仿真测试技术。

(5) 熟悉输入电阻及输出电阻的测试方法。

5. 实验内容及过程

选择合适参数的元器件并按照图 12-1 正确连接阻容耦合放大电路。以稳压电源负端为接地参考点，按照图 11-2 所示各仪器与实验电路的连接方式接入 $U_{CC}=+12V$ 的直流电压，其他仪器根据需要接入相应端。

(1) 静态工作点的调试。输入端不接入交流信号，即 $u_i=0$，接通直流稳压电源 $U_{CC}=12V$，通过调节 R_P 使 $V_{C1}=7V$，以保证各级 Q 点在其负载线的中间位置。

(2) 测量电压放大倍数。

① 连接 A、B 两点，即第二级放大电路接负载电阻 R_{L1}，输入 0.5mV/1000Hz 的正弦波电压 u_s，观测输入 u_i、输出波形 u_{o2}，测量各级输入、输出电压，算出各级电压放大倍数和总电压放大倍数(U_{o2}/U_{i1})并填表 12-1。

② 断开 A、B，连接 A、C 两点，即第二级放大电路接射极输出器，测量各级输入、输出电压，算出各级电压放大倍数和总电压放大倍数(U_{o3}/U_{i1})并填表 12-1。

表 12-1　各级输入/输出电压和电压放大倍数

U_{i1}/mV	U_{o1}/V	A_{u1}	U_{i2}/V	U_{o2}/V	A_{u2}	U_{i3}/V	U_{o3}/V	A_{u3}	A_u
						\	\	\	

(3) 测量输入/输出电阻值。用交流电压/电流表测量输入电压和输入电流，然后计算

$$r_i = r_{i1} = U_{i1}/i_{i1}$$

分别测出两级、三级放大电路的空载输出电压、负载输出电压，然后由以下两式计算 r_o：

$$r_{o1} = R_{L1}(U_{oc1} - U_{oL1})/U_{oL1}$$

$$r_{o2} = R_{L2}(U_{oc2} - U_{oL2})/U_{oL2}$$

6. 实验注意事项

(1) 为使放大电路正常工作,不要忘记接入工作直流电源。

(2) 函数信号发生器、示波器应与实验电路共地。

(3) 放大电路的输入电压 U_i 和输出电压 U_o 不属于同数量级,测量时要特别注意转换仪表量程,以避免损坏。

7. 实验总结及思考题

(1) 在此放大电路中,观察输入输出波形,输出电压与输入电压的相位关系如何?

(2) A_u 与 A_{u1}、A_{u2}、A_{u3} 的关系怎样?

(3) r_i 与 r_{i1} 的关系怎样?

(4) 射极跟随器的电压放大倍数接近 1(但略小于 1),为什么接上射极跟随器后,电路的总电压放大倍数 A_u 比不接时(U_{o2} 接 R_{L1})提高了?

(5) 分析讨论在测试过程中出现的问题。

(6) 写出完整、规范的实验报告。

实验13　负反馈放大电路

1. 实验目的

（1）加深理解负反馈放大电路的工作原理及负反馈对放大电路性能的影响。

（2）熟悉负反馈放大电路性能指标的测试方法。

（3）熟悉负反馈放大电路频率特性的测试方法。

2. 实验原理

负反馈在电子电路中有着非常广泛的应用，负反馈电路有四种形式，即电压串联负反馈、电压并联负反馈、电流串联负反馈和电流并联负反馈。引入负反馈电路虽然会降低放大电路的电压放大倍数，但可以提高放大倍数的稳定性，减少非线性失真，改变输入、输出电阻，展宽通频带等。图13-1为带有负反馈的两级阻容耦合放大电路，电阻$R_{f1}=100\Omega$构成第一级放大电路的电流串联负反馈，电阻$R_f=10k\Omega$构成级间电压串联负反馈。电路中的所有参数均可根据需要重新设定。

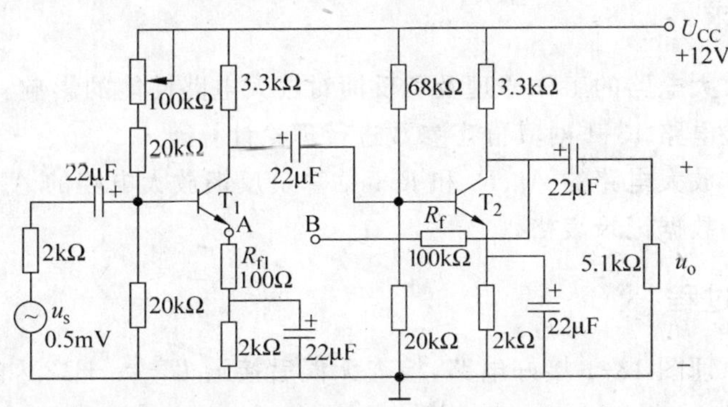

图13-1　带有负反馈的两级阻容耦合放大电路

（1）电压串联负反馈电路的闭环电压放大倍数

$$A_{uf}=\frac{A_u}{1+A_uF_u}$$

式中，$A_u=U_o/U_i$为基本放大电路（无负反馈）的电压放大倍数（开环电压放大倍数）；$1+A_uF_u$为反馈深度，其大小决定了负反馈对放大电路性能改善的程度。

（2）电压串联负反馈电路的反馈系数

$$F_u=R_{f1}/(R_f+R_{f1})$$

(3) 电压串联负反馈电路的输入电阻 R_i 和输出电阻 R_o 分别为

$$R_{if}=(1+A_uF_u)R_i \quad R_{of}=R_o/(1+A_uF_u)$$

式中,R_i 和 R_o 分别为基本放大电路的输入、输出电阻。

(4) 电压串联负反馈放大电路的上限频率和下限频率分别为

$$f_{Hf}=f_H(1+A_{um}F_u) \quad f_{Lf}=f_L(1+A_{um}F_u)$$

式中,A_{um} 为放大电路的中频段开环电压放大倍数。

3. 实验仪器设备及元器件

(1) 直流稳压电源;
(2) 信号发生器;
(3) 双踪示波器;
(4) 万用电表;
(5) 交流毫伏表;
(6) 晶体三极管、电位器、电阻器、电容器。

4. 实验预习要求

(1) 负反馈放大电路的工作原理及负反馈对放大电路性能的影响。
(2) 按照实验电路 13-1 对其静态参数进行理论计算。
(3) 估算基本放大电路的 A_u、R_i 和 R_o;估算负反馈放大电路的 A_{uf}、R_{if}和 R_{of}。
(4) 绘制实验数据记录表格。

5. 实验内容及过程

(1) 按实验原理图 13-1 接好电路,检查无误后接通 $U_{CC}=+12V$ 的直流电压。调节并测试静态工作点 $Q_1(V_{B1}、V_{C1}、V_{E1})$、$Q_2(V_{B2}、V_{C2}、V_{E2})$。

(2) 测量开环状态下放大电路的性能指标

① 加在放大电路输入端的交流信号源电压有效值为 $U_i=0.5mV$(峰值为 0.707V)、频率为 1kHz,测量开环不失真输出电压 u_o,并计算 A_u。

② 测量开环输入电阻 R_i、输出电阻 R_o。测量方法跟实验 11 中的方法相同。

③ 测量开环放大电路的上限频率 f_H 和下限频率 f_L。加在放大电路输入端的交流信号源电压有效值为 $U_i=0.5mV$(峰值为 0.707V)、频率为 1kHz,用毫伏表测量不失真输出电压 u_o,用示波器监测输出电压确保其不失真,在输入交流信号电压有效值不变的情况下,增减输入信号频率,使输出电压下降至原来的 70.7%,此时输入信号频率即为上限频率 f_H 和下限频率 f_L,通频带宽度为 f_H-f_L。

(3) 测量闭环状态下放大电路的性能指标

① 连接 A、B 两点，在放大电路输入端加交流信号源电压有效值为 $U_i=0.5$mV(峰值为 0.707V)、频率为 1kHz，测量闭环不失真输出电压 u_{of}，并计算 A_{uf}。

② 测量闭环输入电阻 R_{if} 及输出电阻 R_{of}，测量方法同上。

③ 测量闭环放大电路的上限频率 f_H 和下限频率 f_L，测量方法同上。

④ 在开环状态下增大输入信号 u_s，直至输出信号 u_o 产生明显失真，连接 A、B 两点，观察波形变化情况。

6. 实验注意事项

(1) 为使放大电路正常工作，不要忘记接入工作直流电源。

(2) 函数信号发生器、示波器应与实验电路共地。

(3) 放大电路的输入电压 U_i 和输出电压 U_o 不属于同数量级，测量时要特别注意转换仪表量程，以避免损坏仪表。

7. 实验总结及思考题

(1) 画出实验电路原理图，填写、整理测试数据，画出幅频特性曲线。

(2) 总结电压串联负反馈对放大电路性能的影响。

(3) 总结实验中用到的测量方法，分析讨论在调试过程中出现的问题。

(4) 根据测试结果，分析电压串联负反馈有什么特点？哪些指标得到了改善？负反馈放大电路的反馈深度是否越大越好？为什么？

实验 14　集成运算放大器的基本运算电路

1. 实验目的

(1) 熟悉集成运算放大器在实际应用时应考虑的一些问题。

(2) 应用集成运算放大器组成基本运算电路。

2. 实验原理简述

集成运算放大器是一种具有高电压增益的直接耦合放大器件，分为专用型和通用型两种。本实验宜选用通用型 μA741，它是一种具有内部频率补偿和短路保护等特点的高性能集成运算放大器。集成运算放大器在线性应用时，均构成深度负反馈，其输入、输出关系决定于外电路。外接不同的反馈网络，可以构成不同功能的运算电路。本实验着重讨论比例、加法、差分、积分等信号运算电路。为简化分析，假设运放工作在理想状态，其线性分析依据为 $u_+=u_-$ 和 $I_+=I_-$。

(1) 反相比例运算电路

反相比例运算电路见图 14-1(a)，其输入输出关系为

$$u_o=-(R_f/R_1)u_i$$

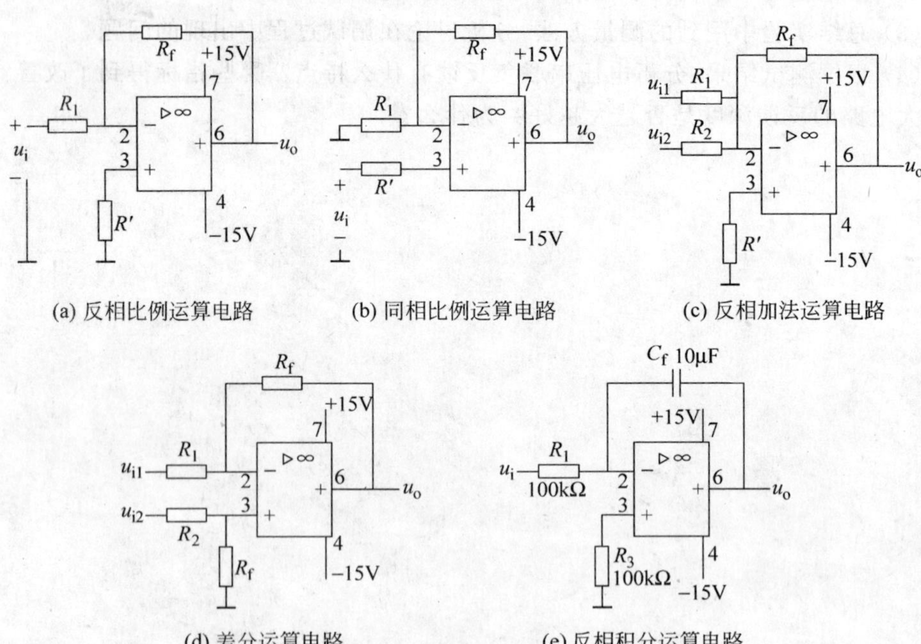

图 14-1　运放的基本运算电路

为了减小输入偏置电流引起的运算误差，在同相输入端应接平衡电阻 $R'=R_f /\!/ R_1$。

(2) 同相比例运算电路

同相比例运算电路见图 14-1(b)，其输入输出关系为

$$u_o=(1+R_f/R_1)u_i$$
$$R'=R_f /\!/ R_1$$

(3) 反相加法运算电路

反相加法运算电路见图 14-1(c)，其输入输出关系为

$$u_o=-(u_{i1}R_f/R_1+u_{i2}R_f/R_2)$$
$$R'=R_f /\!/ R_1 /\!/ R_2$$

(4) 差分运算电路(减法器)

差分运算电路见图 14-1(d)，其输入输出关系为

$$u_o=(R_f/R_1)(u_{i2}-u_{i1})$$

*(5) 反相积分运算电路

反相积分运算电路见图 14-1(e)，其输入输出关系为

$$u_o=-(1/C_fR_1)\int u_i\mathrm{d}t$$

3. 实验仪器设备及元器件

(1) 低频信号发生器、示波器、万用表；

(2) 直流稳压电源；

(3) 运放、电阻、电容等元器件。

4. 实验预习要求

(1) 熟悉集成运算放大器及其有关线性应用电路的工作原理。

(2) 熟悉集成运算放大器的引脚排列及功能。

(3) 设计相应运算电路的电路图，并标注元件参数。

5. 实验内容及步骤

实验前，先弄清楚运放各引脚的位置和功能，μA741 外引脚排列见图 14-2(b)。其中引脚 1、5 接调零电位器，4 接负电源，7 接正电源，6 为输出端。按实验原理图接好线路并仔细检查，确保电路的连接正确。每个运算电路都要接上正、负电源，切不可把正、负电源极性接反或将输出端短路，否则会损坏集成块。调节直流稳压电源，使两路的输出电压均为 15V，然后按图 14-2(a)接成共地的 ±15V 电源，并接到实验电路板。按实验原理图 14-2(c)连好电路，输入端对地短接调零。

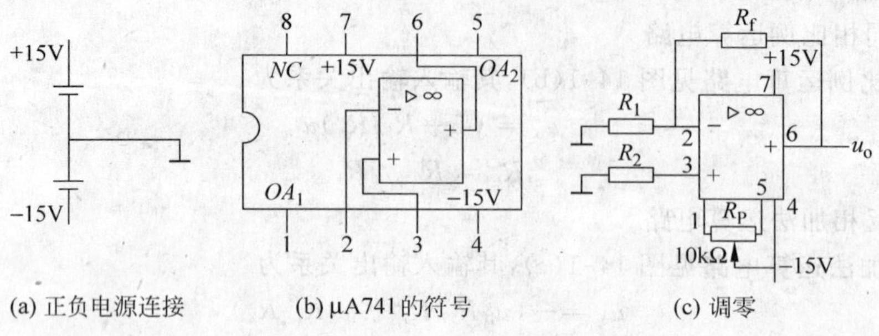

(a) 正负电源连接　(b) μA741的符号　(c) 调零

图 14-2　μA741 管脚及实验原理图

(1) 分别按下列要求设计相应的运算电路，要求反馈电阻 $R_f=100\text{k}\Omega$。

反相比例运算电路　　$u_o=-10u_i$

同相比例运算电路　　$u_o=11u_i$

反相加法运算电路　　$u_o=-(2u_{i1}+5u_{i2})$

差分运算电路(减法器)　　$u_o=10(u_{i2}-u_{i1})$

(2) 画出相应的电路图，并标注元件参数。

(3) 按电路图连接相应的电路，每个电路输入三组直流信号，测量输入、输出电压，反相比例运算测试结果记录于表 14-1 中，其他电路自拟表格及输入电压。

表 14-1　反相比例运算测试结果

u_{i1}/V	0.5	−1	1
u_o/V 测量值			
u_o/V 理论值			

*(4) 反相积分运算电路

按图 14-1(e)连接电路，输入信号采用幅值为 2V、频率为 1kHz 的方波信号，用双踪示波器同时观察 u_i 和 u_o 的波形，并记录 u_o 的幅值。

6. 实验注意事项

(1) 为使放大电路正常工作，不要忘记接入工作直流电源。切不可把正、负电源极性接反或将输出端短路，否则会损坏集成块。

(2) 函数信号发生器、示波器应与实验电路共地。

(3) 每次换接电路前都必须关掉电源。

7. 实验总结及思考题

（1）画出实验电路原理图，绘制表格，填写、整理测试数据。

（2）分析 u_o 的测量值与计算值有何异同？为什么？

*（3）在反相积分运算电路中，当输入方波信号时，u_o 的波形如何？若增大电容值，u_o 的波形如何变化？

实验 15　集成运算放大器的非线性应用

1. 实验目的

(1) 熟悉电压比较器的功能、电路结构及特点。
(2) 学会电压比较器的测试方法。
(3) 学会用运算放大器构成方波信号发生器的方法。

2. 实验原理简述

电压比较器是对电压幅值进行比较的电路，它将一个模拟量电压信号 u_i 与一个参考电压 U_R 值比较，在二者相近时输出跃变电压信号 u_o。电压比较器是集成运算放大器非线性应用的基础。图 15-1 所示为处于开环工作状态的电压比较器。由理想运放的传输特性知，集成运算放大器处于开环工作状态时，其输出处于饱和区(非线性区)。当 $u_i < U_R$ 时，$u_o = U_Z$；当 $u_i > U_R$ 时，$u_o = -U_D$。本实验涉及过零电压比较器和迟滞电压比较器两种电压比较器。

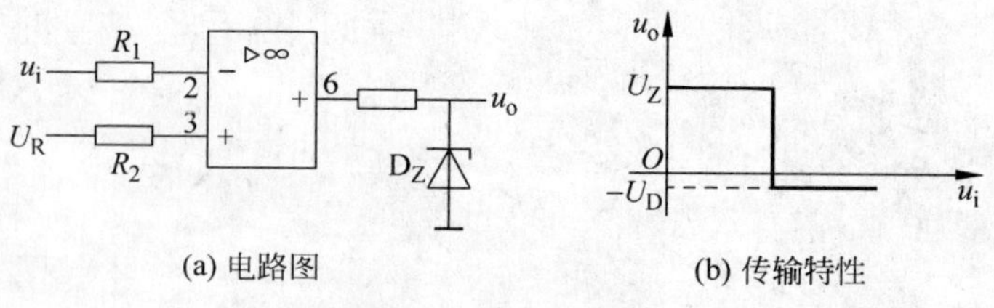

(a) 电路图　　(b) 传输特性

图 15-1　电压比较器

(1) 过零电压比较器

图 15-2(a)所示为加限幅电路的过零电压比较器，D_Z 为双向限幅稳压二极管。输入信号加在运算放大器的反相输入端。当 $u_i < 0$ 时，$u_o = +(U_Z + U_D)$；当 $u_i > 0$ 时，$u_o = -(U_Z + U_D)$。其电压传输特性如图 15-2(b)所示。过零电压比较器虽然结构简单、灵敏度高，但抗干扰能力差。

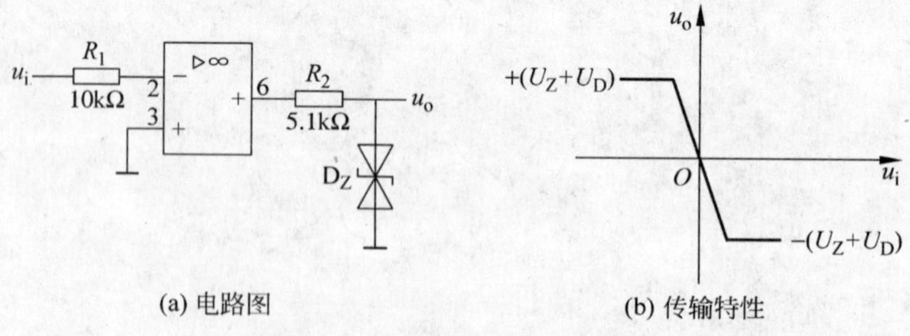

(a) 电路图　　(b) 传输特性

图 15-2　过零电压比较器

(2) 迟滞电压比较器

过零电压比较器在实际工作时，若 u_i 恰好在零值附近，则由于零点漂移的存在，u_o 将不断从一个极限值转换到另一个极限值，在控制系统中，这对执行机构是很不利的。为此，需要输出信号具有迟滞特性。如图 15-3(a)所示，从运算放大器的输出端引一个分压电阻正反馈支路到同相输入端，当 u_o 改变状态时，A 点电位也随之改变，使得过零点离开原来位置。当 u_o 为正（记做 U_+）时，$V_A = U_+ R_2/(R_2 + R_f)$，则当 $u_i > V_A$ 后，u_o 即由正变负（记做 U_-），此时 V_A 变为 $-V_A$。故只有当 u_i 下降到 $-V_A$ 以下时，才能使得 u_o 再回升到 U_+，如图 15-3(b)所示的迟滞特性回线。V_A 与 $-V_A$ 之差称为回差。改变 R_2 的数值，回差大小亦随之改变。

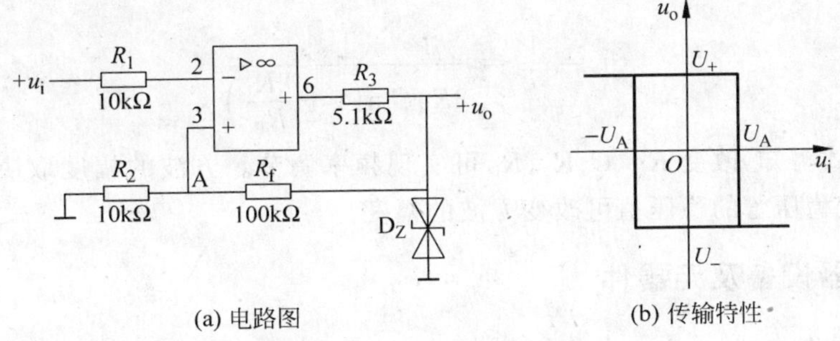

(a) 电路图　　(b) 传输特性

图 15-3　迟滞电压比较器

(3) 方波发生器

方波发生器又称多谐振荡器，其电路如图 15-4 所示，它是在迟滞电压比较器的基础上，增加了一个由 R_{f2}、C 组成的积分电路，把输出电压经 R_{f2}、C 反馈到集成运放的反相端。由图可知，电路的正反馈系数为

$$F \approx \frac{R_{f1}}{R_1 + R_{f1}}$$

R_{f2}、C 组成一个负反馈通路，电容 C 根据输出电平 U_o 的高低进行充电或放电，所以电容 C 上的电压 U_C 是变化的。当 $U_o > 0$ 时，电容 C 充电，U_C 按指数升高；当 $U_o < 0$ 时，电容 C 放电，U_C 按指数降低。当 $U_C = FU_o$ 或 $U_C = -FU_o$ 时，电路产生一次翻转，在 $-FU_o < U_C < FU_o$ 时，输出电压 U_o 保持恒值 U_Z 或 $-U_o$。如此循环，形成如图 15-5 所示的方波，方波周期为

$$T = T_1 + T_2 = 2R_{f2}C\ln\left(1 + \frac{2R_1}{R_{f1}}\right)$$

式中：T_1——充电时间；

T_2——放电时间。

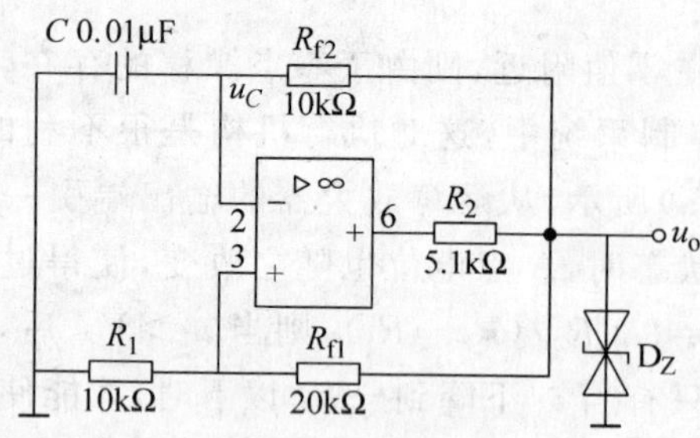

图 15-4 方波发生器

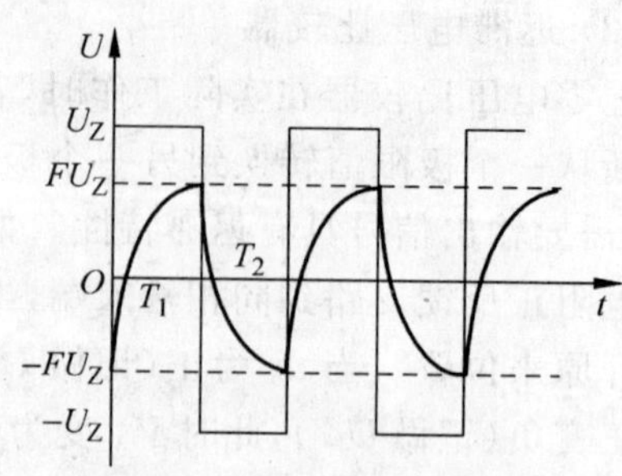

图 15-5 方波发生器波形

频率为

$$f=\frac{1}{T}=\frac{1}{2R_{f2}C\ln\left(1+\frac{2R_1}{R_{f1}}\right)}$$

根据上式可知，改变 R_{f1}、C、R_1、R_{f2} 可实现频率调节。方波的幅度取决于稳压管的稳压值，改变稳压管的稳压值可改变方波的幅度。

3. 实验仪器设备及元器件

(1) 信号发生器；

(2) 双踪示波器；

(3) 万用表；

(4) 直流稳压电源；

(5) 集成运算放大器、电阻器、电容器等元器件。

4. 实验预习要求

(1) 熟悉电压比较器的工作原理。

(2) 结合实验电路进行理论分析。

(3) 计算图 15-4 所示方波发生器的频率。

5. 实验内容及步骤

按实验原理图接好线路并仔细检查，确保电路的连接正确。

(1) 过零电压比较器。实验电路如图 15-2 所示。

① 确定电路连接正确，接通 ±15V 直流电源。

② 输入直流电压信号，调节输入信号，使 $u_i=-5\text{V}\sim+5\text{V}$，测量并记录相应的输入、输出电压（$u_i=0$ 前后应多测几点），绘制电压传输特性曲线。

③ 输入 1000Hz、幅值为 2V 的正弦信号 u_i，观察记录 u_i、u_o 波形。

(2) 反相迟滞电压比较器。实验电路如图 15-3 所示。

① 正确接线，u_i 接 $-5V \sim +5V$ 可调直流电源，反相端输入。

② 调节 u_i，测量 u_o 由 $U_{o,sat}$（正向饱和输出电压）$\rightarrow -U_{o,sat}$（反向饱和输出电压）及由 $-U_{o,sat} \rightarrow U_{o,sat}$ 时 u_i 的临界值。

③ 将 $R_f = 100k\Omega$ 改为 $200k\Omega$，重复上述实验，测定传输特性。

④ u_i 接 1000Hz、幅值为 2V 的正弦信号，观察记录 u_i、u_o 波形。

(3) 按图 15-4 接线，用示波器观测 U_o 和 U_C 的波形，估测 U_o 的频率，与预习的结果比较。更换 R_{f2}，使 $R_{f2} = 30k\Omega$，重复上述内容，记录 U_o 和 U_C 的频率、波形。

6. 实验注意事项

(1) 每一个实验电路都要供给集成电路 $\pm 15V$ 直流电源。切不可把正、负电源极性接反或将输出端短路，否则会损坏集成块。

(2) 函数信号发生器、示波器应与实验电路共地。

(3) 每次换接电路前都必须关掉电源。

7. 实验总结及思考题

(1) 根据实验结果绘制各类比较器的传输特性曲线。

(2) 总结实验过程与体会，写出完整、规范的实验报告。

实验16　整流、滤波、稳压电路

1. 实验目的

(1) 熟悉整流、滤波及稳压电路的功能，加深对直流稳压电源原理的理解。

(2) 学会测量直流稳压电源的各项技术指标。

(3) 通过数据测量和波形观察进一步了解直流稳压电源的性能。

2. 实验原理简述

直流稳压电源是把交流电压变成直流电压的设备。小功率线性直流稳压电源一般由交流电源、变压器、整流、滤波和稳压电路几部分组成，如图16-1所示。在电路中，变压器将电网交流电压(220V、50Hz)变换成合适的交流电压；整流电路将交流电压变换成单方向脉动的直流电(图16-2所示为桥式整流电路)；滤波电路再将单方向脉动的直流电中所含的大部分交流成分滤掉，得到一个较平滑的直流电；稳压电路用来消除由于电网电压波动、负载改变对其产生的影响，从而使输出电压稳定。图16-3所示为硅稳压管D_Z和限流电阻R组成的并联型稳压电路；图16-4所示为串联型稳压电源框图；图16-5是由分立元件组成的串联型稳压电源的电路图，其整流部分为单相桥式整流、电容滤波电路。稳压部分为串联型稳压电路，它由调整元件(晶体管T_1)，比较放大器T_2、R_1，取样电路R_1、R_2、R_P，基准电压R_3、D_Z组成。整个稳压电路是一个具有电压串联负反馈的闭环系统，其稳压过程为：当电网电压波动或负载变动引起输出直流电压发生变化时，取样电路取出输出电压的一部分送入比较放大器，并与基准电压进行比较，产生的误差信号经T_2放大后送至调整T_1的基极，使调整管改变其管压降，以补偿输出电压的变化，从而达到稳定输出电压的目的。调节电位器R_P可以改变电源的输出电压。

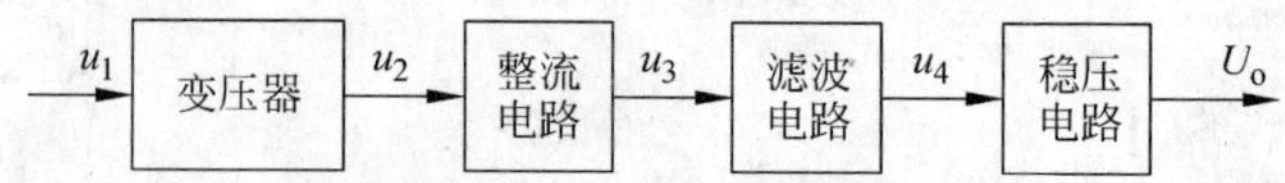

图16-1　直流稳压电源框图

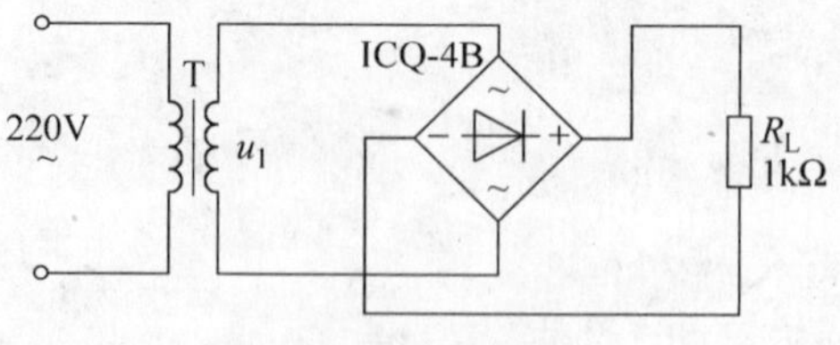

图16-2　整流电路

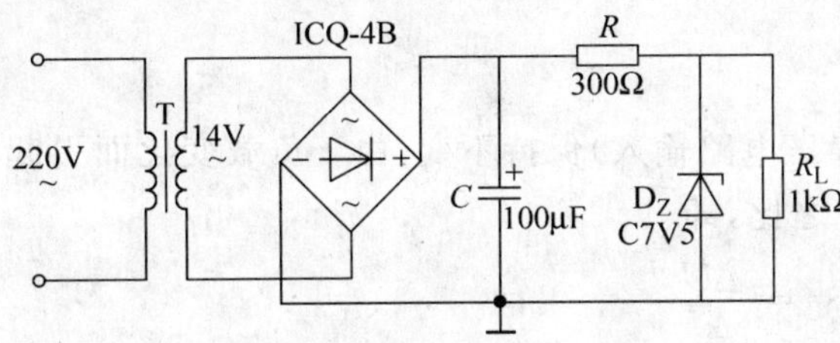

图 16-3　桥式整流滤波稳压电路

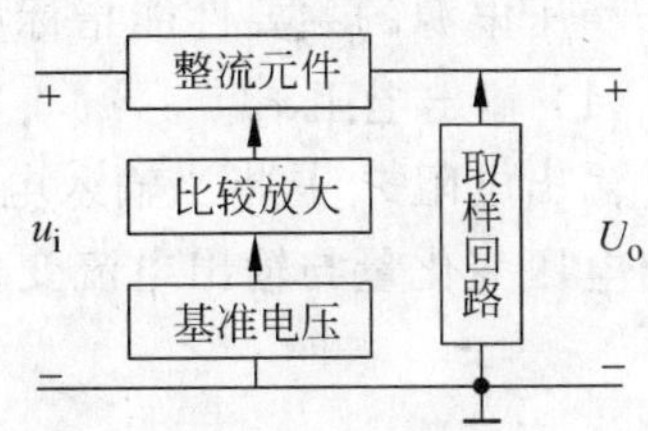

图 16-4　串联型稳压电源框图

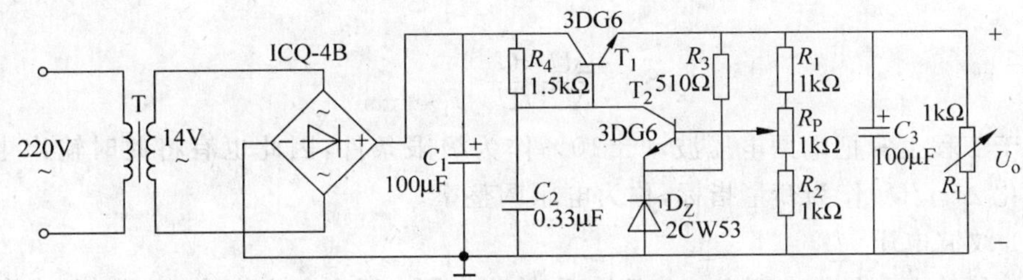

图 16-5　串联反馈调整型稳压电源原理

随着半导体工艺的发展，稳压电路也制成了集成器件。由于集成稳压器具有体积小，外接线路简单、使用方便、工作可靠和通用性等优点，因此在各种电子设备中应用十分普遍，基本上取代了由分立元件构成的稳压电路。集成稳压器的种类很多，应根据设备对直流电源的要求来进行选择。对于大多数电子仪器、设备和电子电路来说，通常是选用串联线性集成稳压器，而在这种类型的器件中，又以三端式稳压器应用最为广泛。图 16-6 所示为用三端式稳压器 W7805 构成的单电源电压输出串联型稳压电源的实验电路图。其中 C_1、C_2 为滤波电容，C_1 一般选取几百至几千微法，C_2 一般取零点儿微法。当稳压器距离整流滤波电路比较远时，在输入端必须接入电容器 C_3，以抵消线路的电感效应防止产生自激振荡。输出端电容 C_4（0.1μF）用以滤除输出端的高频信号，改善电路的暂态响应。

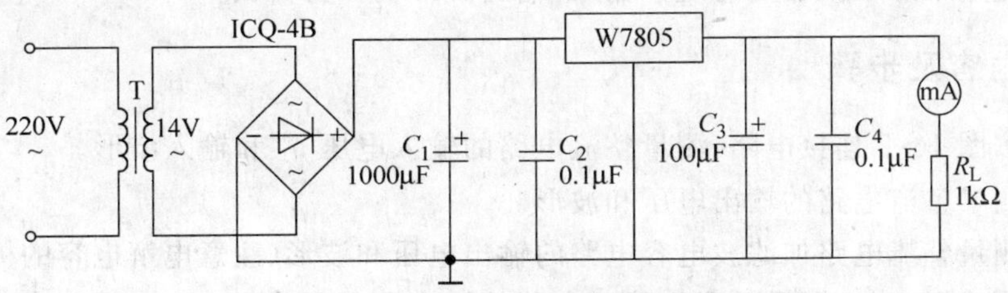

图 16-6　集成稳压电源原理图

稳压电源的主要性能指标如下：

(1) 输出电阻 r_o。

输出电阻 r_o 是指当输入电压 U_1(稳压电路输入)保持不变，由于负载变化而引起的输出电压变化量与输出电流变化量 ΔI_o 之比，即

$$r_o = \frac{\Delta U}{\Delta I}$$

(2) 稳压系数 S(电压调整率)

稳压系数是指当负载保持不变，输出电压相对变化量与输入电压相对变化量之比，即

$$S = \left.\frac{\Delta U_o/U_o}{\Delta U_1/U_1}\right|_{R_L=\text{常数}}$$

由于工程上常把电网电压波动±10%作为极限条件，因此也有将此时输出电压的相对变化 $\Delta U_o/U_o$ 作为衡量指标，称为电压调整率。

(3) 纹波电压

输出纹波电压是指在额定负载条件下，输出电压中所含交流分量的有效值(或峰值)。

3. 实验仪器设备及元器件

(1) 双踪示波器；

(2) 万用表；

(3) 直流毫安表；

(4) 电阻器、电容器、二极管、稳压管等。

4. 预习及思考

(1) 了解二极管和稳压管的结构及工作原理。

(2) 熟悉直流稳压电源的组成和工作原理。

(3) 在桥式整流电路中，如果某个二极管短路、开路或接反将会出现什么问题？

(4) 能用双踪示波器同时观察输入、输出波形吗？为什么？

5. 实验内容及步骤

(1) 按图 16-2 连接电路，测量整流电路的输入电压 u_1 和输入波形。

(2) 测量整流电路的输出电压和波形。

(3) 测量整流电路加滤波电容电路的输出电压和波形(注意电解电容的极性)。

(4) 测量图 16-3 所示并联型稳压电路的输出电压和波形。

将上述测得数据填入表 16-1，并与理论计算值比较，进行误差分析。

表 16-1　测量输入输出电压及波形

测量对象	输入交流电压	输出电压			输入输出波形(对齐画)
	实测值	实测负载电压/V	计算负载电压/V	误差/%	u_i O ωt
整流					u_o O ωt
整流滤波					u_o O ωt
整流滤波稳压					u_o O ωt

(5) 测量直流稳压电源的外特性。改变 R_L 值,测量对应的 U_L 和 I_L 值,分别填入表 16-2 中。根据测定值逐点描出 U_L-I_L 曲线,即为直流稳压电源的外特性。

表 16-2　直流稳压电源的外特性

R_L/kΩ	∞	3	2	1
U_L/V				
I_L/mA				

(6) 根据表 16-2 的数据计算稳压电源的等效内阻 R_0。

*(7) 集成稳压器性能测试。按图 16-6 连接电路。

① 测量电路的输出电压 U_o=________ V。

② 调节负载电阻 R_L,使 I_o=100mA,调节变压器副边电压,使其上升和下降 10%(即模拟电源电压波动±10%)分别测出相应的输入电压 U_1 及输出电压 U_o,记入自拟表格中,计算电源的稳压系数 S。

③ 调节负载电阻 R_L,使 I_o=100mA,测量输出纹波电压 U_L 并记录。降低输出电流 I_o,观测纹波电压的变化情况。

6. 实验注意事项

(1) 正确连接线路,检查无误后再接通交流电源。

(2) 滤波电容和稳压管的两极不能接反,否则会造成元件损坏甚至人员损伤。

(3) 要特别注意整流桥 4 个端子的接入,应根据具体实验装置辨别清楚两个交流端和两直流端，不能接错。

(4) 整流电路输入端与输出端不共地，不能同时用双踪示波器观测交流输入和整流输出波形，以免造成短路。

(5) 测量直流稳压电源的外特性时，负载电阻不宜过大或过小，要保证稳压管能正常工作($I_{Zmin} \leqslant I_Z \leqslant I_{Zmax}$)。

7. 实验总结及思考题

(1) 引起稳压电源输出电压不稳定的主要原因是什么？

(2) 整理实验数据，计算直流稳压电源的等效内阻，画出直流稳压电源的外特性。

(3) 总结实验过程与体会，写出完整、规范的实验报告。

实验 17　晶闸管的应用

1. 实验目的

（1）了解单结晶体管触发电路的工作原理。

（2）观察单结晶体管触发电路各部分的电压波形和移相性能。

（3）熟悉单相桥式可控整流电路的组成和工作原理，观察触发电路与主电路输出波形之间的关系。

2. 实验原理简述

在可控整流电路图 17-1 中，为了得到稳定的输出电压，要求在交流输入电压每半个周期内，触发脉冲均在相同的时刻触发晶闸管，即每只晶闸管应有相同的控制角 α。当需调节输出电压时，α 的变化也应相同，即触发电路与主电路应保持同步关系。实现同步触发的可控整流电路如图 17-1 所示，电阻 R_1 上的脉冲电压 u_g 就是用来触发晶闸管的。这个电路上半部是主电路，由单相半控桥式整流电路和负载组成；下半部是触发电路。主电路和触发电路都由同一变压器供电，交流电压 u_1、u_2 在交变过程中"同步"。u_2 首先经桥式整流，再经稳压管限幅后得到梯形波电压，此电压就是单结晶体管触发电路的电源电压。u_o、u_Z、u_g、u_L 分别如图 17-2 所示。当交流电压过零时，单结晶体管 B_1、B_2 间电压 U_{BB} 也过零，这就使得电容 C 在此时能将残余电荷放掉，电容电压为 0V，保证了电容 C 在电源的下半周从零开始充电，也就保证了每半周内产生的第一个触发脉冲的时刻相同。由于在每半周内第一个触发脉冲将晶闸管触发导通，以后的脉冲不再起

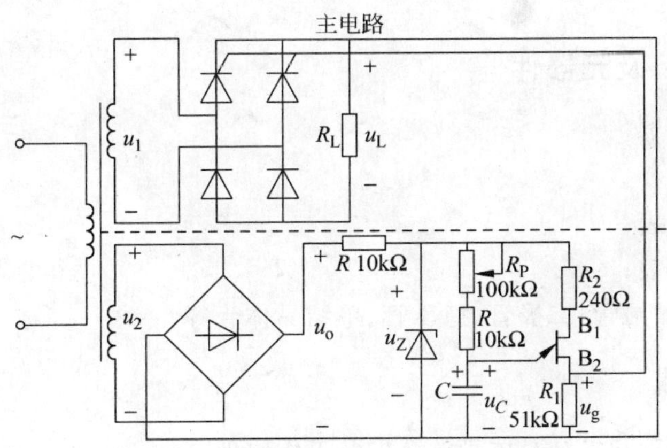

图 17-1　单相半控桥式整流电路原理图

作用，因此，若要改变可控整流输出电压，只要改变第一个脉冲产生的时刻，即只要改变控制角 α 就可以实现。例如，增大 R_P，电容 C 充电速度变慢，u_c 到达峰值电压 U_P 的时间延长，因而第一个脉冲出现的时刻随之后移，α 角增大，可控整流的输出电压 U_o 则减小。

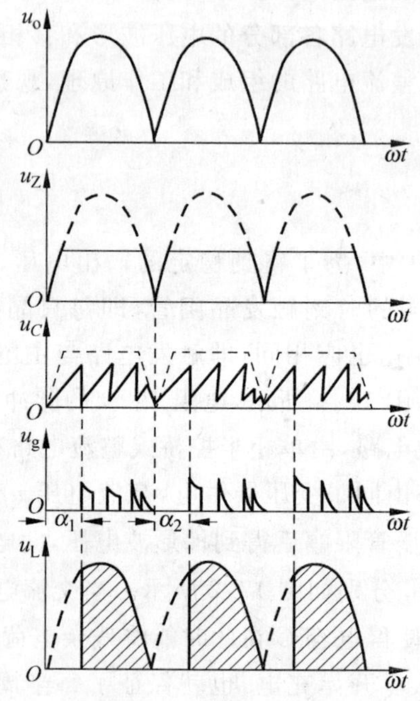

图 17-2 单相半控桥式整流电路波形图

3. 实验仪器设备及元器件

(1) 双踪示波器；

(2) 万用表；

(3) 交流毫伏表；

(4) 直流毫安表；

(5) 电阻器、晶闸管、二极管、稳压管、单结晶体管等。

4. 实验预习要求

(1) 了解晶闸管和单结晶体管的结构及工作原理。

(2) 熟悉单相可控整流电路的组成和工作原理，明确各测试点的位置及所用仪器。

(3) 结合实验电路进行理论分析。

5. 实验内容及步骤

(1) 按图 17-1 搭建电路并仔细检查,确保电路连接正确。

(2) 将电源变压器与触发电路接通,观察触发电路各点的波形及移相性能。

① 将 R_P 调节在中间位置,用示波器观察并记录下述各点的波形,包括变压器二次电压、整流输出电压 u_o、稳压管两端电压 u_Z、电容两端电压 u_C、脉冲电压 u_g 和输出负载电压 u_L。

② 连续调节 R_P,观察电容两端电压、脉冲电压的波形变化情况。

(3) 接通主电路与触发电路,用示波器观察主电路的输出电压 u_L 波形。

(4) 连续调节 R_P,观察脉冲电压 u_g 和 u_L 的波形并估算移相范围。

(5) 测量导通角 $\theta=45°$、$\theta=90°$、$\theta=120°$时各点电压值及波形,记入自制表中。

6. 实验注意事项

(1) 正确连接线路,检查无误后再接通交流电源。

(2) 滤波电容和稳压管的两极不能接反,否则会造成元件损坏甚至人员损伤。

7. 实验总结及思考题

(1) 总结晶闸管导通、关断的基本条件,整理实验数据,画出实验波形。

(2) 计算 $\theta=45°$时的 U_L 值并与实测值比较,进行误差分析。

(3) 在本实验电路中,负载输出电压 U_o 能否达到 U_2 的 0.9 倍?为什么?

(4) 总结实验过程与体会,写出完整、规范的实验报告。

第 4 章 数字电子技术实验

实验 18 TTL 集成门电路功能及参数测试

1. 实验目的

(1) 掌握 TTL 集成门电路的逻辑功能和各参数的测试方法。

(2) 掌握 TTL 器件的使用规则。

(3) 加深对与非门及三态输出门逻辑功能的认识。

2. 实验原理

TTL 是晶体管-晶体管逻辑(transistor-transistor logic)的缩写。在数字电路中,把能实现逻辑运算功能的电路称为门电路。门电路是最基本的逻辑元件。门电路的输入信号与输出信号之间存在一定的逻辑关系,因此门电路又称为逻辑门电路。基本逻辑门电路有与门、或门和非门三种,它们还可以组合成与非、或非等门电路。TTL 与非门由于具有较高的工作速度,较强的抗干扰能力,较大的输出幅度和负载能力等优点而得到广泛应用。

TTL 三态输出门是一种特殊的门电路,它有第三种输出状态——高阻态。当门电路处于高阻态时,电路与负载之间相当于开路。三态输出门按逻辑功能及控制方式分为各种不同类型。以 74LS125 为例,它有一个控制端 $\bar{E}$,$\bar{E}=0$ 为正常状态,实现 $Y=A$ 的逻辑功能,$\bar{E}=1$ 为禁止状态,输出 Y 呈现高阻态。这种在控制端加低电平时电路才能正常工作的工作方式称低电平使能。74LS125 管脚排列见图 18-1。

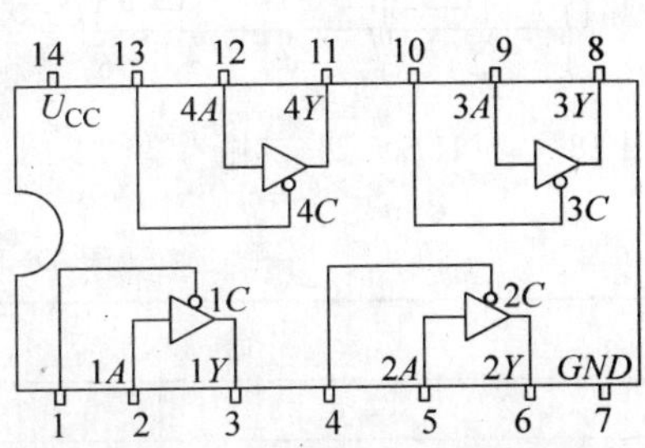

图 18-1 74LS125 三态门电路

3. 实验仪器设备及元器件

(1) 双踪示波器;

(2) 数字电子实验系统;

(3) 数字万用表;

(4) TTL 与非门电路(74LS00)、三态门电路(74LS125)各一块。

4. 实验预习要求

（1）复习各种门电路的功能及特点，了解其测试方法。

（2）熟悉所用器件功能和外部引线排列。

5. 实验内容及过程

1）TTL 与非门功能测试

74LS00 为四-二输入端与非门电路，其外引线排列见图 18-2。按图 18-3 接线，测试其逻辑功能，图中 U_{CC} 接＋5V 电源，GND 接地。逻辑开关和指示灯分别为数字电子实验系统上的逻辑电平开关输出和逻辑电平显示输入。改变输入状态的高、低电平，观察输出状态并将结果填入表 18-1 中。

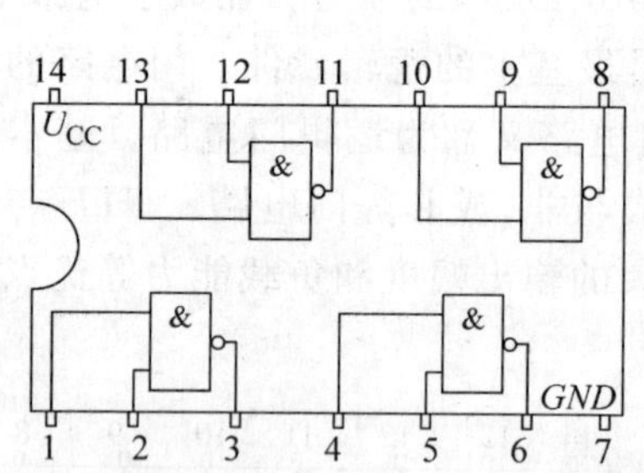

图 18-2　74LS00 四-二输入端与非门电路

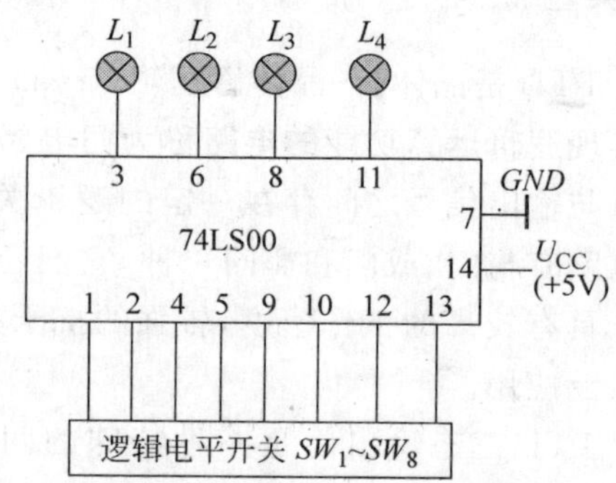

图 18-3　TTL 与非门功能测试

表 18-1　TTL 与非门功能测试

输入端								输出端			
1	2	4	5	9	10	12	13	3	6	8	11

2）TTL 与非门电路电气参数的测试

（1）电压传输特性的测试。电压传输特性就是把与非门输出电压 U_o 随输入电压 U_i 的变化用一条曲线表示出来，即 $U_o = f(U_i)$。

将 74LS00 按图 18-4 接线，改变 R_P 值，用万用表测量当 U_i 分别为表 18-2 中所列值时所对应的 U_o 值，并将结果填入表 18-2 中，画出电压传输特性。在曲线变化陡峭处可自定 U_i 多测几组值。

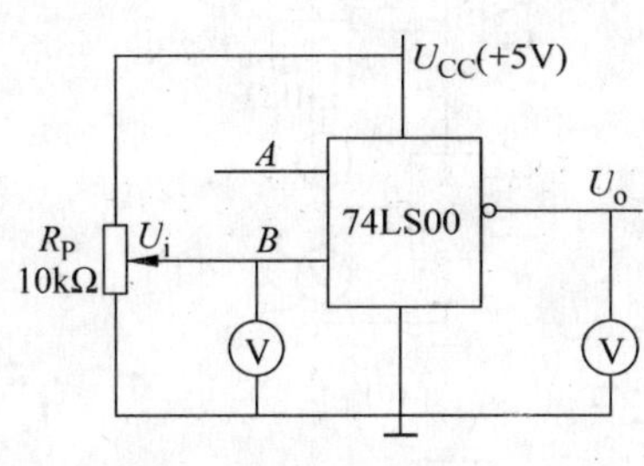

图 18-4　电压传输特性测试

表 18-2　电压传输特性测试

U_i/V	U_o/V
0.4	
1.0	
2.0	
2.4	

(2) 输出高电平 V_{oH} 与输出低电平 V_{oL} 的测试。测试电路分别见图 18-5(a)和(b)。用万用表分别测量 V_{oH} 和 V_{oL}，将结果分别填入自拟表格中。

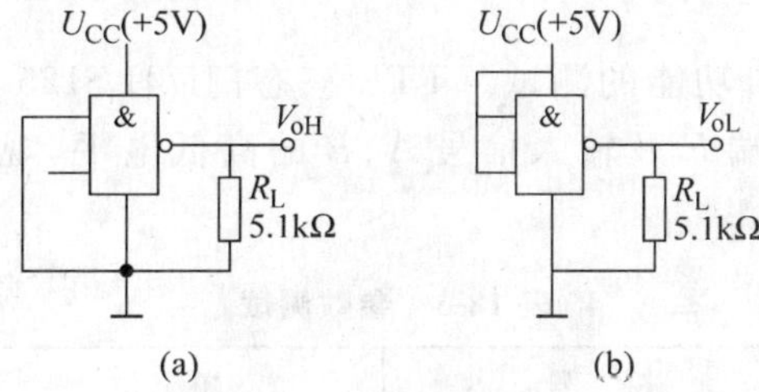

图 18-5　输出电平测试

(3) 导通电源电流 I_{CCL}，高电平输入电流 I_{iH}，低电平输入电流 I_{iL} 和扇出系数 N 及平均传输延迟时间 T_{pd} 的测量，将结果分别填入表 18-3 中。

① 导通电源电流 I_{CCL} 的测量电路见图 18-6(a)，测试条件为输入端悬空，输出端空载。

② 高电平输入电流 I_{iH} 的测量电路见图 18-6(b)，测试条件为电源 U_{CC} 与被测输入端之间接一电流表，多余输入端接地，输出端空载。

③ 低电平输入电流 I_{iL} 的测量电路见图 18-6(c)，测试条件为被测输入端与地之间接一电流表，多余输入端悬空，输出端空载。

④ 扇出系数 N 的测量电路见图 18-6(d)，测试条件为全部输入端悬空，负载为一个 330Ω 与 1kΩ 电位器串联，调节 R_L 使 I_L 增大，当 U_o 为 0.4V 时的 I_L 即与非门允许的最大灌电流 I_{oL}，然后求得 $N=I_{oL}/I_{iL}$（一般 $N\geqslant 8$）。

⑤ 平均传输延迟时间 T_{pd} 的测量电路见图 18-6(e)。为了提高测量精度，将四个与非门串联起来进行测量。输入信号为 100kHz 方波，分别测出在输入脉冲上升沿的 50%处到输出脉冲上升沿的 50%处的延迟时间 T_{pd1} 和输入脉冲下降沿的 50%处到输出脉冲下降沿的 50%处的延迟时间 T_{pd2}，然后求得 $T_{pd}=(T_{pd1}+T_{pd2})/2/4$。

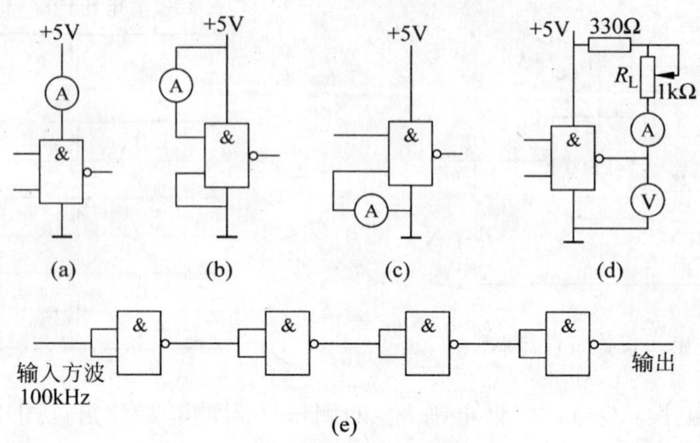

图 18-6 参数测试

(4) TTL 三态门逻辑功能的测试。TTL 三态门 74LS125 管脚排列见图 18-1,按图 18-7 接线。改变控制端 $\bar{E}$ 及输入信号 A、B 的高低电平,观察输出端的状态,并填表 18-4,写出 Y 的表达式。

表 18-3 参数测试

参数名称	符 号	单 位	测 量 值
导通电流	I_{CCL}	mA	
输入高电平电流	I_{iH}	μA	
输入低电平电流	I_{iL}	mA	
扇出系数	N		
平均传输延迟时间	T_{pd}	ns	

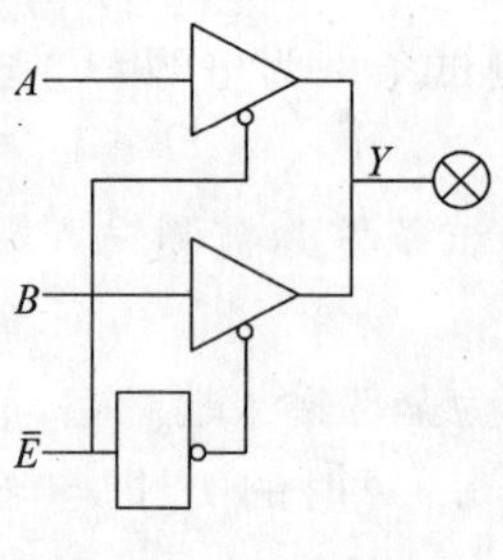

图 18-7 三态门测试

表 18-4

$\bar{E}$	A	B	Y
0	0	1	
0	1	0	
1	0	1	
1	1	0	

6. 实验注意事项

本次实验所用的门电路均用+5V 电源,电源端与参考地端不能接反。每个测试电路都必须加＋5V 电源及接地。

7. 实验总结及思考题

(1) TTL 与非门输入端悬空相当于输入何种逻辑？为什么？

(2) 如何处理各种门电路的多余输入端？

(3) 如果经测试发现 74LS00 四个与非门中，有一个与非门失效了，该集成片还能用吗？

(4) 这次实验过程中遇到什么问题，你是如何解决的？谈谈你的收获。

实验 19　简单组合逻辑电路的设计

1. 实验目的

(1) 学习组合逻辑电路的分析和设计方法。

(2) 通过对一些简单电路的设计，掌握组合逻辑电路测试与验证方法。

2. 实验原理

组合逻辑电路是最常见的逻辑电路之一，其特点是任意时刻的输出信号仅取决于该时刻的输入信号，而与信号作用前电路的状态无关。组合逻辑电路的设计任务是根据实际的逻辑问题，定义逻辑状态的含义，再根据所给定事件的因果关系列出逻辑真值表。然后由真值表写出逻辑表达式(或用卡诺图表示)，再用卡诺图或代数法化简以得到最简逻辑表达式，最后用给定的逻辑器件实现该表达式，画出逻辑电路图。所谓“最简”是指电路所用元器件的数量最少，元器件的种类最少，而且元器件之间的连线也最少。

全加器是不仅考虑两个相加的待加数 A_i 和 B_i，还考虑一位来自前面低位送来的进位数 C_{i-1}，这三个数相加，得出本位和数(全加和数)S_i 和进位数 C_i。

3. 实验仪器设备及元器件

(1) 直流稳压电源；

(2) 数字电子实验系统；

(3) 万用表；

(4) TTL 与非门 74LS00、74LS20 和全加器 74LS283。

4. 实验预习要求

(1) 复习组合逻辑电路的基本知识，熟悉 TTL 与非门 74LS00、全加器 74LS283 的外引线排列，见图 19-1 和图 19-2。

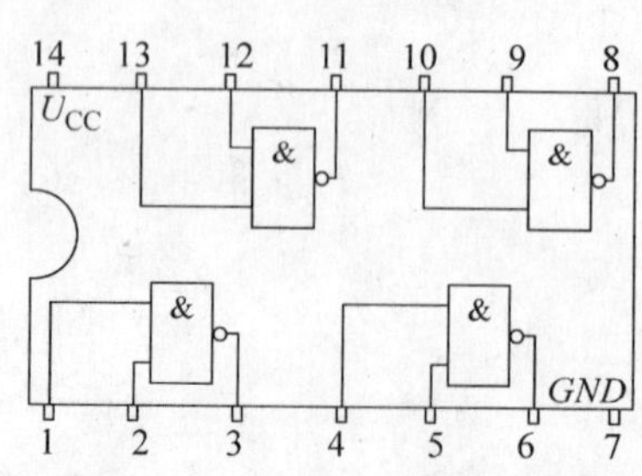

图 19-1　74LS00 四-二输入端与非门电路

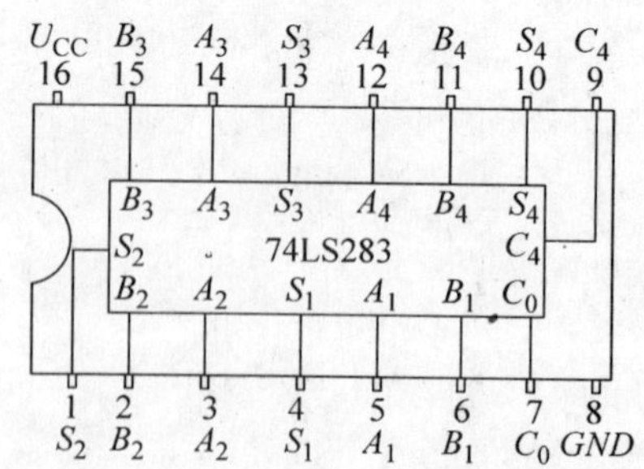

图 19-2　74LS283 四位全加器

(2) 根据设计任务的要求，列出真值表，用卡诺图或代数法化简逻辑表达式，根据给定的器件画出逻辑电路图。

5. 实验内容及过程

(1) 裁判表决电路。有 A、B、C 三名裁判，其中 A 为主裁判，B、C 为副裁判。裁判用"0"表示否决，用"1"表示合格。当主裁判和一名或一名以上的副裁判认为运动员的动作合格时，输出为"1"，指示灯亮；否则输出为"0"，指示灯不亮。

(2) 数值比较器。有 A、B 两个一位二进制数，L_1、L_2、L_3 为三个指示灯。要求：当 $A<B$ 时，L_1 亮；$A=B$ 时，L_2 亮；$A>B$ 时，L_3 亮。电路框图见图 19-3，设计实验电路并验证其逻辑功能，将结果记入表 19-1 中。

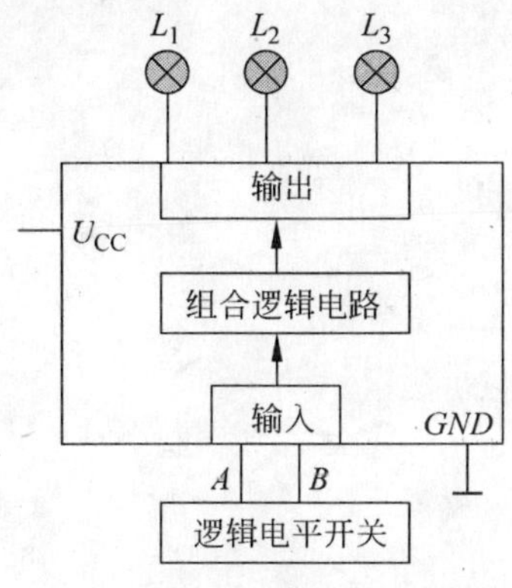

图 19-3　数值比较器框图

表 19-1　数值比较器实验

A	B	$L_1(A<B)$	$L_2(A=B)$	$L_3(A>B)$
0	0			
0	1			
1	0			
1	1			

(3) 用四位全加器 74LS283 设计一个代码转换电路，将四位 BCD8421 码转换成余三码。8421 码和余三码的对应关系如表 19-2 所示。

表 19-2　8421 码与余三码关系表

十进制数	8421 码	余三码
0	0000	0011
1	0001	0100
2	0010	0101
3	0011	0110
4	0100	0111
5	0101	1000
6	0110	1001
7	0111	1010
8	1000	1011
9	1001	1100

6. 实验注意事项

(1) 本次实验所用的集成电路均用+5V 电源,电源端与参考地端不能接反。实验电路中每片集成块都必须接+5V 电源及接地。

(2) 门电路的输出端不能直接连接在一起(3S 门、OC 门除外)。

7. 实验总结及思考题

(1) 写出设计过程,画出逻辑电路图。

(2) 对所设计电路进行测试,记录结果。

实验 20　双稳态触发器逻辑功能测试和转换

1. 实验目的

(1) 掌握用集成与非门组成基本 RS 触发器的方法，并测试其逻辑功能。

(2) 熟悉 JK 触发器、D 触发器、T 触发器的逻辑功能及测试方法。

(3) 掌握将 JK 触发器转换成 D 触发器和 T 触发器的方法。

2. 实验原理

集成触发器的类型按其逻辑功能可分为 RS 触发器、D 触发器、JK 触发器、T 触发器和 T' 触发器；按触发脉冲的触发方式可分为高电平触发、低电平触发、上升沿触发和下降沿触发以及主从触发器的脉冲触发等。

3. 实验仪器设备及元器件

(1) 双踪示波器；

(2) 数字万用表；

(3) 数字电子实验系统；

(4) TTL 集成电路：74LS00(四-二输入与非门)、74LS74(双 D 触发器)、74LS112(双 JK 触发器)。

4. 实验预习要求

(1) 复习各类触发器的逻辑功能、触发方式及其结构特点。

(2) 复习各类触发器之间的功能转换方法。

(3) 熟悉所用集成电路的功能及其外引线排列，见图 20-1 及图 20-2。

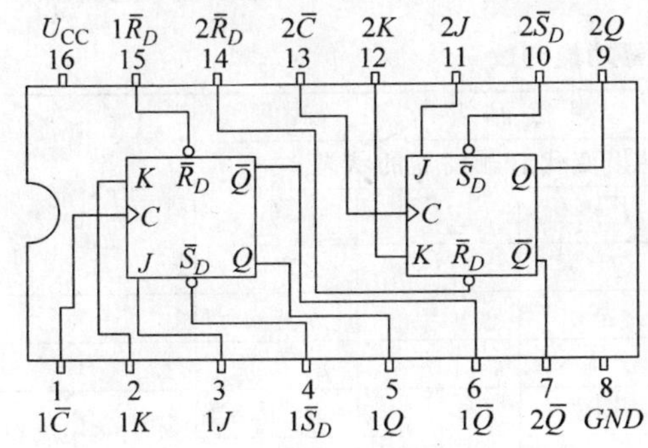

图 20-1　74LS112 双 JK 触发器

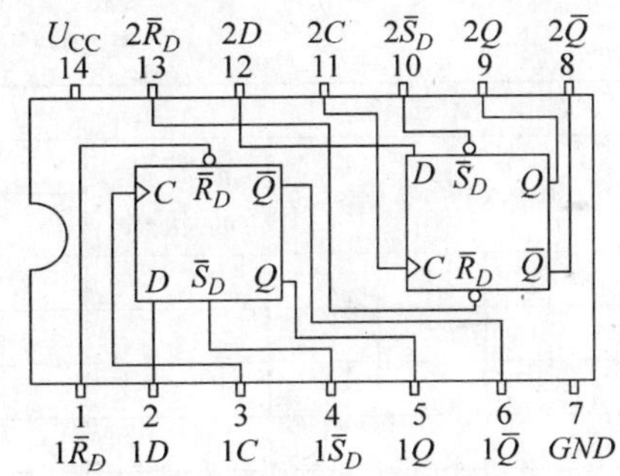

图 20-2　74LS74 双 D 触发器

5. 实验内容与步骤

(1) 基本 RS 触发器的构成与逻辑功能测试。用 74LS00 上的任意两个与非门，按图 20-3 构成基本 RS 触发器。输入端 R_D、S_D 分别接逻辑电平开关，$\bar{Q}$、Q 分别接逻辑电平指示器，按表 20-1 要求改变 R_D、S_D 输入状态进行测试，观察 $\bar{Q}$、Q 端的状态，将结果记录于该表中，并写出其特性方程表达式。

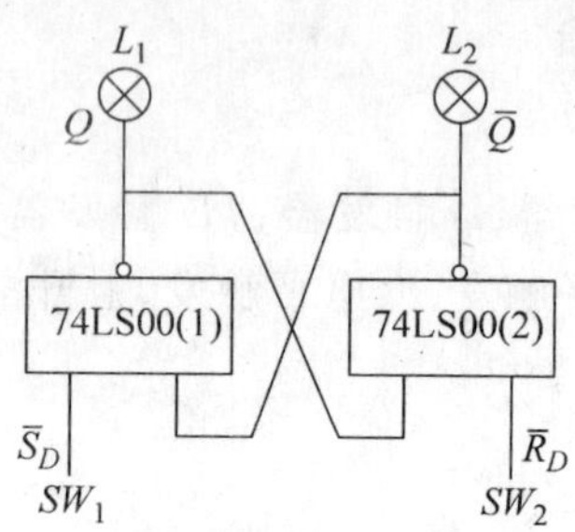

图 20-3 基本 RS 触发器

表 20-1 基本 RS 触发器的功能测试

测试条件		测试结果		功能
R_D	S_D	Q	$\bar{Q}$	
0	0			
0	1			
1	0			
1	1			

(2) JK 触发器的逻辑功能测试

① 用 74LS112 上的任意一个 JK 触发器，按图 20-4 接线，J、K、S_D、R_D 分别接逻辑电平开关 SW_1、SW_2、SW_3、SW_4，Q、$\bar{Q}$ 端接逻辑电平显示器，C 接单次脉冲源。

② 按表 20-2 设置 SW_1、SW_2、SW_3 及 SW_4 值，C 端输入单次脉冲进行测试，观察输出，将结果填入该表中，并注意是上升沿还是下降沿触发。写出 JK 触发器的特性方程，并说明异步控制信号 S_D、R_D 的功能。

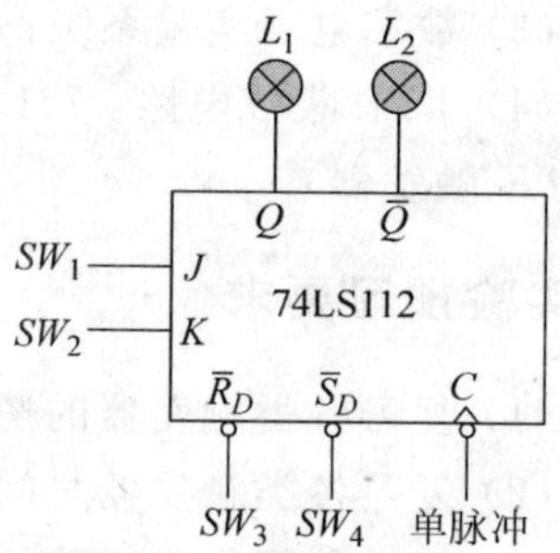

图 20-4 JK 触发器功能测试

表 20-2 JK 触发器功能测试

测试条件					测试结果				功能
S_D、R_D、J、K 状态				触发器原状态	C 脉冲沿变化后触发器的状态				
					上升沿	下降沿	上升沿	下降沿	
S_D	R_D	J	K	Q^n	Q^{n+1}	Q^{n+1}	Q^{n+2}	Q^{n+2}	
1	0	×	×	×					
0	1	×	×	×					
1	1	1	1	0					
1	1	1	1	1					
1	1	1	0	0					
1	1	1	0	1					

续表

测试条件					测试结果				功能
S_D、R_D、J、K 状态				触发器原状态	C 脉冲沿变化后触发器的状态				
					↑	↓	↑	↓	
S_D	R_D	J	K	Q^n	Q^{n+1}	Q^{n+1}	Q^{n+2}	Q^{n+2}	
1	1	0	1	0					
1	1	0	1	1					
1	1	0	0	0					
1	1	0	0	1					

(3) D 触发器的逻辑功能测试。在 74LS74 上任取一个 D 触发器，按图 20-5 接线，将 R_D、S_D、D 端分别接至逻辑电平开关 SW_1、SW_2、SW_3 上，将 Q 接至逻辑电平显示器，C 端接脉冲源，按表 20-3 要求测试 D 触发器的逻辑功能。

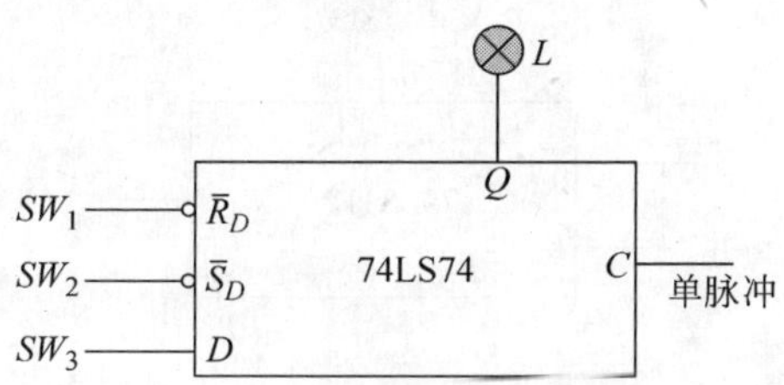

图 20-5　D 触发器功能测试

表 20-3　D 触发器功能测试

测试条件				测试结果				功能
S_D、R_D、D 状态			触发器原状态	C 变化后触发器的状态				
				↑	↓	↑	↓	
S_D	R_D	D	Q^n	Q^{n+1}	Q^{n+1}	Q^{n+2}	Q^{n+2}	
1	0	×	×					
0	1	×	×					
1	1	0	0					
1	1	0	1					
1	1	1	0					
1	1	1	1					

(4) 触发器的转换。在图 20-6 中，令 $J=D$，$K=\overline{D}$，接成 D 触发器，D、R_D 和 S_D 端分别接逻辑开关，在 C 端输入脉冲信号，Q 及 $\overline{Q}$ 端接至逻辑电平显示器。根据表 20-4 的输入状态确定 Q 及 $\overline{Q}$ 的状态，写出 D 触发器的特性方程，并说明异步输入信号 R_D 和 S_D 的功能。

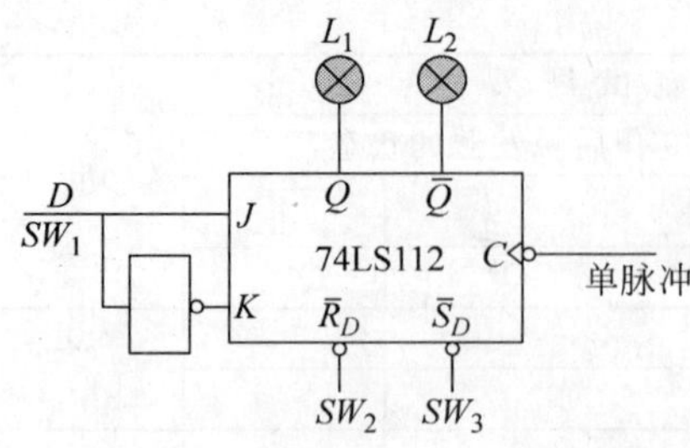

图 20-6　JK 触发器接成 D 触发器

表　20-4

C	D	S_D	R_D	Q	$\bar{Q}$
↑	0	1	1		
↑	1	1	1		
×	×	0	1		
×	×	1	0		

在图 20-7 中，将 J、K 端连在一起，并置“1”，即接成了 T 触发器，在 C 端输入 $f=1000\text{Hz}$ 脉冲信号，用示波器观察 C 及 Q 的波形并记录。

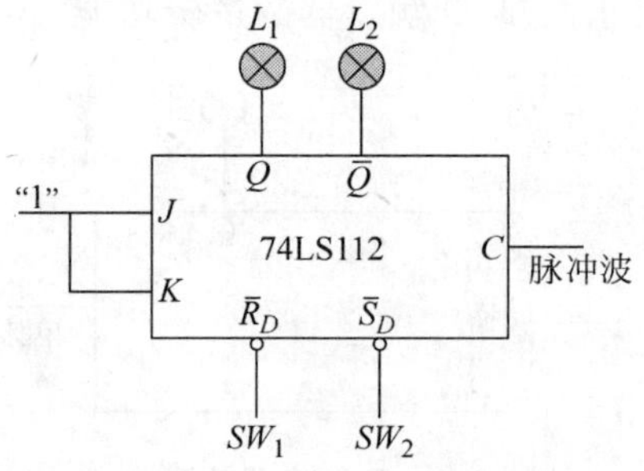

图 20-7　JK 触发器接成 T 触发器

6. 实验注意事项

本次实验所用的门电路均用＋5V 电源，电源端与参考地端不能接反。逻辑电平开关只有两种状态，即高电平和低电平。脉冲方式有两种，即连续脉冲和单次脉冲。测试过程中防止发生表笔、探头等之间的短路。

7. 实验总结及思考题

(1) 整理实验结果，绘制波形图，归纳各类型触发器的逻辑功能。

(2) 通过实验，总结各触发器的触发方式。

实验 21　用 *JK* 触发器设计二/十进制计数器

1. 实验目的

(1) 了解由 *JK* 触发器组成二/十进制计数器的工作原理。

(2) 掌握计数器的测试方法。

2. 实验原理

计数器是时序逻辑电路,可对输入脉冲的个数进行累计。计数器按各触发器翻转的顺序可分为同步计数器和异步计数器。在同步计数器电路中,各触发器都以输入计数脉冲为时钟脉冲,该翻转的触发器同时翻转。在异步计数器电路中,有的触发器以输入计数脉冲为时钟脉冲,有的触发器却以其他触发器的输出作为时钟脉冲,各触发器的翻转有先有后,故称为异步计数器。另外,计数器按计数数字的增减可分为加法计数器、减法计数器和可逆计数器;按计数器进位规律可分为二进制计数器、十进制计数器和 *N* 进制计数器。

3. 实验仪器设备与元器件

(1) 双踪示波器;

(2) 数字电子实验系统;

(3) 集成电路:74LS08(与门)一片,74LS112(双 *JK* 触发器)两片。

4. 实验预习要求

(1) 复习有关 *JK* 触发器及计数器的内容。

(2) 画出二/十进制计数器的电路图。

(3) 熟悉所用集成电路的功能及其外引线排列,74LS08 与门外引线排列见图 21-1。

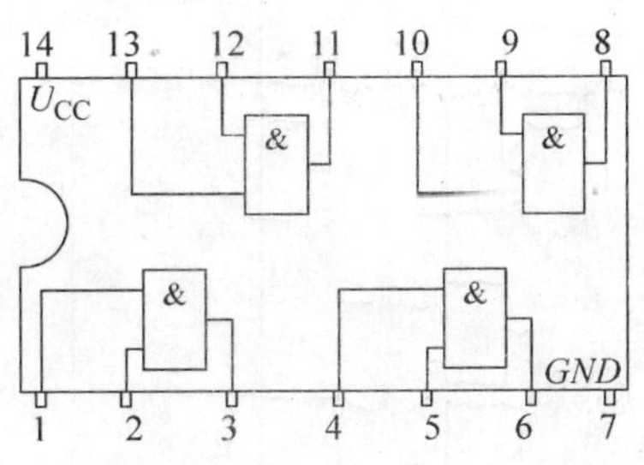

图 21-1　74LS08 四-二输入端与门

5. 实验内容及过程

(1) 四位异步二进制加法计数器。

① 用两片 74LS112,先接好电源(即 U_{CC} 端接+5V)及地端(即 *GND* 端接实验系统上的 *GND* 端),然后按图 21-2 接线。

② 将计数器清零(在 R_D 端加负脉冲)后,依次输入 16 个计数脉冲,观察 L_1、L_2、L_3、L_4 的显示状态(用"0"表示灭,"1"表示亮),记入表 21-1 中,检验它们是否与二进制计数方式相符。

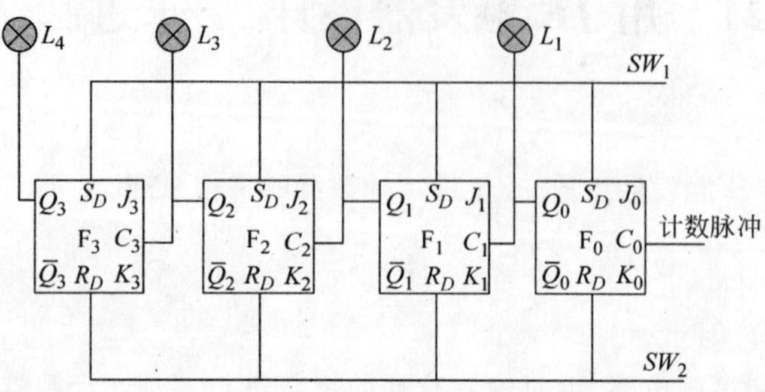

图 21-2　四位异步二进制加法计数器

③ 向 C_0 端输入频率为 1kHz 的方波信号，以输入方波为参考量，用示波器观察 Q_0、Q_1、Q_2、Q_3 端的波形，观察是否符合 2、4、8、16 的分频关系。

(2) 十进制异步加法计数器。在图 21-2 的基础上，试用一片与门电路(74LS08)设计一个十进制计数器。输入计数脉冲，将结果记在表 21-1 中，观察计数器输出波形。

表 21-1　实验数据记录

计数脉冲	二进制加法计数				十进制加法计数			
	Q_3	Q_2	Q_1	Q_0	Q_3	Q_2	Q_1	Q_0
0								
1								
2								
3								
4								
5								
6								
7								
8								
9								
10								
11								
12								
13								
14								
15								

6. 实验注意事项

本次实验所用的门电路均用+5V 电源，电源端与参考地端不能接反。逻辑电平开关只有两种状态，即高电平和低电平。输入脉冲有两种方式，即连续脉冲和单次脉冲。

7. 实验总结及思考题

(1) 画出自己设计的计数器的逻辑电路图，写出状态方程，画出 C、Q_0、Q_1、Q_2、Q_3 的波形图。说明如何从波形图判别计数器的进制。

(2) 如何从波形图判别计数器的分频作用？

(3) 说明 R_D、S_D 的作用。

实验22　计数、译码、显示电路

1. 实验目的

(1) 了解集成电路计数器的逻辑功能及使用方法。

(2) 了解七段显示译码器和七段显示器(数码管)的使用和检测方法。

(3) 掌握用集成计数器组成 N 进制计数器的方法。

2. 实验原理

(1) 可预置十进制加法计数器 74LS160 的预置数端 D、C、B、A 用于在计数之前预先置入某一数作为基数(以 BCD 码置数),则可以在此基数上再累加所输入的脉冲数目。若不需要预置某数值时,可通过清零端让计数器复位后从零开始计数。该中规模集成电路由 C 上升沿触发,具有计数、预置、存数(保持)、清零等功能;两个赋能端 P 和 T、一个进位输出端 Q_{CO}、清零端 CLR、置数控制端 LD。

(2) 译码器的作用是将输入代码的含义翻译出来,即将每个输入代码译为一个特定的输出信号以表示它的含义。代码的码制不同,译码电路也不同。七段显示译码器的功能是将输入端的四位二进制代码译成驱动七段数码管显示所需的电平信号,使之显示出 0～9 的十进制数。本实验使用 8421 码十进制译码器 74LS47。

(3) 七段数码管。七段数码管的每一段是一个发光二极管,选择不同的字段发光,则显示不同的数字。它分共阳极和共阴极两种,分别配相应的译码驱动器,本实验使用共阳极数码管。数码管在使用时每个字段应串接限流电阻(100Ω),以防烧毁发光二极管。

3. 实验仪器设备及元器件

(1) 数字电子实验系统;

(2) 数字万用表;

(3) 集成电路:74LS47、74LS160;

(4) 七段字型数码管 101(共阳极)。

4. 实验预习要求

(1) 复习计数、译码、显示电路的工作原理。

(2) 预习集成电路 74LS47、74LS160 的逻辑功能及使用方法。

(3) 画出二进制计数、译码、显示电路。

(4) 熟悉各集成电路及数码管的外引线排列(见图 22-1～图 22-3)。

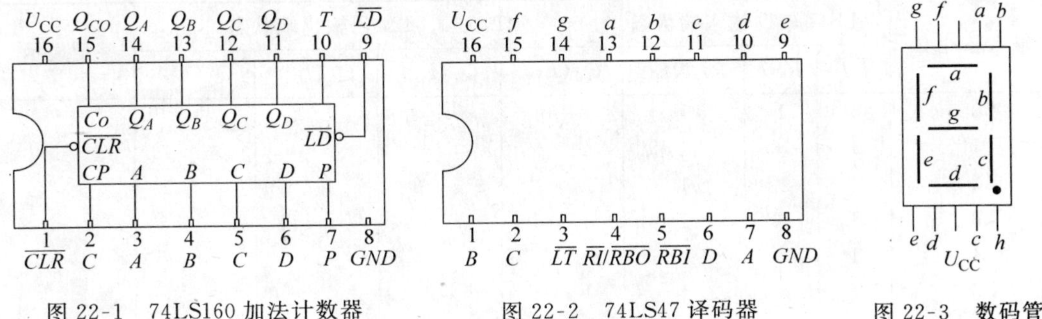

图 22-1　74LS160 加法计数器　　图 22-2　74LS47 译码器　　图 22-3　数码管

5. 实验内容及过程

(1) 74LS160 计数器的功能测试，按图 22-4 接线，按表 22-1 的输入状态，逐项进行测试。

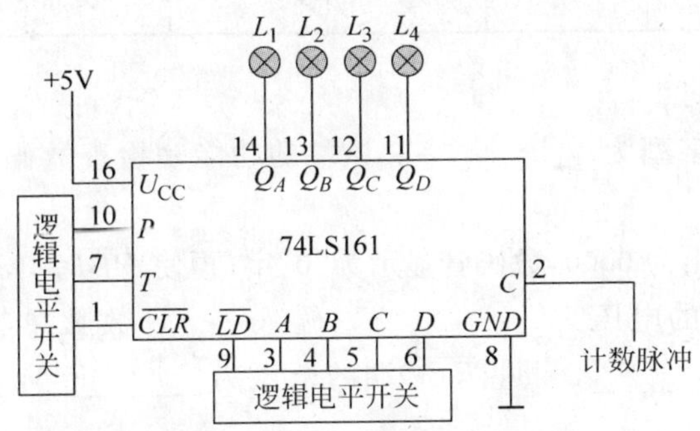

图 22-4　74LS160 计数器的功能测试

表 22-1　74LS161 功能测试

输入					输出
C	LD	CLR	P	T	$Q_DQ_CQ_BQ_A$
×	×	0	×	×	全零
↑	0	1	×	×	预置数
↑	1	1	1	1	计数
×	1	1	0	×	保持
×	1	1	×	0	保持

(2) 8421 码二/十进制计数译码显示

① 将 74LS47 和 74LS160 接上电源，即 U_{CC} 接 +5V，GND 端与实验系统上的 GND 连接。

② 将计数器 74LS160 的输出端 Q_A、Q_B、Q_C、Q_D 与译码器 74LS47 的输入端 A、B、C、D 对应相连。

③ 将译码器 74LS47 的输出端 $a \sim f$ 分别串入 100Ω 电阻，再与数码管 BS101 中对应的 $a \sim f$ 段连接。

④ 计数器 74LS160 上的 C 接计数脉冲。

⑤ 通过拨动逻辑电平开关将 74LS160 置于计数状态后，依次输入 10 个脉冲，将显示情况记入表 22-2 中。

表　22-2

输入脉冲 C	74LS47 辅助输入端状态			74LS160、8421 码输出端状态				字型显示
	$\overline{LT}$	$\overline{RBI}$	$\overline{RI}/\overline{RBO}$	$Q_D(L_4)$	$Q_C(L_3)$	$Q_B(L_2)$	$Q_A(L_1)$	
0	1	1	1					
1	1	×	1					
2	1	×	1					
3	1	×	1					
4	1	×	1					
5	1	×	1					
6	1	×	1					
7	1	×	1					
8	1	×	1					
9	1	×	1					
试灯	0	×	1	×	×	×	×	
灭零	1	0	悬空	0	0	0	0	
熄灭	×	×	0	×	×	×	×	

(3) 译码器 74LS47 辅助输入端功能测试

① 试灯。使 $\overline{LT}=0$,观察数码管显示字型为________字。该端的功能是检查数码管各段是否能点亮。

② 灭零(输入信号 $\overline{RBI}$)。让计数器输出为 0000,数码管显示为"0"字,再使 $\overline{RBI}=0$,观察数码管显示变化情况,并测量 $\overline{RBO}$ 端的电压为________V。输入一个计数脉冲,使计数器输出为"1",此时数码管显示为________,测量 $\overline{RBO}$端的电压为________V。该端的功能是显示除"0"以外的其他字符。

③ 熄灭。使 $\overline{RI}=0$,观察数码管显示的数字是否消失(即数码管不亮)。该端的功能是控制数码管的工作状态。

④ 灭零(输出信号 $\overline{RBO}$)。该端的功能是熄灭多位数中不必要的"0"位,而除"0"以外的其他字符不受影响。由于它与 $\overline{RI}$是同一端,因此该端既可作输入,又可作输出。当要显示包括"0"在内的所有字符时,则若作为输入端 $\overline{RI}$应输入高电平或悬空;若作为输出端 $\overline{RBO}$,则输出高电平。当要显示除"0"以外的其他字符时,只能作为输出端 $\overline{RBO}$ 用。仅当四个输入端全为"0"时,$\overline{RBO}$ 输出低电平,否则输出高电平。

6. 实验注意事项

(1) 本次实验所用的集成电路均用+5V 电源,电源端与参考地端不能接反。逻辑电平开关只有两种状态,即高电平和低电平。脉冲方式有两种,即连续脉冲和单次脉冲。

（2）参考地端要连接在一起。

7. 实验总结及思考题

（1）整理实验数据，绘制十进制计数译码显示电路图。

（2）如何设计一个任意进制计数器？

（3）设计一个以频率为 1Hz 闪烁的“8”字。

（4）如何用两片集成十进制计数器 74LS160 构成一个六十进制计数器？

实验 23 "555"时基电路及其应用

1. 实验目的

(1) 了解"555"集成定时器的电路结构及功能。

(2) 熟悉"555"集成定时器的基本使用方法，掌握用定时器组成单稳态电路、多谐振荡器和施密特触发器等。

(3) 熟悉定时元件 R、C 与脉冲周期和宽度的关系，学会用示波器对波形进行定量分析，测量波形的周期、脉宽和幅值等。

2. 实验原理

"555"集成电路是集模拟电路、数字电路于一体的中规模集成电路，常用于定时电路中。"555"集成电路的外引线排列见图 23-1，其内部电路见图 23-2。"555"集成定时器含有 C_1 和 C_2 两个电压比较器、一个 RS 触发器、一个放电管 T 和由三个 5kΩ 电阻组成的分压器。分压器为 C_1 和 C_2 两个电压比较器提供参考电压，电压比较器把模拟信号输入转换为数字信号输出，其功能见表 23-1。

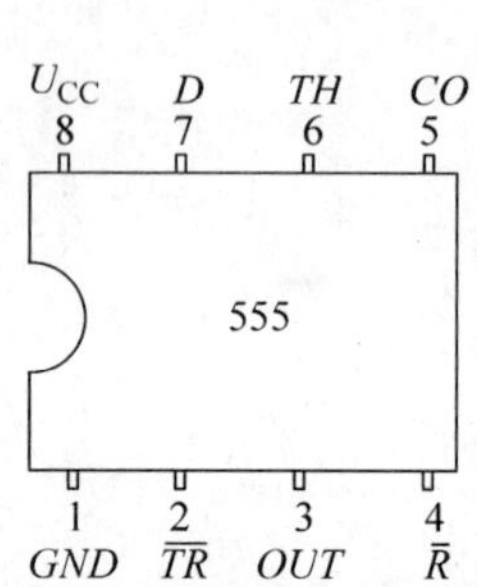

图 23-1 "555"定时器管脚图

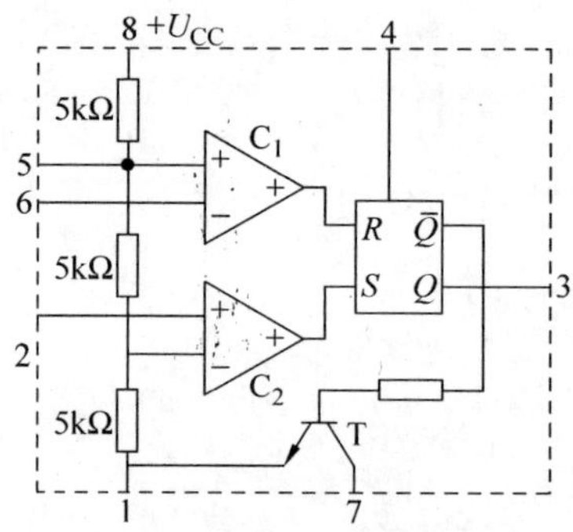

图 23-2 "555"定时器原理图

表 23-1 "555"定时器功能

输 入		输 出
6 端口	2 端口	3 端口
$<2/3U_{CC}$	$<1/3U_{CC}$	1
$>2/3U_{CC}$	$>1/3U_{CC}$	0
$<2/3U_{CC}$	$>1/3U_{CC}$	不变

3. 实验仪器设备及元器件

(1) 数字电子实验系统；

(2) 双踪示波器；

(3) NE555 一片；

(4) 电阻、电容若干。

4. 预习要求

(1) 熟悉"555"集成定时器的工作原理及外引线排列。

(2) 掌握充放电时间、振荡周期和占空比与外接元件参数的关系式。

(3) 计算实验电路中的 R、C 值。

5. 实验内容及过程

(1) 用"555"定时器组成多谐振荡器，按图 23-3 接线，R_P 为 100kΩ 电位器。选择不同的 RC，使"555"构成的振荡器为如下频率：

① 1Hz(建议用 10μF 的电解电容)；

② 1kHz～6kHz 之间，可调范围为 1kHz(建议用 0.01μF 的电容)。

(2) 用"555"定时器组成单稳态电路，按图 23-4 接线。从信号发生器输出一个矩形波到单稳态电路的输入端(注意：输入电压的周期必须大于输出电压的脉宽，才能保证每一个正倒置脉冲起作用)，用双踪示波器同时观察输入输出端的波形。

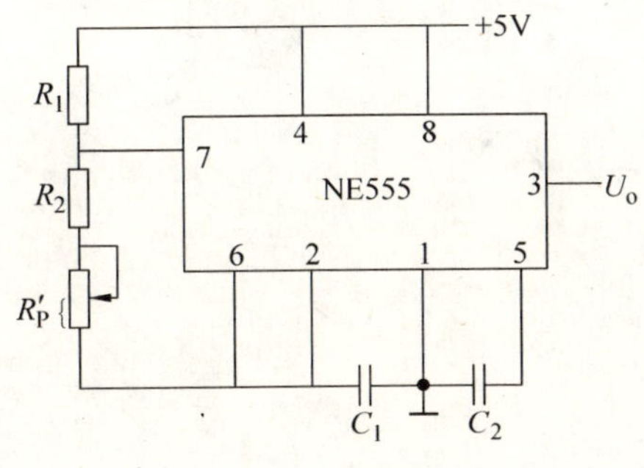

图 23-3　多谐振荡器

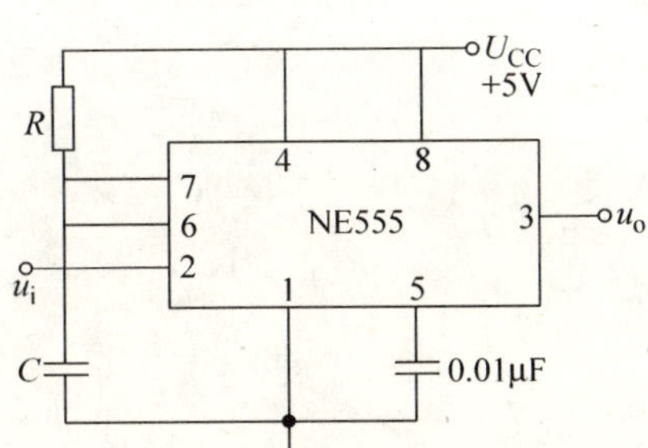

图 23-4　单稳态电路

*(3) 用"555"定时器构成施密特触发器(自己设计电路)，改变 R 值，分别测量对应的 u_i 和 u_o 值，绘出施密特触发器的电压传输特性，指出 U_{T+} 和 U_{T-} 值。说明该电路是如何实现整形的。

6. 实验注意事项

本次实验所用的集成电路均用+5V 电源,电源端与参考地端不能接反。“555”的 4 脚为控制端,接高电位即$+U_{CC}$。

7. 实验总结及思考题

(1) 根据实验结果,调整预定的元件参数,使之满足要求,画出最后电路图并标好元件参数。

(2) 用“555”构成的振荡器实验中,根据公式

$$f=1.433/(R_1+2R_2+2R'_P)C$$

计算振荡频率并与实验值相比较。

(3) 用双踪示波器观察U_C、U_o的波形并绘出。改变R、C的值,观察波形变化情况并测量振荡频率。

(4) 总结单稳态电路、多谐振荡器及施密特触发器的功能和各自特点。

第 5 章　综合设计性实验

实验 24　恒温室温度控制系统的设计

1. 实验目的

(1) 通过本实验了解运算放大器的实际应用。

(2) 学习运用二极管 PN 结作为温度敏感器件的方法。

(3) 学习恒温室温度控制系统的设计方法。

2. 实验原理简述

(1) 二极管正向压降的温度特性

在恒流源作用下,二极管的正向压降随着温度的上升而下降,即二极管的正向压降具有负的温度系数。在－50℃～150℃的范围内,二极管的正向压降 U_F 与温度 t 呈良好线性关系,可用下式表示:

$$U_F = U_{g0} - CT$$

式中: U_{g0}——零绝对温度时的正向压降;

C——常数;

T——热力学温度(K)。

硅二极管的温度系数大约是－2.1mV/℃,利用二极管正向压降的温度特性,可以把二极管作为温度传感器使用。

(2) 恒温室温度控制系统的电路结构

首先必须为电路提供必要的工作电源。因为电路采用运算放大器作为主要控制器件,所以必须提供 $+U_{CC}$＝12V 和$-U_{CC}$＝－12V 的直流稳压电源。其电路结构如图 24-1 所示,图中使用带中心抽头的电源变压器,把 220V 工频电压变为 30V 的输出电压,把变压器副边的中心抽头接地,两个端头分别接到整流桥的交流输入端,整流桥的输出端将输出对地为±13V 左右的直流脉动电压,两个 1000μF 的电容器用于滤除输出电压中的脉动成分,使其成为±18V 左右的平滑直流电压,再分别经 W7812 和 W7912 三端稳压集成电路稳压得到＋12V 和－12V 直流稳压电源。

图 24-2 所示为温度控制系统的主电路。为了使二极管的正向压降与温度成比例关系,必须给二极管提供恒定的正向电流。图 24-2 中由场效应管 2N5458 与电阻 R_1 构成的恒流源为二极管 D_1 提供恒定的正向电流。

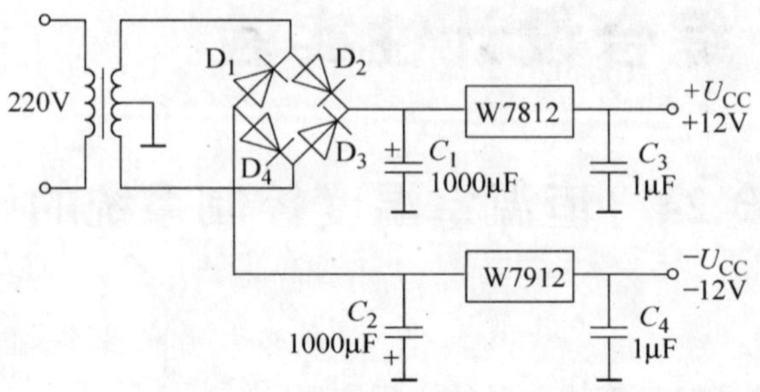

图 24-1 直流稳压电源

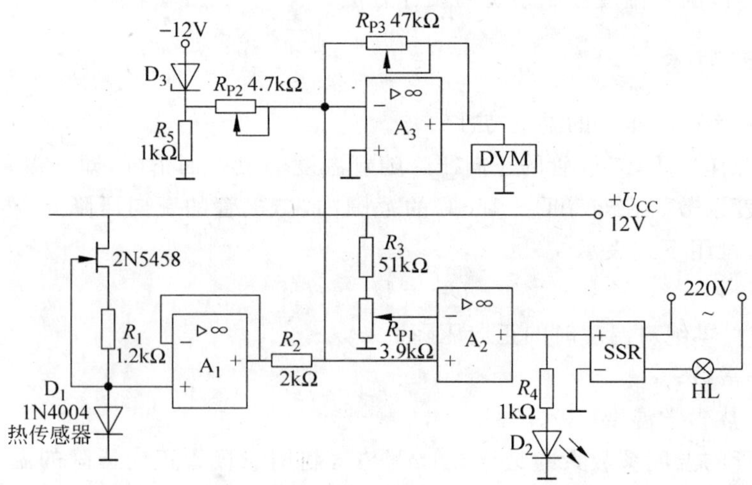

图 24-2 温度控制系统

二极管的正极电压经电压跟随器 A_1 输出一路到电压比较器 A_2 的同相输入端。如该电压高于反向输入端的基准电压，则 A_2 输出正饱和电压。固态继电器 SSR 接通 220V 交流电压，加热器 HL 对恒温室加热，同时加热指示灯发光二极管 D_2 点亮。随着温度的提高，二极管 D_1 的结电压下降，当下降到低于 A_2 的基准电压时，A_2 输出负饱和电压，固态继电器 SSR 断开 220V 交流电压，加热器停止加热。A_2 的反相输入端接到由 R_3 和 R_{P1} 组成的分压电路，调节 R_{P1} 可以使 A_2 的反相输入端得到 0～0.85V 的基准电压，以满足不同的温度要求。该电路可以使恒温室的温度变化保持在 1℃之内。

电压跟随器 A_1 输出另一路到放大器 A_3 进行电压放大；调节电位器 R_{P3}，可得到 10mV/℃的灵敏度，并用数字电压表 DVM 显示温度。调整电位器 R_{P2} 可校准电压表的温度显示，使温度为 0℃时电压表的显示为 0mV。

3. 实验仪器设备及元器件

(1) 温度计；

(2) 数字万用表；

(3) 电子技术综合实验箱；

(4) 固态继电器(SSR)；

(5) 四重运放集成电路(LM324)；

(6) 其他电子元器件。

4. 实验内容与要求

(1) 按图 24-1 及图 24-2 连接完整的温度控制电路。

(2) 电路温控功能的测试。

① 接通电源并调节电位器 R_{P1} 直到加热指示灯 D_2 点亮，加热器开始加热。

② 用两只手指夹住热传感器 D_1 使其升温，直到加热指示灯 D_2 熄灭，加热器停止加热。松开手指，使热传感器 D_1 冷却，加热器又开始加热。

(3) 控制温度的校准。

① 把温度传感器浸入冰水混合物中，调节电位器 R_{P2}，使数字电压表读数为 0。

② 参照校准温度计，调节电位器 R_{P3}，使数字电压表以 10mV/℃ 的灵敏度显示温度。

(4) 重复步骤(3)，观察恒温室的温度变化范围。

(5) 调节 R_{P1}，观察 R_{P1} 与恒温室的温度设定的对应关系。记录在不同温度下测温电路和温度计的显示温度。

5. 实验注意事项

(1) 注意用电安全，不要触及 220V 交流电带电部位。

(2) 运算放大器必须接上工作电源。

6. 实验总结及思考

(1) 整理分析实验测试数据。

(2) 提出电路改进意见或其他电路设计方案。

(3) 本电路为什么采用无触点固态继电器作为加热器控制器件而不采用机械触点继电器？

实验 25　红外发射与接收电路的应用

1. 实验目的

（1）了解红外线发射管、接收管的基本原理及功能。

（2）学习双稳态触发器在实际电路中的应用。

（3）学习遥控开关电路的设计方法。

2. 实验原理简述

红外线发射管和红外线接收管属于光电器件，光电器件在自动控制、安全保护、防盗系统以及医疗仪器等方面都有着广泛的应用。

红外线发射管的内部结构与发光二极管相似，符号如图 25-1(a)所示。它的发射光谱波长为 9×10^{-5} cm，属于红外光，人眼无法看到。

红外线接收管属于光电三极管结构，其基极一般不外接，具有较高的灵敏度，电路符号如图 25-1(b)所示。

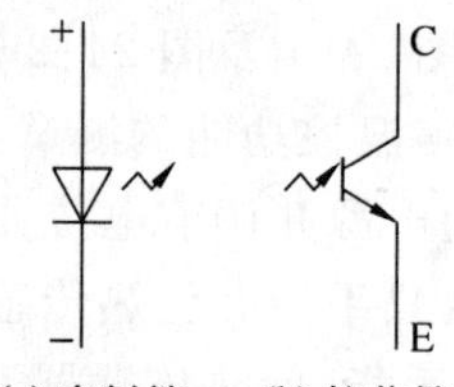

图 25-1　发射管与接收管电路符号

图 25-2 所示为一种遥控开关的电路原理图。

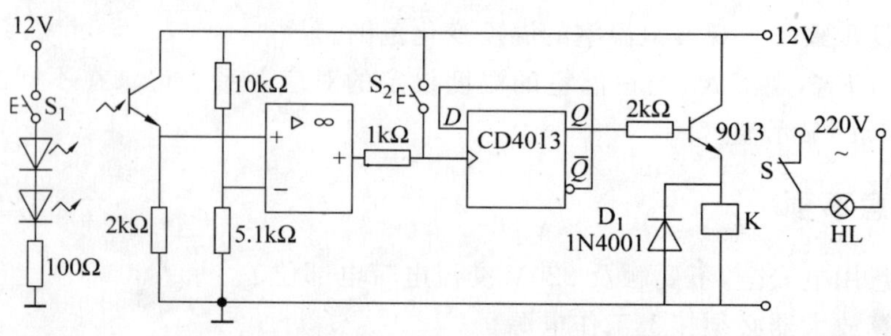

图 25-2　遥控开关电路原理图

3. 实验仪器设备及元器件

（1）红外线发射管、接收管；

（2）数字万用表；

（3）继电器(12V，200Ω)；

（4）运放集成电路(HA17741)；

(5) 双 D 触发器(CD4013)；

(6) 其他电子元器件。

4. 预习及思考

(1) 分析图 25-2 所示电路，熟悉该电路的工作原理。

(2) 查找资料，了解相关器件的功能和使用方法。

(3) 为什么要在继电器 K 线圈的两端并联一只二极管 D_1？

5. 实验内容与要求

(1) 按图 25-2 所示电路，分别连接红外光发射电路和接收电路。

(2) 仔细检查电路，确认无误后，接通电源。

(3) 把遥控发射电路中的红外发射管对准接收电路中的红外接收管，按一下按钮开关 S_1，观察电灯 HL 的工作状态。再按一下按钮开关 S_1，观察电灯 HL 的工作状态的变化情况。

(4) 分别改变发射电路中发射管的角度和距离，重复实验内容(3)，注意当超过一定的角度和距离后，接收电路将失控。

(5) 按一下按钮开关 S_2，观察电灯 HL 的工作状态。再按一下按钮开关 S_2，观察电灯 HL 的工作状态的变化情况。

6. 实验总结及思考

(1) 整理实验结果。

(2) 提出电路改进意见或其他电路设计方案。

(3) 分析实验中遇到的问题，写出心得体会。

实验 26　三相异步电动机断相保护电路的设计

1. 实验目的

通过本实验，提高对电工基础、电子技术、电机及控制电路的综合设计和应用能力。

2. 实验原理简述

三相异步电动机运行过程中三根电源线断了一根，如熔断器一根熔丝熔断，或交流接触器一个主触点开路，称为三相异步电动机断相运行。断相运行使电动机定子绕组电流过大，导致电动机发热，时间稍长就会烧坏电动机，应特别注意。防止三相异步电动机断相运行的保护电路种类很多。电动机三相绕组中性点电压检测法是其中较常用的一种，其原理框图如图 26-1 所示。

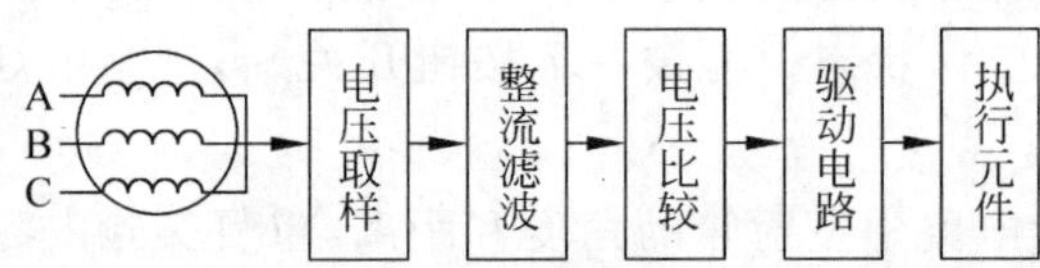

图 26-1　断相保护原理框图

其工作原理如下：检测Y形连接电动机中点 O 对电源中性点 N 的电压。在电动机正常工作条件下，由于电动机三相绕组阻抗对称，其中点 O 的电压为

$$\dot{U}_{O} = \dot{U}_{A} + \dot{U}_{B} + \dot{U}_{C} \approx 0(\mathrm{V})$$

当三相异步电动机某一相线断路时，其中性点 O 的电压为

$$\dot{U}_{O} = \dot{U}_{A} + \dot{U}_{B} = \dot{U}_{A} + \dot{U}_{C} = \dot{U}_{B} + \dot{U}_{C} = 110(\mathrm{V})$$

此故障电压经电阻分压取样后，再经整流、滤波变为直流电压，把该电压输入电压比较器。如该电压高于基准电压，则比较器输出高电平，经驱动电路进行电流放大后，输入到执行元件（如继电器），执行元件动作，切断电动机电源。

对于△形连接的电动机，可以用电阻在靠近电动机一侧的相线上接一个Y形连接模拟负载，其他电路结构与Y形连接电动机一样。

3. 实验仪器设备及元器件

(1) 交流电动机；
(2) 交流接触器；
(3) 继电器(12V，200Ω)；
(4) 直流稳定电源；

(5) 万用表；
(6) 运算放大器(HA17741)；
(7) 二极管、三极管、电阻、电容元件。

4. 预习及思考

(1) 预习与本实验相关的知识。

(2) 按实验原理简述提供的设计思路，设计一个三相异步电动机断相保护电路，并计算各电路元件参数。要求当中性点 O 的电压超过 20V 时，保护电路动作，切断电动机电源。

5. 实验内容

把设计电路图交老师检查，通过检查后，按设计电路图连接电路，进行断相运行保护测试。通过实验调整和修改电路参数。

6. 实验注意事项

此实验为强电和弱电相结合实验，设计时要合理选择元器件和参数，操作时要注意人身和设备安全。

7. 实验报告要求

(1) 画出实验电路图，简述电路的工作原理。
(2) 写出实验的心得体会。

实验 27　彩灯控制电路设计

1. 实验目的

(1) 学习 D 触发器及通用移位寄存器 74LS194 的功能。

(2) 了解数字电路的综合应用，包括振荡电路、显示电路、时序电路、门电路等电路的应用。

2. 实验任务与要求

设计一个四路彩灯循环系统。要求彩灯显示以下花型：从第一路到第四路依次点亮，间隔为 0.5s，全亮后，从第四路到第一路依次熄灭，间隔为 0.5s；四路灯同时点亮，1s 后，四路灯同时灭；1s 后又回到开始状态。

3. 设计方案提示

完成一个循环共需 6s，见表 27-1 系统程序。要实现上述花型，需要设计一个控制器，重复实现该控制程序。

表 27-1　循环方式

状　态	Q_3	Q_2	Q_1	Q_0	时间
初态	0	0	0	0	
状态 1	1←	1←	1←	1←	2s
状态 2	→0	→0	→0	→0	2s
状态 3	1	1	1	1	1s
	0	0	0	0	1s

控制器的输出端为 Y_0、Y_1 和 Y_2，它通过一个组合逻辑电路控制 74LS194 的两个模式控制输入端 S_0 及 S_1。Y_0、Y_1 和 Y_2 的有效时间都为 2s。Y_0 结束 Y_1 开始，Y_1 结束 Y_2 开始，Y_2 结束 Y_0 开始。如此循环，因有三个不同状态，所以要用三个触发器来记忆这些状态，用移位寄存器构成移位型控制器来实现这种循环。为使各状态的有效时间间隔为 2s，则驱动该移位型控制器动作的时钟周期应为 2s。另外，在开机瞬间应使移位型控制器的状态惟一，即 $Y_0Y_1Y_2=100$，可通过触发器的置位端和复位端来实现。

通用移位寄存器 74LS194 管脚排列如图 27-1 所示，它有四个并行输入输出端(D_0、D_1、D_2、D_3)、左右移输入端(S 与 R)和两个模式控制输入端(S_0 与 S_1)以及一个直接无条件清除输入端(CLR)，用这两个模式控制输入端 S_0、S_1 的四种组合可控制 74LS194 的四种功能，见表 27-2。可用四个或非门来实现该显示系统，方框图见图 27-2。

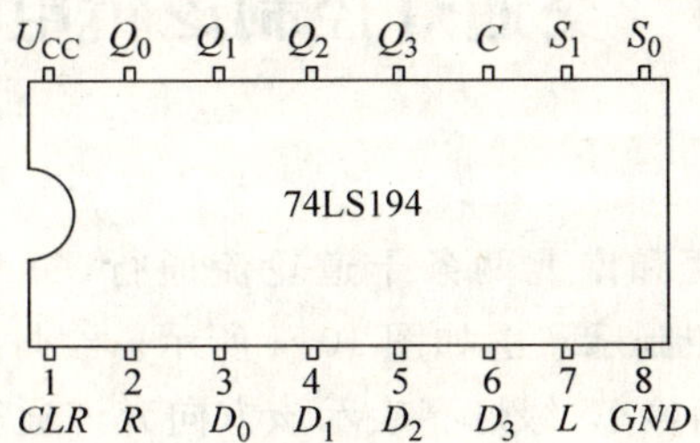

图 27-1　四位双向通用移位寄存器

表 27-2　控制方式

S_1	S_0	Y_0	Y_1	Y_2	功　能
0	0	0	0	0	禁止
0	1	1	0	0	右移
1	0	0	1	0	左移
1	1	0	0	1	并行送数

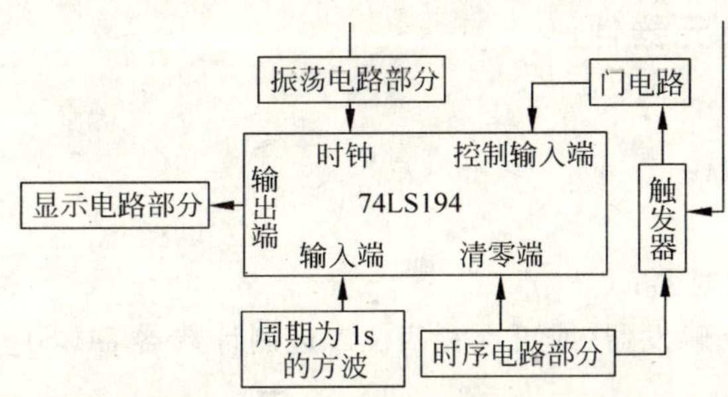

图 27-2　彩灯控制电路原理框图

4. 实验方法与步骤(自拟)

5. 实验报告要求

画出实验电路,回答思考题。

6. 思考题

实验中遇到何问题？原因何在？是如何处理的？

实验 28　交通灯控制逻辑电路设计

1. 设计任务与要求

设计电路用于控制东西和南北两条干道轮流通行，每个方向都有红(R)、绿(G)、黄(Y)三色指示灯，交通灯控制示意图如图 10-4 所示。红灯亮表示该方向禁止通行，黄灯亮表示该方向行使的车辆停车，绿灯亮表示该方向允许通行。

控制要求如下：

(1) 当按下启动开关时，信号灯系统开始工作，且南北红灯亮，东西绿灯亮；当按下关断开关时，所有信号灯都熄灭。

(2) 南北红灯亮并维持 30s。在南北红灯亮的同时东西绿灯也亮，并维持 25s。在东西绿灯熄灭时，东西黄灯亮，并维持 5s，到 5s 时，东西黄灯熄灭，东西红灯亮。同时，南北红灯熄灭，南北绿灯亮。

(3) 东西红灯亮并维持 30s。南北绿灯维持 25s 后熄灭，同时南北黄灯亮，维持 5s 后熄灭，这时南北红灯亮，东西绿灯亮。如此不断循环。

(4) 夜间控制器保持两个方向的红绿灯熄灭，而黄灯闪亮，以提醒司机减速行使。

2. 可选实验仪器及元器件

(1) 示波器；

(2) 直流稳压电源；

(3) 万用表；

(4) "555"集成定时器；

(5) 74LS74 双 D 触发器(或可预置四位二进制计数器 74LS161)；

(6) 74LS08 与门；

(7) 电阻、电容若干。

3. 实验内容和要求

(1) 总体设计并画出设计框图。

(2) 根据设计要求选择合适的元器件。

(3) 各单元电路设计并画出总装原理图。

(4) 用 Multisim 仿真软件进行电路仿真。

(5) 在实验装置上搭接电路，调试、改进以达到设计要求。

(6) 写出实验报告，总结实验结果。

实验29　函数发生器的设计

1. 设计任务与要求

(1) 该电路需产生一个正弦波、对称方波和对称三角波，所有波形具有5V的峰值。

(2) 该电路适用于1～10kHz范围内的各种频率。

(3) 该电路由标称值固定电阻器、可调电阻器、标称值电容器、运算放大器和二极管组成。

(4) 对该电路须提供＋15V和－15V电源，但输出波形的特性并非完全依赖于电源电压。

2. 可选元器件

(1) 运算放大器3只；

(2) 电容1只；

(3) 电阻若干只；

(4) 二极管6只；

(5) 稳压管2只。

3. 可选用仪器设备

(1) 电脑；

(2) 实验台；

(3) 数字式万用表；

(4) 示波器等。

4. 实验设计说明书的组织

设计说明书一般由下面几部分组成：

(1) 设计任务及主要技术指标和要求。

(2) 总体方案设计。根据设计任务和技术指标要求，结合所学知识，选择设计方案，说明工作原理，并进一步将技术指标分配给各单元电路。

(3) 单元电路的设计。根据分配给各个单元电路和技术指标，选择单元电路的形式，并对电路中元器件进行计算和选择，画出单元电路图，核算单元电路的技术指标。

(4) Schmitt触发器的设计。

(5) 积分器的设计。

(6) 三角波-正弦波变换器的设计。

(7) 整体电路图,包括电压原理图整体装配图、元器件明细表。

(8) 实际电路指标性能测试。

根据设计技术指标要求测试有关数据,包括测试方法和所用仪器、测试所得到的原始数据(曲线)及其分析、电路设计、调整过程及其测试中出现的问题。

(9) 对设计成果的评价。说明本设计的特点及存在问题,提出改进建议。

(10) 本人在课程设计中的收获和体会。

(11) 参考资料。

实验参考电路如图 29-1 所示。

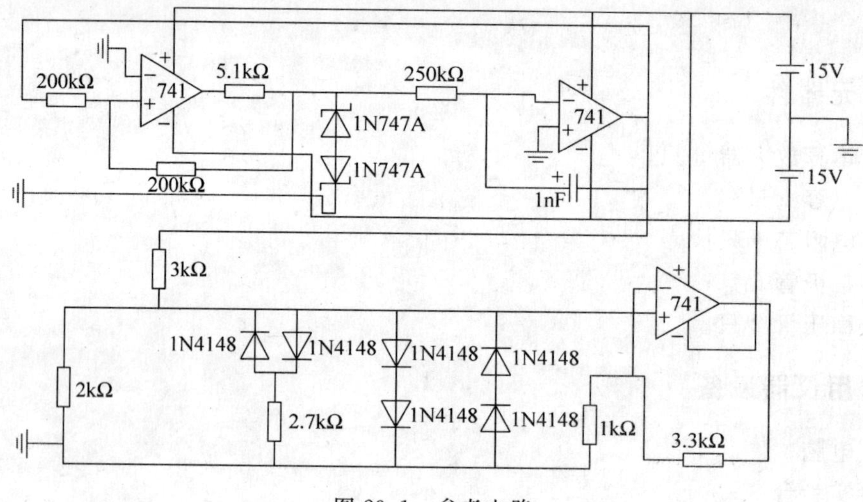

图 29-1 参考电路

附录 A　常用电工电子元器件

A.1　电　阻

A.1.1　电阻的分类

电阻器的品种很多，根据电阻体材料不同，可分为线绕电阻和非线绕电阻。线绕电阻的电阻体是绕在绝缘体上的高阻合金丝，非线绕电阻根据电阻体制造工艺又可分为薄膜型电阻和合成型电阻。薄膜型电阻的阻体是淀积在绝缘基体上的一层电阻膜，如碳膜、金属膜等，合成型电阻的阻体是导电颗粒和黏合剂的机械混合物，可制成薄膜和实心两种形式，如合成碳膜、合成实心和金属玻璃釉电阻。根据用途，电阻器又可以分为通用电阻器、精密电阻器、高阻电阻器、高压和高频电阻器等。

A.1.2　电阻的主要参数

电阻的主要参数包括标称值及允许偏差和额定功率。

标称值及允许偏差是指标在电阻器上的名义阻值。由于实际测量值与标称阻值之间存在偏差，允许的最大偏差范围称作允许偏差或精度。精度是电阻器生产和使用的一项主要指标，一般来说精度高的电阻器，温度系数小，阻值稳定性高。

额定功率指电阻器在正常大气压力及额定温度下所允许的最大耗散功率。

A.1.3　电阻的标志方法

电阻器有三种标志方法，即直标法、文字符号法和色环标法。现介绍色环电阻阻值及误差表示法。

色环电阻用不同颜色的色环标称阻值及误差。对于五环电阻，前三环表示有效数，第四环表示乘数，第五环表示误差；对于四环电阻，前两环表示有效数，第三环表示乘数，第四环表示误差。通常离前面色环较远的是误差位。各种颜色含义如下表。

颜色	棕	红	橙	黄	绿	蓝	紫	灰	白	黑	金	银
有效数	1	2	3	4	5	6	7	8	9	0		
乘数	10^1	10^2	10^3	10^4	10^5	10^6	10^7	10^8	10^9	10^0	10^{-1}	10^{-2}
误差/%	±1	±2			±0.5	±0.25	±0.1				±5	±10

如图 A-1 所示电阻阻值分别为：

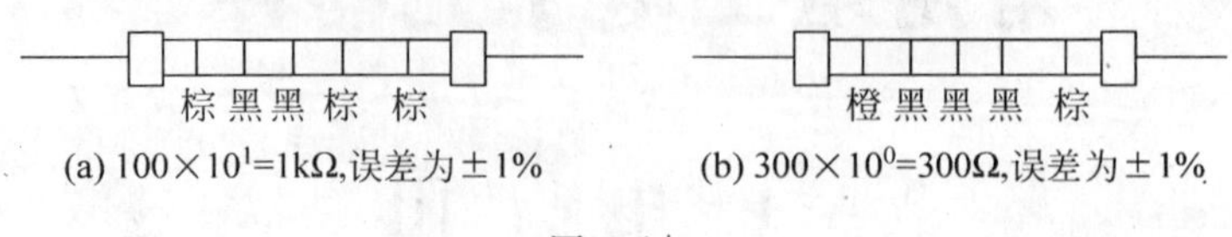

(a) 100×10^1=1kΩ,误差为±1%　(b) 300×10^0=300Ω,误差为±1%

图 A-1

A.2 电 容 器

A.2.1 电容器的分类

根据电容是否可调将电容器分为固定电容器和可变电容器。根据制造电容器的介质又可分为有机介质电容器(如纸介电容、塑料薄膜电容)、无机介质电容器(如云母电容、陶瓷电容)、气体介质电容器(如真空电容、充气式电容)和电解电容器(如铝电解电容、钽电解电容)。

A.2.2 电容器的主要参数

电容器的主要参数包括标称容量及允许偏差、额定工作电压和绝缘电阻。

标称容量及允许偏差：在每个电容器上都标有电容量数值，此数值称为标称值。它与本身实际容量之间的偏差称为允许偏差。

额定工作电压：在一定温度下，可以连续加在电容器上最高直流和交流电压有效值。

绝缘电阻：加在电容器上的电压与漏电流之比称为电容器的绝缘电阻。

A.2.3 电容器的检测

电解电容器容量比较大，用万用表检测时能清楚地看到其充放电过程中表针的偏转。用万用表 R×100 或 R×1k 挡进行检测，若表针偏转幅度达满刻度而无法比较大小，应降低电阻挡，如改用 R×10 挡检测。对于 1000μF 以上的大容量电解电容器，甚至可用 R×1 挡检测。

1. 电解电容器容量的估测

万用表置 R×100 或 R×1k 挡，红表棒接电容器负极，黑表棒接电容器的正极，表针向右偏转，然后逐渐复原；对调红黑表棒，再次测量，表针摆动幅度更大些，然后逐渐复原。这就是电容器充放电的情形。电容量越大，表针摆动幅度越大，表针复原的速度越缓慢。表针摆动幅度除与电容量有关外，还与万用表的性能参数有关。

2. 电解电容器漏电流和绝缘电阻的检测

万用表置 R×100 或 R×1k 挡，测量前将被测电容器短路，使其放电，红黑表棒分别接电容器的负极和正极。若表针始终停在零欧姆处，则表明该电解电容器已击穿；若表针退回后停在某处不动，则说明电解电容器已漏电，表针所示读数即为漏电电阻值。此电阻值越大，则漏电电流越小，电解电容器质量越好；若表针始终停在无穷大处，说明该电解电容器已开路。

3. 电容器极性的判别

当电解电容器极性标注不明时，可通过测量其漏电流的方法来判明正、负极性。将万用表置 R×100 或 R×1k 挡，先测量电解电容器的漏电阻值，对调红黑表棒后再测量漏电阻值，比较两次测量结果，漏电阻值较大的那次测量，黑表棒接的一端即为电解电容器的正极，红表棒所接的为电解电容器的负极。

4. 电解电容器的选用与更换

选用电解电容器时，除应注意电容量和耐压外，还应根据电路要求、所处工作环境，以满足电气性能和降低成本为原则。高压电路中不能选用低耐压电解电容器。对于容量要求不太严格的电源滤波、低频旁路、低频耦合等电路，可选用铝电解电容器。在高频电路中，由于电解电容器的分布电感大，影响电路的高频性能。因此通常需在电解电容器旁再并联瓷片或云母电容器。有极性的电容器一般只能用于直流或脉动电路中。对于要求较高的长延时、振荡等电路，可选用体积小、容量大、损耗小、绝缘电阻大、温度稳定性好、寿命长的钽、铌电解电容器。

电解电容器更换时需注意容量、耐压。工作于脉动电路中的脉动直流电压最大值不能超过耐压允许值。

A.3 电　感　器

凡是能够产生电感作用的元件都可以称为电感器，它们都具有在磁场中储存能量的本领。常用的电感器有固定电感器、阻流线圈和专用的电感线圈。有的是用导线绕成的空心线圈构成。为了增加电感量、减小体积，可在线圈中增加铁心和磁心。这里主要介绍常用的固定电感器。

固定电感分立式、卧式两种。芯子采用带引腿的软磁“工”字磁心，线材用高强度漆包线或普通漆包线。根据设计不同，绕线时有排绕、乱绕两种，采用不同磁性材料和线圈匝数就可以制成不同规格的固定电感器。电感器一般采用酚醛树脂式 PVC 热缩性套管封装。

电感器的检测用万用表 R×1 挡，通过测量电感器直流电阻，可判断线圈的通断。若实测电阻值较大，甚至为无穷大，可知线圈断路；若实测值很小，则内部严重短路，但线圈局部短路是不易检测出来的。对阻值较大的线圈可用 R×10、R×100 挡测试；对匝数极少的线圈，其直流电阻值近似为零，检测是否短路时需用 R×1 挡反复测试并与两表棒短路时的情形比较，观察两阻值有无区别。

A.4 半导体二极管

A.4.1 半导体二极管的结构和类型

二极管的种类很多。按制造材料可分为硅二极管和锗二极管；按用途可分为整流二极管、稳压二极管、开关二极管和普通二极管等；按结构及工艺可分为点接触型、面接触型等。常用的几种二极管的外形、结构及符号如图 A-2 所示。

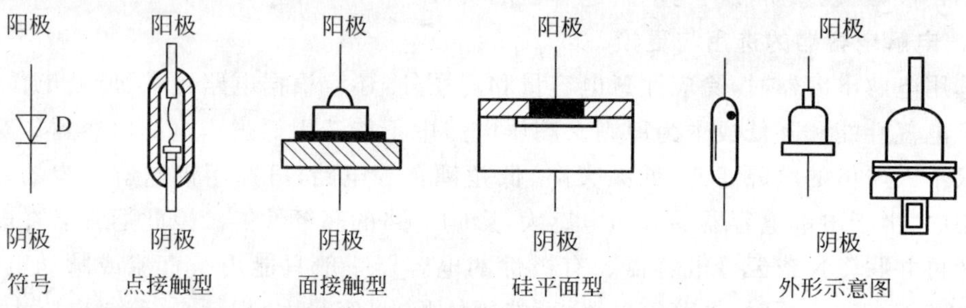

图 A-2 常用二极管外形、结构及符号

点接触型二极管的 PN 结面积很小，因此结电容小，适用于高频(几百兆赫)、小电流(几十毫安以下)的场合，主要应用于小功率整流、高频检波和开关电路。如 2AP10 型锗管，可作为检波用，它的最大整流电流是 5mA，最高工作频率是 100MHz。

面接触型二极管的 PN 结面积大，结电容大，允许通过较大的电流(几百毫安以上)，只能用于低频(几十千赫以下)的场合，主要应用于整流。如 2CZ55A 型硅管，最大整流电流是 1A，最高工作频率是 3kHz。

A.4.2 二极管的主要参数

1. 最大整流电流 I_F

I_F 指二极管长期工作时，允许通过的最大正向平均电流。使用时，若电流超过这个数值，将使 PN 结过热而把管子烧坏。

2. 反向工作峰值电压 U_R

U_R 是指管子不被击穿所允许的最大反向电压。一般这个参数是二极管反向击穿电压的一半。若反向电压超过这个数值，管子将会有击穿的危险。

3. 反向峰值电流 I_R

I_R 是指二极管加反向电压 U_R 时的反向电流值，I_R 越小说明二极管的单向导电性愈好。I_R 受温度影响很大。硅管的反向电流较小，一般在几微安以下。锗管的反向电流较大，为硅管的几十到几百倍。

4. 最高工作频率 f_M

二极管在外加高频交流电压时，由于 PN 结的电容效应，使单向导电作用退化。f_M 指二极管单向导电作用开始明显退化时的交流信号频率。

A.4.3 二极管的使用常识

1. 二极管型号

国家标准(GB 2439—1974)规定，国产半导体器件的型号由五部分组成，示意如下：

第一部分	第二部分	第三部分	第四部分	第五部分
用阿拉伯数字表示器件电极数目	用汉语拼音字母表示器件的材料和极性	用汉语拼音字母表示器件的类型	用阿拉伯数字表示序号	用汉语拼音字母表示规格号

各部分的符号与含义见表 A-1。例如，硅整流二极管 2CZ52A 表示如下：

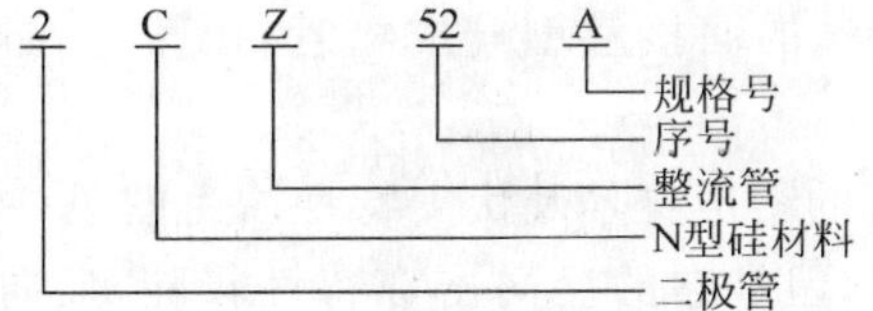

表 A-1 半导体器件的符号意义

第一部分		第二部分		第三部分			
符号	意义	符号	意义	符号	意义	符号	意义
2	二极管	A	N 型，锗管	P	普通管	D	低频大功率管
		B	P 型，锗管	V	微波管	A	高频大功率管
		C	N 型，硅管	W	稳压管	T	半导体闸流管
		D	P 型，硅管	C	参量管	Y	体效应器件
3	三极管	A	PNP 型，锗管	Z	整流管	B	雪崩管
		B	NPN 型，锗管	L	整流堆	J	阶跃恢复管
		C	PNP 型，硅管	S	隧道管	CS	场效应器件
		D	NPN 型，硅管	N	阻尼管	BT	半导体特殊器件
		E	化合物材料	U	光电开关	FH	复合管
				K	开关管	PIN	PIN 型管
				X	小功率管	JG	激光器件

2. 半导体二极管的测量与选用

对二极管的极性与好坏进行测量，是正确选用二极管及保证电路质量的前提。工程方法通常使用万用表 R×100 或 R×1k 挡，当测得的电阻小时，黑表笔对应的管脚为正极，红表笔对应的管脚为负极。通过对二极管正向电阻的测量，可判断该管是硅管还是锗管。在测正向电阻时，如万用表指针指在刻度盘中间或中偏右位置，则被测管是硅管；如指在度盘右侧，则为锗管。检波二极管通常是锗管，整流二极管通常是硅管。进行质量测量时，交换表笔分别测量正反向电阻，结论如下：

(1) 两次测量正反向电阻相差大，质量好；

(2) 两次测量正反向电阻接近或相等，失效；

(3) 两次测量正反向电阻无穷大，断路；

(4) 两次测量正反向电阻等于零，短路。

A.5　特殊二极管

A.5.1　稳压二极管

稳压二极管是一种特殊的面接触型硅二极管，由于它在电路中能起稳定电压的作用，故又称为稳压管。

图 A-3 所示为稳压管的图形符号及伏安特性。由图 A-3(b)可知，稳压管的正向特性曲线与普通二极管相似，但是它的反向击穿特性较陡，反向击穿电压较低（普通二极管为数百伏，一般硅稳压管为几伏至几十伏），容许通过的电流较大。稳压管通常工作在反向击穿区，当反向击穿电流在较大范围内变化时，其两端电压变化很小，因而从它两端可获得一个稳定的电压。只要反向电流不超过允许值，稳压管就不会发生热击穿而损坏。为此，在电路中，稳压管必须串联一个适当的限流电阻。

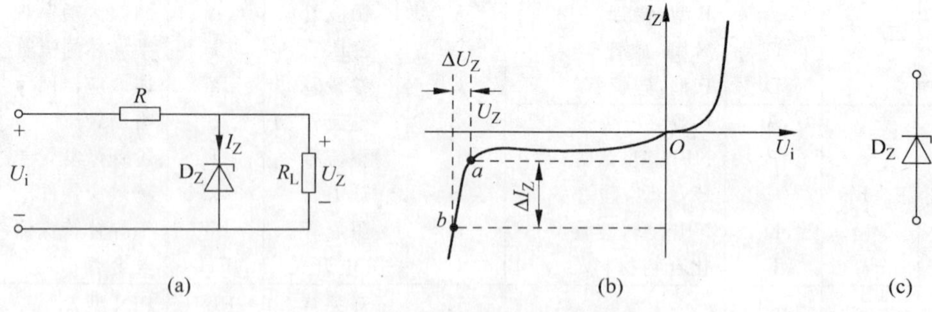

图 A-3　稳压管的图形符号及伏安特性

1. 稳压管的主要参数

(1) 稳定电压 U_Z

稳定电压 U_Z 指稳压管正常工作时，管子两端的电压。由于制造工艺的原因，同一型号的稳压管稳压值也有一定的分散性，如 2CW55 型稳压值为 6.2～7.5V。

(2) 动态电阻 r_Z

动态电阻是指稳压管在正常工作范围内，端电压的变化量与相应电流的变化量的比值。稳压管的反向特性愈陡，动态电阻 r_Z 越小，稳压性能愈好。

(3) 稳定电流 I_Z

稳压管正常工作时的参考电流值，只有 $I \geqslant I_Z$，才能保证稳压管有较好的稳压性能。

(4) 最大稳定电流 I_{Zmax}

允许通过的最大反向电流，$I > I_{Zmax}$ 管子会因过热而损坏。

(5) 最大允许功耗 P_{Zm}

稳压管不致发生热击穿的最大功率损耗 $P_{Zm} = U_Z I_{Zmax}$。

2. 使用稳压管的注意事项

(1) 稳压管一般工作在反向偏置状态(利用正向特性稳压除外)。

(2) 稳压管工作时的电流应在稳定电流 I_Z 和允许的最大工作电流 I_{Zmax} 之间。为了不使反向击穿电流超过 I_{Zmax}，电路中必须串接适当的限流电阻。

(3) 稳压管可以串联使用，串联后的稳压值为各稳压值之和，但不能并联使用，以免因稳压管稳压值的差异造成各管电流分配不均匀，引起管子过载损坏。

(4) 稳压二极管的选用与更换应根据实际电路要求的稳定电压、稳定电流、耗散功率等指标查阅有关手册。

A.5.2　发光二极管

发光二极管是由磷砷化铝等半导体材料制造的二极管，简称 LED，其符号如图 A-4(a)所示。发光二极管的正向电压约 1.6V，这种二极管当其正向电流达到一定值时会发光，发光的颜色与半导体材料有关(可以发出红、黄、绿、蓝等不同颜色)。

为防止发光二极管因正向电流过大而使 PN 结过热烧毁，在发光二极管电路中应串联适当阻值的电阻。当发光二极管用于交流电路时，为防止其被反向击穿，应在它的两端反极性并联一只普通二极管，以降低发光二极管上的反向电压。

发光二极管常用在显示电路中，如做成数码管，将七只发光二极管制成条状并排列成如图 A-4(b)所示的数形，当字形内相应二极管的发光时，可分别显示出 0～9 这十个数码。

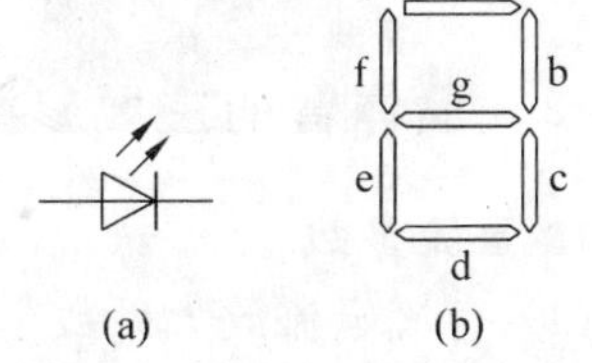

图 A-4　发光二极管的图形符号

发光二极管的主要技术参数有正向电压、正向电流、最大功耗、发光主波波长等。

A.5.3 光电二极管

光电二极管又称光敏二极管。它的管壳上有一个玻璃窗口,用于接受光照。其特点是,当光线照射于它的PN结时,可以成对地产生自由电子和空穴,使半导体中少数载流子的浓度提高,在一定的反向偏置电压作用下,使反向电流增加。因此它的反向电流随光照强度的增加而线性增加。当无光照时,光电二极管的伏安特性与普通二极管一样。光电二极管的等效电路如图A-5(a)所示,图A-5(b)为光电二极管的符号。

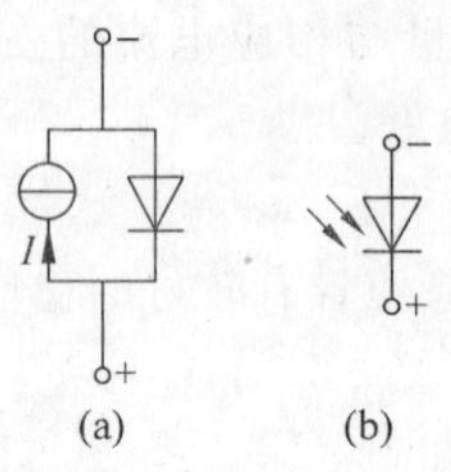

图 A-5 光电二极管的图形符号

光电二极管的主要参数有暗电流、光电流、灵敏度、峰值波长、响应时间等。

A.6 晶体三极管

A.6.1 晶体管结构及类型

晶体管的种类很多:按功率大小可分为大功率管和小功率管,按工作频率不同可分为高频管和低频管,按半导体材料不同可分为硅管和锗管,按结构不同可分为NPN管和PNP管。

图A-6所示为几种三极管的外形,它们有三个电极。在一般大功率管(如图中的3AD50管)中,管壳兼作集电极;而工作频率较高的小功率管,除了E、B、C电极外,管壳还有引线,用D表示,供屏蔽接地用。

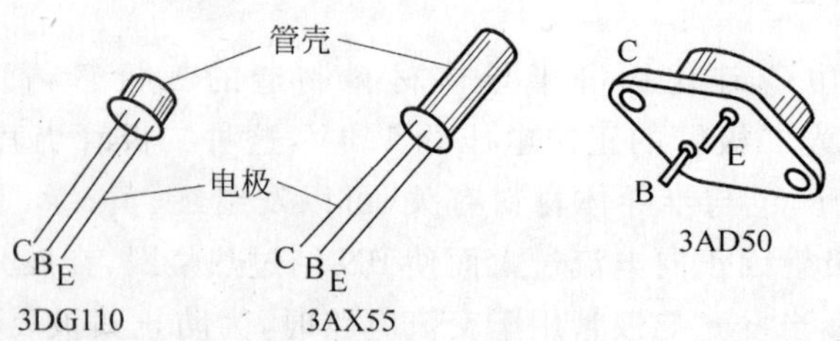

图 A-6 三极管结构外形图

A.6.2 晶体管的主要参数

1. 直流参数

(1) 直流电流放大系数

共基极直流电流放大系数为$\bar{\alpha} \approx I_C / I_E$。

共射极直流电流放大系数为 $\bar{\beta} \approx I_C / I_B$。

(2) 极间反向电流

I_{CBO}为发射极开路时集电极与基极间的反向饱和电流,其值越小越好。硅管只有零点几微安,可忽略,而锗管的 I_{CBO}较大,不可忽略。

I_{CEO}为基极开路时集电极与发射极间穿透电流,$I_{CEO} = (1+\bar{\beta}) I_{CBO}$。一般硅管的 I_{CEO}比锗管小 2~3 个数量级。

2. 交流参数

(1) 共基极交流电流放大系数为

$$\alpha = \Delta I_C / \Delta I_E |_{U_{CB}=\text{常数}} \approx \bar{\alpha}$$

(2) 共基极直流电流放大系数为

$$\beta = \Delta I_C / \Delta I_B |_{U_{CB}=\text{常数}} \approx \bar{\beta}$$

(3) 特征频率 f_T

工作频率增高后,PN 结电容作用明显,会使 β 下降。当 β 下降到 1 时,所对应的频率为特征频率 f_T。当 $f > f_T$ 时,晶体管已丧失放大能力。

(4) 共射上限截止频率 f_β

当 β 下降到中频 β_0 的 0.707 倍时,对应的频率称为共射上限截止频率。

(5) 共基上限截止频率 f_α

频率增高会使 α 下降,当 α 下降到中频的 0.707 倍时,对应的频率称为共基极上限截止频率。

3. 极限参数

(1) 集电极最大允许功耗 P_{CM}

$P_{CM} = U_{CE} I_{CM}$,它决定管子的允许温升(硅管约 150℃,锗管约 75℃),使用时应注意规定的散热条件。

(2) 集电极最大电流 I_{CM}

在 I_C 的一个很大范围内,$\bar{\beta}$ 值基本不变,但 I_C 超过某一数值后 $\bar{\beta}$ 明显下降。当 $\bar{\beta}$ 下降至最大值的 2/3 时对应的 I_C 即为 I_{CM}。使用时,要求 $I_C < I_{CM}$。

(3) 反向击穿电压

集电极开路时发射结允许加的最高反向电压 U_{EBO},使用时要求 $U_{EB} < U_{EBO}$。

发射极开路时集电极与基极间允许加的最高反向电压 U_{CBO},一般为几十伏到上千伏。

基极开路时集电极与发射极间的反向击穿电压 U_{CEO},它比 U_{CBO}小些。

使用时,上述反向击穿电压不允许超过晶体管手册中给出的规定值。

A.6.3 三极管的使用常识

1. 三极管的型号

国产三极管型号命名方法详见表 A-1。例如，NPN 型高频小功率硅三极管 3DG110A 的符号意义为：

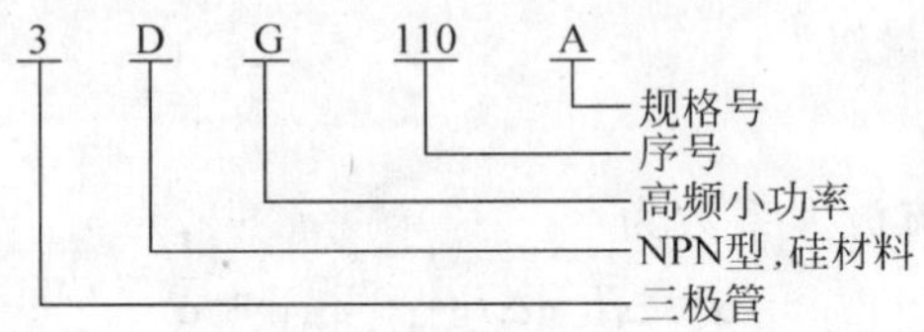

2. 半导体三极管的检测

硅管、锗管的判别方法：将万用表置 R×100 或 R×1k 挡，两表棒分别接触管子的基极和发射极管脚。若其中一次指针指在刻度盘的中间或中偏右处，此时导通电压约为 0.7V，则被测管为硅管；若指针指在刻度盘的右侧，此时导通电压约为 0.2V，则被测管为锗管。

三极管电极类型的判别：用万用表 R×100 或 R×1k 挡，红表棒接某一管脚，黑表棒分别接另两管脚，当测得两次阻值均很小时，则可判定红表棒所接的为 PNP 型管的基极。如两次测得的阻值一大一小或都很大，可将红表棒移到另一管脚再测，直至两次阻值均较小为止。同理，如以黑表棒接某一管脚为准，红表棒分别接另两管脚，当测得两次阻值均很小时，黑表棒所接的是 NPN 型管的基极。

基极与管子类型确定后，再利用三极管正向电流放大系数大于反向电流放大系数的原理确定集电极和发射极。方法是将万用表置 R×100 或 R×1k 挡，对 NPN 管而言，用黑表棒接假定的 C 极，红表棒接假定的 E 极，再用手指分别捏住 B 极和假定的 C 极，利用人体电阻实现偏置，测读万用表指针偏转角度或电阻值，再对调两表棒后测试，并比较两次读数。对于 NPN 管，偏转角度较大的一次中，黑红表棒所接的分别是集电极和发射极。对 PNP 管，红表棒接假设的 C 极，黑表棒接假设的 E 极，指针偏转角度大，阻值小的一次中，则表棒所接的分别是集电极和发射极。

3. 三极管选用注意事项

(1) 必须保证三极管工作在安全区，即应使工作时的 $I_C < I_{CM}$，$P_C < P_{CM}$，$U_{CE} < U_{CEO}$。

当需要输出大电流时，应选 I_{CM} 大的管子；当需要输出大功率时，应选 P_{CM} 值大的功率管，同时要满足散热条件；当需要输出电压高时，应选 U_{CEO} 大的管子，当三极管作为开关元件时，在发射结上要施加反向电压，这要注意 E、B 极间的反向电压不要超过 U_{EBO}。

(2) 当输入信号频率高时，为了保持管子良好的放大性能，应选高频管或超高频管。若用于开关电路，为了使管子有足够高的开关速度，则应选开关管。

(3) 当要求反向电流小、允许结温高、且能工作在温度变化大的环境中时，应选硅管。而要求导通电压低时，可选锗管。

(4) 对于同型号的管子，应优先选用反向电流小的，而 β 值不宜太大，一般以几十至一百左右为宜。

A.7 场效晶体管

场效晶体管按结构的不同可分为结型和绝缘栅型；按工作性能可分为耗尽型和增强型；按所用基片(衬底)材料不同，又可分为 P 沟道和 N 沟道两种导电沟道。因此，有结型 P 沟道和 N 沟道，绝缘栅耗尽型 P 沟道和 N 沟道及增强型 P 沟道和 N 沟道六种类型的场效应晶体管。

A.7.1 绝缘栅型场效晶体管结构

目前应用较广泛的绝缘栅场效晶体管是一种金属(M)-氧化物(O)-半导体(S)结构的场效应晶体管，简称为 MOS 管。下面讨论 N 沟道增强型绝缘栅型场效晶体管。

图 A-7 是 N 沟道增强型 MOS 管的结构示意图。用一块 P 型半导体为衬底，在衬底上面的左、右两边制成两个高掺杂浓度的 N 型区，用"N^+"表示，在这两个"N^+"区各引出一个电极，分别称为源极 S 和漏极 D。在硅片的表面生成一层薄薄的绝缘层，并在上面置以电极，称为栅极(G)。

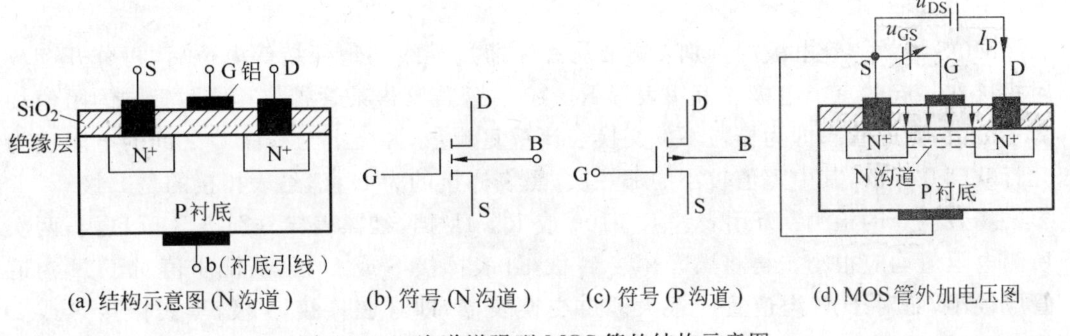

(a) 结构示意图 (N 沟道)　(b) 符号 (N 沟道)　(c) 符号 (P 沟道)　(d) MOS 管外加电压图

图 A-7 N 沟道增强型 MOS 管的结构示意图

A.7.2 场效晶体管的主要参数

1. 直流参数

直流参数是指耗尽型 MOS 管的夹断电压 $U_P[U_{GS(off)}]$，增强型 MOS 管的开启电压 $U_T[U_{GS(th)}]$，漏极饱和电流 I_{DSS} 以及直流输入电阻 R_{GS}。

2. 交流参数

低频跨导 g_m：当 u_{DS}＝常数时，u_{GS}的微小变量与它引起的 i_D 的微小变量之比，即

$$g_m = \mathrm{d}i_D/\mathrm{d}u_{GS}\big|_{U_{DS}=\text{常数}}$$

它是表征栅、源电压对漏极电流控制作用大小的一个参数，单位为西(S)或毫西(mS)。

极间电容：场效晶体管三个电极间存在极间电容。栅、源电容 C_{GS}和栅、漏电容 C_{GD}一般为 1～3pF，漏源电容 C_{DS}约为 0.1～1pF。极间电容的存在决定了管子的最高工作频率和工作速度。

3. 极限参数

最大漏极电流 I_{DM}：管子工作时允许的最大漏极电流。

最大耗散功率 P_{DM}：由管子工作时允许的最高温升所决定的参数。

漏、源击穿电压 U_{DS}：U_{DS}增大时使 I_D 急剧上升时的 U_{DS}值。

栅、源击穿电压 U_{GS}：在 MOS 管中使绝缘层击穿的电压。

A.7.3 场效应管电极的判别

结型场效应管电极的判别：首先找栅极 G，方法与判别三极管基极相似。万用表置 R×1k 挡，用黑表棒接假设栅极 G，红表棒分别接另两极。若阻值均较小，交换红黑表棒再测一次的阻值均较大，则说明假设的栅极 G 成立，且此管为 N 沟道的结型管。如红表棒接假设 G 极，黑表棒接另两极时测得的阻值均较大，则可确定 P 沟道结型管 G 极。G 极确定后，对于漏极 D 和源极 S 不一定要判别，因为此两极在结构上基本对称而原则上可互换。

MOS 场效应管电极的判别：测量前人体通过导线与地保持等电位后，再分开存放时短接在一起的三个电极。万用表置 R×100 挡，若测得某管脚与其他两管脚的阻值均为无穷大，则此管脚即为栅极 G。交换表棒重复测量，源极 S 与漏极 D 之间的电阻应为几百欧到几千欧，其中阻值较小的那一次，黑表棒接的为 D 极，红表棒接的是 S 极。

场效应管的检测：万用表置 R×100 或 R×1k 挡，红黑表棒分别接 S 和 D 极，两次所测电阻值均应很小。再将黑表棒接 G 极，红表棒接 S 或 D 极，所测阻值对于 N 沟道管应很小，而对于 P 沟道管应很大。再交换表棒，即红表棒接 G 极，黑表棒接 S 或 D 极，测得的数值应相反。

A.7.4 场效应管的特点及使用注意事项

1. 特点和选管原则

(1) 场效应管是电压控制器件，输入电阻高，栅极基本上不取电流，所以，对于那些只允许从信号源吸取极小电流的高精度、高灵敏度的检测仪器、仪表等，宜选用场效应管作输入级；而对于那些允许取一定量电流的，选用三极管则可以得到比场效应管更高

的电压放大倍数。

(2) 在场效应管中，参与导电的只是多子(故称之为单极型三极管)，而双极型三极管中是两种载流子参与导电。所以，场效应管不易受温度、辐射等外界因素影响，在环境条件变化比较大的场合，适宜选用场效应管。

(3) 场效应管，尤其是结型场效应管的噪声比三极管小，所以对于低噪声、稳定性要求高的线性放大电路，宜选用场效应管。

(4) MOS 管的制造工艺简单，所占用的芯片面积小(仅为三极管的 15%)，而且功耗很小，易于大规模集成，在大、中规模数字集成电路中得到广泛应用。

(5) 场效应管的源极和漏极结构对称，可以互换使用；耗尽型 MOS 管的栅源电压可为正值、负值和零值，使用时比三极管灵活。但应注意，对于在制造时已将源极和衬底连在一起的 MOS 管，源极和漏极不能互换。

2. 使用注意事项

(1) 在使用时，各极电源极性应按规定接入，切勿将结型场效应管的栅、源电压极性接反，以免 PN 结因正偏过流而烧毁；绝对不能超过各极限参数规定的数值。

(2) MOS 管的衬底和源极通常连接在一起，若需分开，则衬源间的电压要保证衬源间 PN 结为反向偏置，即对于 NMOS 管应 $u_{BS}<0$，对于 PMOS 管应 $u_{BS}>0$。

(3) 由于 MOS 管的输入电阻很高，使得栅极的感应电荷不易泄放，容易在栅极中产生很高的感应电压，造成管子的击穿。为此，应避免栅极悬空及减少外界感应。储存时，应将管子的三个电极短路。当把管子焊到电路上或取下来时，应先用导线将各电极绕在一起。焊接管子所用的烙铁必须接地良好，最好断电利用余热焊接。

(4) 结型场效应管可以在栅源极开路状态下储存，可以用万用表检查管子的质量；MOS 管不能用万用表检查，必须用测试仪，而且要在接入测试仪后才能去掉各电极的短路线，取下时则应先将各电极短路。测试仪应良好接地。

A.8 集成运算放大器

A.8.1 集成运算放大器的符号

集成运算放大器的电路符号如图 A-8 所示，其中图(a)是集成运放的国际流行符号，图(b)是集成运放的国标符号，而图(c)是具有电源引脚的集成运放国际流行符号。

图 A-9 是集成运算放大器的外形及管脚排列图。各管脚功能为：2 为反相输入端，若由此端接输入信号，则输出信号与输入信号反相；3 为同相输入端，若由此端接输入信号，则输出信号与输入信号同相；4 为负电源端，接－15V 稳压电源；7 为正电源端，接＋15V 稳压电源；1 和 5 端外接调零电位器(一般为 10kΩ)；6 为输出端；8 为空脚。

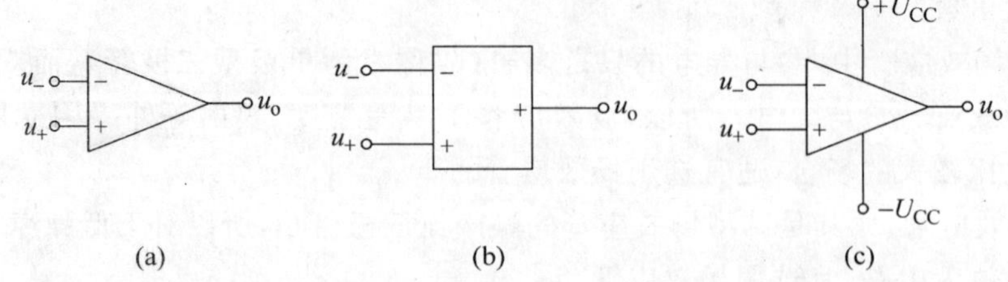

图 A-8 集成运放结构符号图

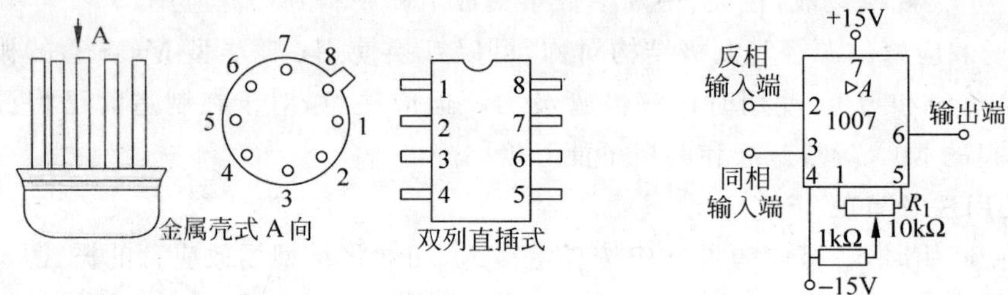

图 A-9 集成运放的外形及管脚排列图

A.8.2 集成运放的主要技术指标

集成运放的主要技术指标是合理选择和正确使用运放的依据，可以分为输入误差特性、开环差模特性、共模特性、输出瞬态特性和电源特性。

1. 输入误差特性

(1) 输入失调电压 U_{IO}

对于理想运放，当输入电压为零时，输出也应为零。但实际上，由于差分输入级很难做到完全对称，零输入时，输出并不为零。在室温及标准电压下，输入为零时，为了使输出电压为零，输入端所需补偿电压称为输入失调电压 U_{IO}。U_{IO}越大，说明对称程度越差。一般 U_{IO}的值为 $1\mu V \sim 20mV$。

(2) 输入失调电流 I_{IO}

输入级差分管的静态电流不可能完全对称，它们的差值即输入失调电流 I_{IO}，$I_{IO}=|I_{B1}-I_{B2}|$。一般希望 I_{IO}越小越好。普通运放的 I_{IO}约为 $1nA \sim 0.1\mu A$。

2. 开环差模特性参数

开环差模特性参数用来表示集成运放在差模输入作用下的传输特性。

(1) 开环差模电压放大倍数 A_{od}

开环差模电压放大倍数 A_{od}指在无外加反馈情况下的差模电压放大倍数，它是决定运算精度的重要指标，通常用分贝表示，即

$$A_{od} = 20\lg |U_{od}/U_{id}| \ (dB)$$

不同功能的运放，A_{od}相差悬殊，一般约为80～140dB。

(2) 最大差模输入电压U_{idmax}

U_{idmax}指集成运放反相和同相输入端之间所能承受的最大电压值，当输入电压超过该值时，输入级差分管将会出现反向击穿，甚至损坏。利用平面工艺制成的硅NPN管的U_{idmax}为±5V左右，而横向PNP管的U_{idmax}可达±30V以上。

(3) 差模输入电阻r_{id}

$r_{id}=\Delta U_{id}/\Delta I_{id}$即差模信号作用下运放的输入电阻，是衡量差分管向输入信号源索取电流大小的标志，F007的r_{id}约为2MΩ，用场效晶体管作差分输入级的运放r_{id}可达10MΩ。

3. 共模特性参数

共模特性参数用来表示集成运放在共模信号作用下的传输特性。

(1) 共模抑制比K_{CMRR}

共模抑制比的定义为$K_{CMRR}=20\lg|A_{od}/A_{oc}|$(dB)，F007的$K_{CMRR}$为80～86dB，高质量运放的$K_{CMRR}$可达180dB。

(2) 最大共模输入电压U_{icm}

U_{icm}指运放所能承受的最大共模输入电压。共模电压超过一定值时，将会使输入级工作不正常，因此要加以限制。

4. 输出瞬态特性参数

输出瞬态特性参数用来表示集成运放输出信号的瞬态特性。

转换速率SR是指运放在闭环状态下对高速变化信号的适应能力，其大小与很多因素有关，其中主要与运放所加的补偿电容、运放本身各级晶体管的极间电容、杂散电容以及放大器的充电电流等因素有关。只有信号变化速率的绝对值小于SR时，输出才能按照线性的规律变化。否则输出波形会严重失真。

SR是在大信号和高频工作时的一项重要指标，一般运放的SR为几伏/微秒，高速运放可达到65V/μs。

A.8.3 集成运放选用注意事项

(1) 选择运放时尽量选择通用运放，而且是市场上销售最多的品种，以降低成本，保证货源。只要通用运放满足要求，就不选择特殊运放。

(2) 学会辨认管脚，不同公司的产品管脚排列是不同的，需要查阅手册，确认各个管脚的功能。

(3) 一定要了解运放的电源电压、输入电阻、输出电阻、输出电流等参数。

(4) 集成运放单电源使用时，要注意输入端是否需要增加直流偏置，以便能放大正负两个方向的输入信号。

(5) 设计集成运放电路时，应该考虑是否增加调零电路、输入保护电路、输出保护电路。

A.8.4 常用集成运放芯片介绍

集成运放的型号很多。一般情况下，各个公司的产品，除了首标不同外，只要编号相同，功能基本上是相同的。例如 CA741、LM741、MC741、PM741、SG741、CF741、μA741、μPC741 等芯片具有相同的功能。

1. 通用运放

通用运放 μA741，内部具有频率补偿、输入、输出过载保护功能，并允许有较高的输入共模和差模电压，电源电压适应范围宽。它的主要技术指标如下：

输入失调电压：1mV　　输入失调电流：20nA

输入偏置电流：80nA　　差模电压增益：2×10^5 dB

输出电阻：75Ω　　差模输入电阻：2MΩ

输出短路电流：25mA　　电源电流：1.7mA

μA741 的管脚符号如图 A-10 所示。其中管脚 1、5 是调零端，管脚 4 是负电源，管脚 7 是正电源，管脚 8 为空脚。

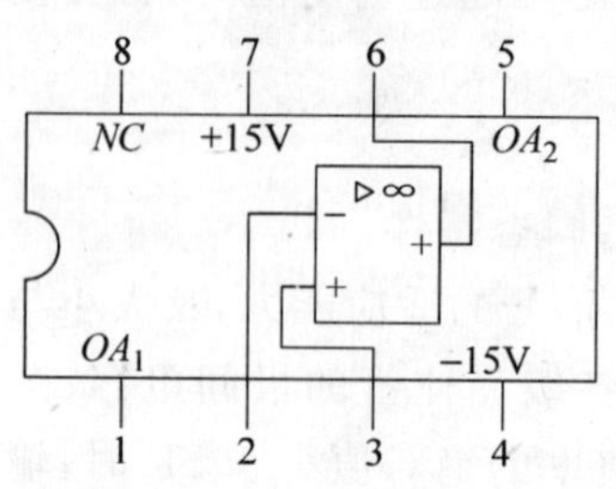

图 A-10　μA741 的符号

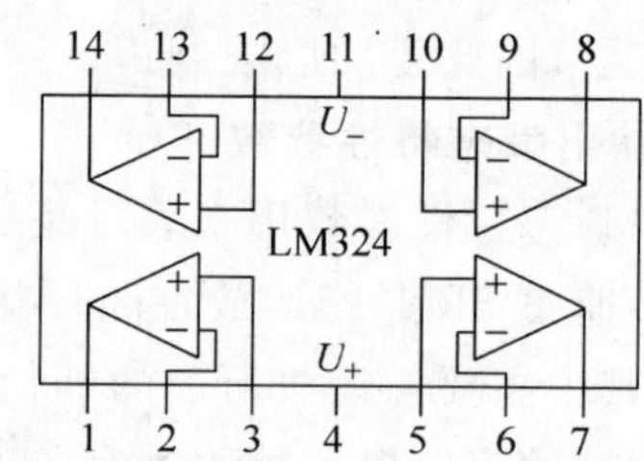

图 A-11　LM324 的管脚排列

2. 低功耗四运放 LM324

运放 LM324 是由 4 个独立的高增益、内部频率补偿的运放组成，不但能在双电源下工作，也可在宽电压范围的单电源下工作，它具有输出电压幅值大、功耗小等优点。它的主要技术指标如下：

输入失调电压：2mV　　输入失调电流：5nA

输入偏置电流：45nA　　差模电压增益：100dB

温度漂移：7μV/℃　　单电源工作电压：3～30V

双电源工作电压：±1.5～±15V　　静态电流：500μA

LM324 的管脚排列如图 A-11 所示。其中管脚 11 为负电源或地，管脚 4 为正电源。

3. 高精度集成运放 OP07

其技术指标如下：

输入失调电压：10μV　　输入失调电流：0.7nA

输入失调电压温度系数：0.2V/℃　　电源电压：±22V

静态电流：500μA

OP07 的符号如图 A-12(a)所示。其中管脚 1 和 8 是调零端，管脚 4 接负电源，7 接正电源。

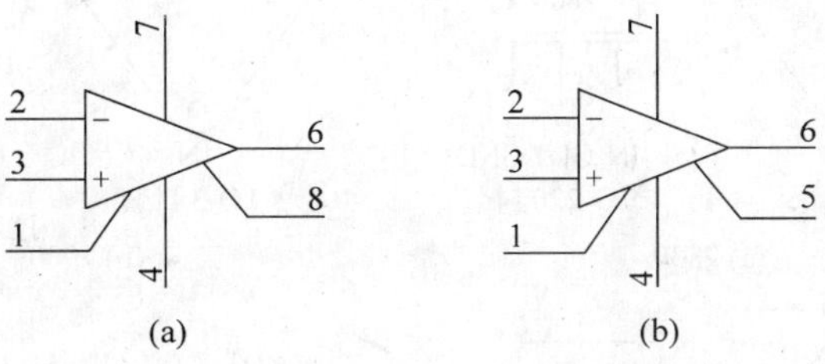

图 A-12　OP07 和 LF411 的管脚排列

4. 低失调、低温漂 JFET 输入集成运放

LF411 符号如图 A-12(b)所示，它是高速度的 JFET 输入集成运放，具有小的输入失调电压和输入失调电压温度系数。匹配良好的高电压场效应管的输入级还具有高输入电阻、小偏置电流和小输入失调电流等特点。LF411 可用于高速积分器、D/A 转换器等电路。它的主要技术指标如下：

输入失调电压：0.8mV　　输入失调电流：25μA

输入失调电压温度系数：7μV/℃　　输入偏置电流：50pA

输入电阻：$10^{12}\Omega$　　静态电流：1.8mA

输入差模电压：－30～＋30V　　输入共模电压：－14.5～＋14.5V

增益带宽积：4MHz

LF411 的符号如图 A-12(b)所示。其中管脚 1、5 用于调零，管脚 4 接负电源，管脚 7 接正电源。

A.9　三端集成稳压器

三端集成稳压电路的外部只有三个端子，即输入、输出和公共端。在三端稳压电源芯片内有过流、过热及短路保护电路。

A.9.1　三端固定集成稳压器

三端固定集成稳压器的输出电压是固定的，常用的是 7800/7900 系列。7800 系列输出正电压，其输出电压有 5V、6V、7V、8V、9V、10V、12V、15V、18V、20V 和 24V 共 11 个挡次，如 7812 输出电压是 12V。该系列的输出电流分 5 挡，7800、78M00、78L00、

78T00、78H00 系列分别是 1.5A、0.5A、0.1A、3A、5A。7900 系列与 7800 系列所不同的是输出电压为负值。

7800/7900 系列三端稳压器的外部引脚图如图 A-13 所示。

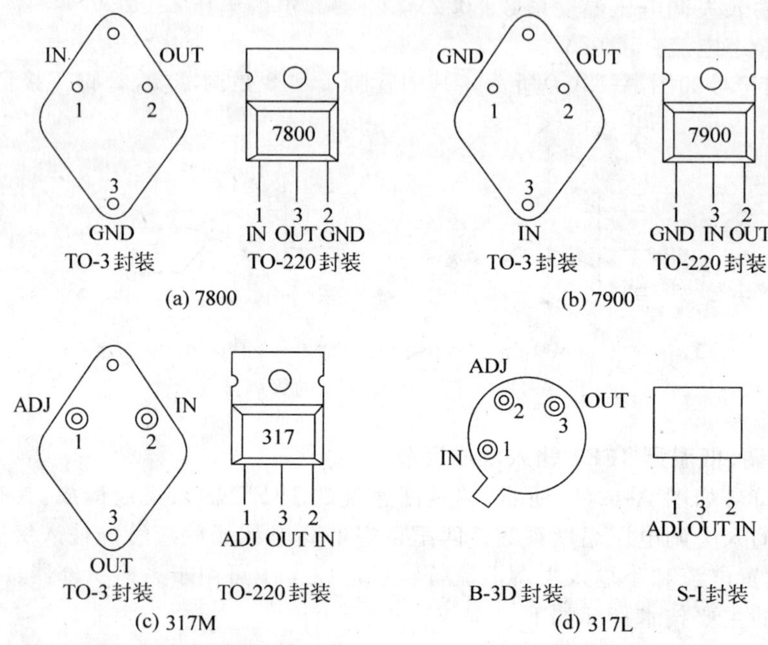

图 A-13　三端集成稳压器外部引脚图

三端稳压器由采样、基准、放大和调整等单元组成。输入端接整流滤波电路，输出端接负载；公共端接输入、输出的公共连接点。为使其工作稳定，在输入、输出端与公共端之间并接一个电容。使用三端稳压器时注意一定要加散热器，否则不能工作到额定电流。

图 A-14 所示为三端式集成稳压器的典型应用，图中是 LM7805 和 LM7905 作为固定输出电压电路的典型接线图。正常工作时，输入、输出电压差 2～3V。电容 C_1 用来实

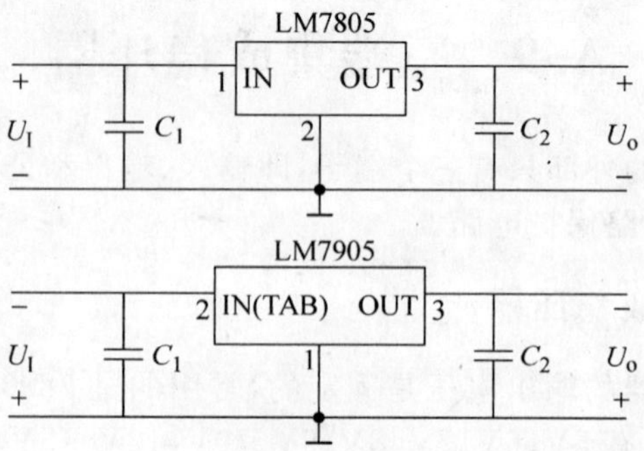

图 A-14　三端稳压电路的典型应用接线图

现频率补偿，一般为 0.33μF；C_2 用来抑制稳压电路的自激振荡，一般为 0.1μF。

A.9.2 三端可调集成稳压器

三端可调输出电压集成稳压器是在三端固定式集成稳压器基础上发展起来的、生产量大、应用面广的产品，它有正电压输出 LM117、LM217 和 LM317 系列，负电压输出 LM137、LM237 和 LM337 系列类型。它既保留了三端稳压器的简单结构形式，又克服了固定式输出电压不可调的缺点，从内部电路设计上及集成化工艺方面采用了先进的技术，性能指标比三端固定稳压器高一个数量级，输出电压在 1.25～37V 范围内连续可调。稳压精度高、价格便宜，称为第二代三端式稳压器。图 A-15 所示为三端可调负电压集成稳压器外部引脚图。

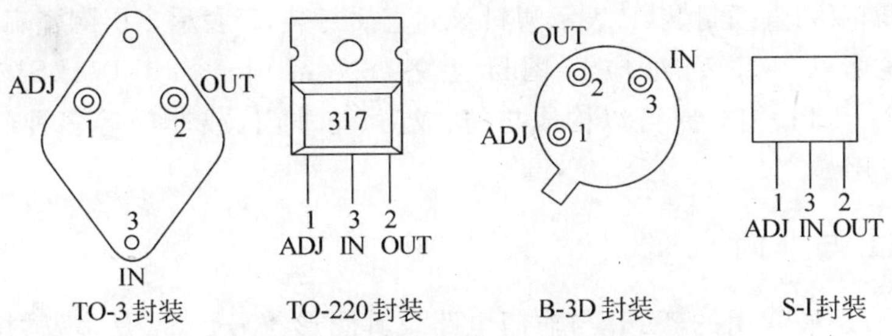

图 A-15 三端可调负电压集成稳压器外部引脚图

LM317 是三端可调稳压器的一种，它具有 1.5A 的电流输出能力，典型应用的电路如图 A-16 所示。该电路的输出电压范围为 1.25～37V。输出电压的近似表达式是：

$$U_o = U_i(1 + R_2/R_1)$$

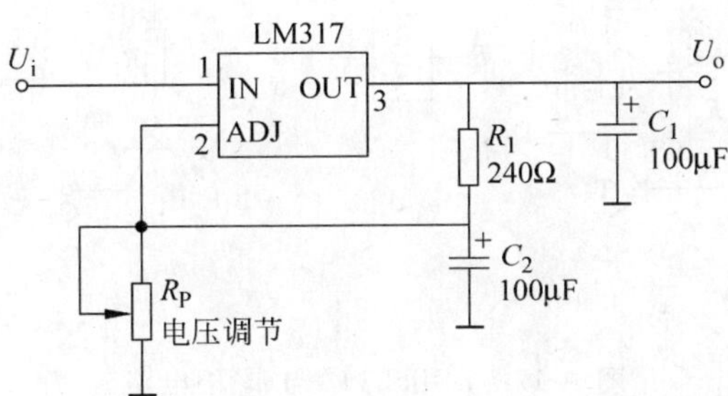

图 A-16 三端可调稳压电路的典型应用接线图

A.10 集成 TTL 逻辑门

在双极型集成逻辑门电路中应用最广泛的是 TTL 电路。目前国产的 TTL 电路有 CT54/74、CT54/74H、CT54/745、CT54/74LS 四大系列，其中 CT54/74 系列相当于旧型号 CT1000 系列，为标准系列，CT54/74H 系列相当于 CT2000 系列，为高速系列，CT54/74S 系列相当于 CT3000 系列，为肖特基系列，CT54/74LS 系列相当于 CT4000 系列，为低功耗肖特基系列。现对型号构成说明如下。

以 CT74LS160CJ 为例，可分为五个部分：

C	T	74LS160	C	J
①	②	③	④	⑤

其中①C 表示中国；②T 表示 TTL 集成电路；③74 表示国际通用 74 系列，54 表示国际通用 54 系列，LS 表示低功耗肖特基系列，S 表示肖特基系列，H 表示高速系列，空白表示标准系列，160 表示同步十进制计数器，……；④C 表示 0℃～70℃（只出现在 74 系列中），M 表示－55℃～125℃（只出现在 54 系列中）；⑤D 表示陶瓷双列直插封装，J 表示黑瓷低熔玻璃双列直插封装，P 表示塑料双列直插封装，F 表示多层陶瓷扁平封装。

国产上述各 CT 系列对应于国际上各 SN 系列。如 CT74LS160CJ 对应于 SN74LS160CJ。TTL 门电路可以构成与门、或门、与非门、或非门等多种门电路。其中 TTL 与非门应用最广。

A.10.1 TTL 与非门

图 A-17(a)是最常用的 TTL 与非门电路及其图形符号。T_1 是多发射极晶体管，它的集电极可看作一个二极管，把发射结看作与前者背靠背的几个二极管，如图 A-17(b)所示。

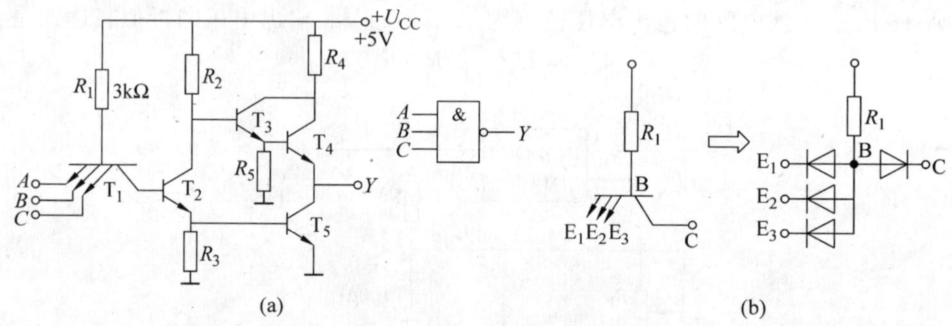

图 A-17　常用 TTL“与非”门电路

当输入端全部接高电平“1”时，T_1 反偏，T_2、T_5 饱和导通，输出端输出为“0”；当输入端有一个以上接低电平“0”时，T_1 导通，T_2、T_5 截止，T_3、T_4 导通，输出端输出为“1”。

A.10.2 部分常用组件的型号和功能

下面给出几种常用组件的型号和功能：

74LS00，四 2 输入与非门；74LS20，双 4 输入与非门；74LS04，六反相器；74LS10，三 3 输入与非门；74LS30，8 输入与非门。图 A-18 所示为几种 TTL 器件外引线排列图。

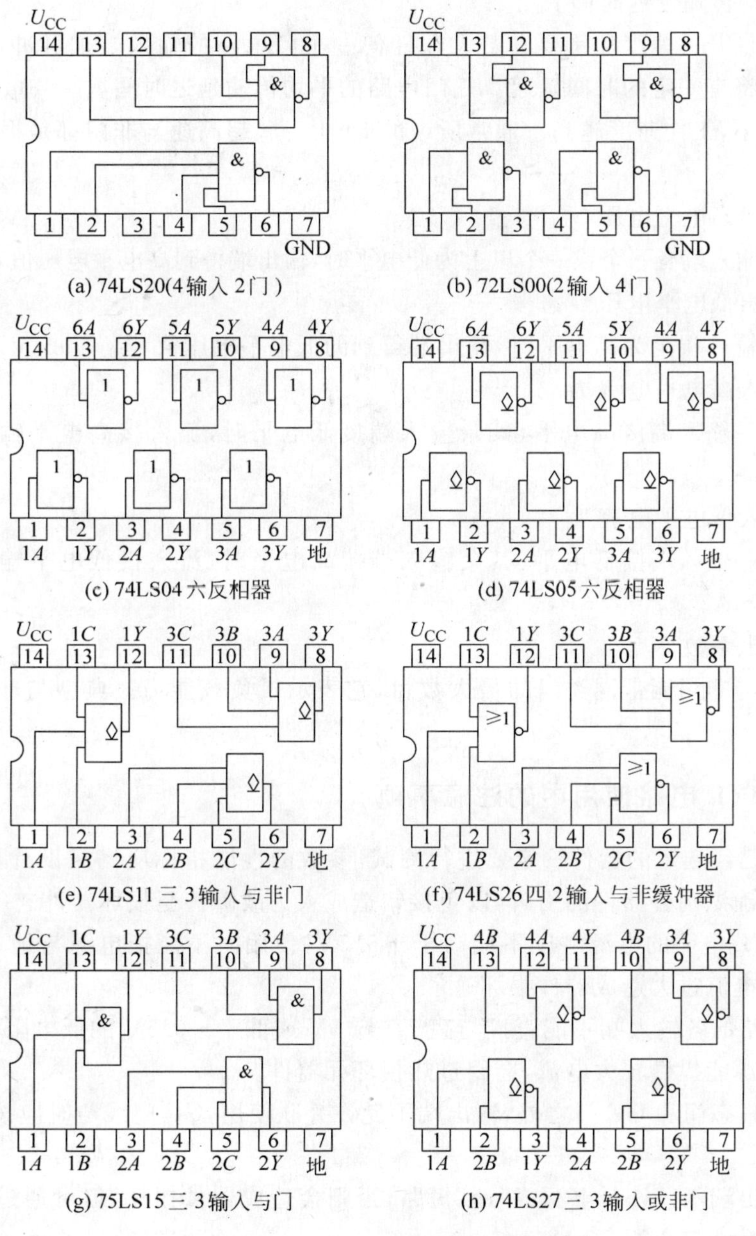

(a) 74LS20(4输入 2门)　(b) 72LS00(2输入 4门)

(c) 74LS04 六反相器　(d) 74LS05 六反相器

(e) 74LS11 三 3输入与非门　(f) 74LS26 四 2输入与非缓冲器

(g) 75LS15 三 3输入与门　(h) 74LS27 三 3输入或非门

图 A-18　常用 TTL 器件外引线排列图

A.10.3 TTL 的主要参数

TTL 集成门电路的优点是开关速度较高，抗干扰能力较强。它的主要性能参数如下：

(1) 平均传输延迟时间 t_{pd}

它是衡量开关速度的重要参数。在任何一个门电路的输入端加脉冲电压，其对应的输出脉冲将有一定的时间延迟。三门电路的平均传输延迟时间 $t_{pd}=40\mu s$。平均传输延迟时间越小，工作速度越高。通常所说的低、中、高、超高速与非门都是根据 t_{pd} 的大小来分的。

(2) 输出高电平电压 U_{OH}

它是指输入端有一个或一个以上为低电平时，输出端得到高电平电压值，$U_{OH}\geqslant 2.4V$。

(3) 输出低电平电压 U_{OL}

它是指输入端全为高电平时，输出端得到的低电平电压值 $U_{OL}\leqslant 0.4V$。

(4) 输入高电平电流 I_{IH}

指当某一输入端接高电平、其余输入端接低电平时，流入接高电平输入端的电流值，$I_{IH}\leqslant 50\mu A$。

(5) 输入低电平电流 I_{IL}

指当某一输入端接低电平、其余输入端接高电平时，流入接低电平输入端的电流值，$I_{IL}\leqslant 1.6mA$。

(6) 扇出系数 N_O

指一个与非门能带同类门的最大数目，它表示带负载能力。典型与非门扇出系数 $N_O\geqslant 8$。

A.10.4 TTL 电路使用中的注意事项

(1) 对已经选定的器件一定要进行测试，参数的性能指标应满足设计要求，并留有余量。要准确识别各器件的引脚，以免接错造成人为故障甚至损坏器件。

(2) TTL 电路的电源电压不能高于 +5.5V，使用时不能把电源与地端颠倒错接，否则将会因电流过大造成器件损坏。

(3) 电路的各输入端不能直接与高于 +5.5V 或低于 −0.5V 的低电阻电源连接，因为低内阻电源能提供较大电流，会因过热损坏元器件。

(4) 除三态门和 OC 门之外，输出端不允许并联使用，OC 门线与时应按要求配好上拉负载电阻。

(5) 输出端不允许与电源或“地”短路，否则会造成器件损坏，但可通过电阻与电源相连以提高输出高电平。

(6) 在电源接通情况下，不要移动或插入集成电路，因为电流的冲击会造成永久性损坏。

(7) 变拉电流负载为灌电流负载。

当与非门所能提供的拉电流满足不了负载的需要时,可用变换电路处理,让与非门只承担灌电流负载而让交换电路来承担所需要的拉电流负载。

A.11　CMOS集成电路

A.11.1　CMOS集成电路介绍

1. MOS集成电路分类

由金属-氧化物-半导体场效应管构成的集成电路为单极型集成电路,称MOS电路,可分为三类:

NMOS电路,是由N沟道增强型MOS管构成的;

PMOS电路,是由P沟道增强型MOS管构成的;

CMOS电路,是兼有N沟道和P沟道两种增强型MOS的电路,也称互补MOS电路。

上述三种MOS电路中,CMOS发展最迅速,应用最广泛,因为它的工作速度高,功耗低,性能比NMOS、PMOS优越。

2. CMOS集成电路的特点

与双极型(如TTL)集成电路比,CMOS电路具有如下特点:

(1) 静态功耗低。在电源电压$U_{DD}=5V$时,中规模电路的静态功耗小于100mW。有利于提高集成度和封装密度,比较适宜于大规模集成。

(2) 电源电压范围宽。CC4000系列CMOS电路的电源电压范围为3～18V,选择电源的余地大,电源设计要求低。

(3) 输入阻抗高。正常工作的CMOS集成电路,其输入端的保护二极管处于反偏状态,直流输入阻抗大于100MΩ。

(4) 扇出能力强。在低频工作时,一个输出端可驱动50个以上CMOS器件的输入端,这主要是CMOS器件输入阻抗高的缘故。

(5) 抗干扰能力强。CMOS集成电路的电压噪声容限可达电源电压的45%,而且高电平和低电平的噪声容限基本相等。

(6) 逻辑摆幅大。空载时输出高电平$U_{OH}=(U_{DD}-0.05V)\sim U_{DD}$,输出低电平$U_{OL}=(U_{SS}+0.05V)\sim U_{SS}$。

(7) 温度稳定性好,且有较强的抗辐射能力。

CMOS器件的不足之处是工作速度比TTL电路慢,且功耗随频率的升高而显著增大。

3. CMOS集成电路的命名

CMOS集成电路的国外产品主要有4000、74C、74HCT等系列，后两者是高速CMOS电路，其传输延迟时间已接近标准的TTL器件。其引脚排列和逻辑功能也和同型号的74系列TTL电路一致。74HCT系列更是在电平上和74系列TTL电路相容，从而使两者互换使用更为方便。在4000系列基础上发展起来的有4000B系列、4500系列和5000系列等。国产的CMOS器件以4000为主。

74系列器件的命名格式是：74FAMnn这里FAM表示器件所属的系列，而nn表示器件的功能。只要nn相同，就说明这些器件的功能相同。例如74HC30，74HCT30，74AC30，74ACT30，74AHC30等都是8输入端与非门。

前缀74就是一个简单的数，是由厂家给定的器件前缀，而前缀54表示这个器件具有更宽的使用温度范围和电源电压范围。实际上，它们的制造是一样的，只是54系列是筛选出来一些技术指标比较高的产品。

A.11.2 CMOS与非门电路

CMOS与非门电路电路组成如图A-19所示，两个PMOS管并联作负载管，两个NMOS管串联作驱动管，负载管整体与驱动管串联。

当A、B输入为“1”时，T_1与T_2导通，电阻很低，T_3与T_4截止，电阻很高，输出$Y=0$。

当输入端至少一个为“0”时，T_1、T_2截止，电阻很高，T_3、T_4导通，电阻很低，输出$Y=1$。因此该电路具有与非门逻辑功能。

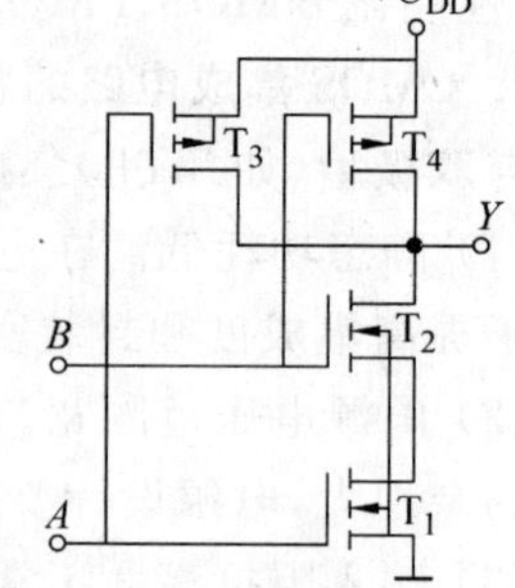

图A-19 CMOS与非门电路

A.11.3 CMOS的主要参数

1. 逻辑电平

U_{OHmin}：在高电平时的最小输出电平。

U_{IHmin}：输入端能够辨认的最小输入高电平电压。若输入电压比这个电压低，则不认为是高电平。

U_{ILmax}：输入端能够辨认的最小输入低电平电压，若输入电压比这个电压高，则不认为是低电平。

U_{OLmax}：在低电平时的最大输出电压。

2. 噪声容限

$$\text{高电平噪声容限}=U_{OHmin}-U_{IHmin}$$

$$\text{低电平噪声容限}=U_{ILmax}-U_{OLmax}$$

A.11.4 使用 CMOS 电路的注意事项

(1) 国产 CC4000 系列一般为双列直插式，其引脚排列图同双极型 CT 系列一样，引脚图中的 U_{DD}、U_{SS} 指电源电压。如果既有 U_{DD} 又有 U_{SS}，一般把 U_{SS} 端与“地”连接。

(2) 很多 CMOS 器件都能与 TTL 器件相容（工程实际中经常选用 CMOS 器件），选择时根据带负载能力、工作速度、工作频率等参数是否满足要求为准。

(3) CMOS 电路由于输入电阻高，因此极易接受静电荷，存放 CMOS 集成电路时要屏蔽，一般放在金属容器内，也可以用金属箔将引脚短路。

(4) CMOS 电路虽然可以在很宽的电源电压范围内工作，但电源的上限电压不得超过电路允许极限值 U_{max}，电源下限电压不得低于系统速度所必需的电源电压最低值 U_{min}，更不能低于 U_{SS}。

(5) 焊接 CMOS 电路时，一般电烙铁功率不大于 20W，且要有良好的接地线，最好是利用电烙铁断电后的余热进行快速焊接。禁止在电路通电的情况下焊接。

(6) 为了防止输入端保护二极管因正向偏置而损坏，输入电压必须处于 U_{DD} 和 U_{SS} 之间。

(7) 测试 CMOS 电路时，如果信号源和线路板用两组电源，则应先接通线路板电源，断电时应先断开信号源的电源，即禁止在 CMOS 本身没有接通电源的情况下给输入信号。

(8) 多余的输入端绝对不能悬空，否则会因受干扰而破坏逻辑关系。可以根据逻辑功能需要，分情况对多余输入端加以处理。例如，与门和与非门的多余输入端应接到 U_{DD} 或高电平上；或门和或非门的多余输入端应接到 U_{SS} 或低电平上；如果电路的工作速度不高，不需要特别考虑功耗，也可以将多余输入端同使用端并联。

(9) 输入端连接长线时，由于分布电容和分布电感的影响，容易构成 LC 振荡，使输入保护二极管损坏，因此，必须在输入端串接一个 10～20kΩ 的电阻。

(10) 拔插电路板电源插头时，应先切断电源，防止拔插过程中烧坏 CMOS 输入端保护二极管。

(11) 为了防止脉冲信号串入电源引起的低频和高额干扰，可在印刷线路板的电源和地之间并接 10μF 和 0.1μF 的电容。

附录 B　常用实验教学软件

B.1　Multisim 2001 使用指南

Multisim 2001 是加拿大 Interactive Image Technologies 公司推出的用于电子电路仿真和设计的 EDA 工具软件，它继承了该公司早期版本 Electronics Workbench 5.1 的诸多优点，并且在功能和操作方法上有较大的改进。Multisim 2001 具有界面直观、操作方便、元件库丰富、分析手段完备等优点，可以进行数字、模拟及数字/模拟混合电路的仿真，因此不仅适用于高等学校电子类课程的 EDA 实验，而且可作为实际电路的设计工具。

下面将结合电工电子技术课程的实验内容，介绍 Multisim 2001 专业版的一些常用仿真设计功能和操作方法。

B.1.1　Multisim 2001 Professional 的安装

(1) 运行 Setup.exe 文件安装，需要重新启动计算机一次。

(2) 执行 Windows"开始"—"程序"—Startup—Continue Setup 命令，继续进行安装。在安装过程中，要求输入用户姓名、单位名称和 20 位软件序列号，单击 Next 后，会提示"Valid serial number for Multisim 2001 Professional."，按确定，又出现一个"feature code"输入框，直接单击"Next"跳过。

(3) 选择 Multisim 的安装位置，单击"Next"继续。

(4) 选择安装方式，一般用户选择 Typical，单击"Next"继续，直至安装结束。

(5) 安装交付码(Release Code)，激活 Multisim 2001。

如果没有激活，软件只能使用 15 天。购买正版软件后，用户可以上网注册激活，注册时用户需要提供软件序列号(Serial Number)和用户机器特征码(Signature)等资料，用户收到交付码后，启动 Multisim 时，单击"Enter release code"按钮，输入交付码，然后单击"Accept"，即可进入 Multisim 仿真环境，如图 B-1 所示。

B.1.2　Multisim 2001 的基本界面

如图 B-1，Multisim 2001 的基本界面包括以下内容。

1. 菜单栏

File　Edit　View　Place　Simulate　Transfer　Tools　Options　Window　Help

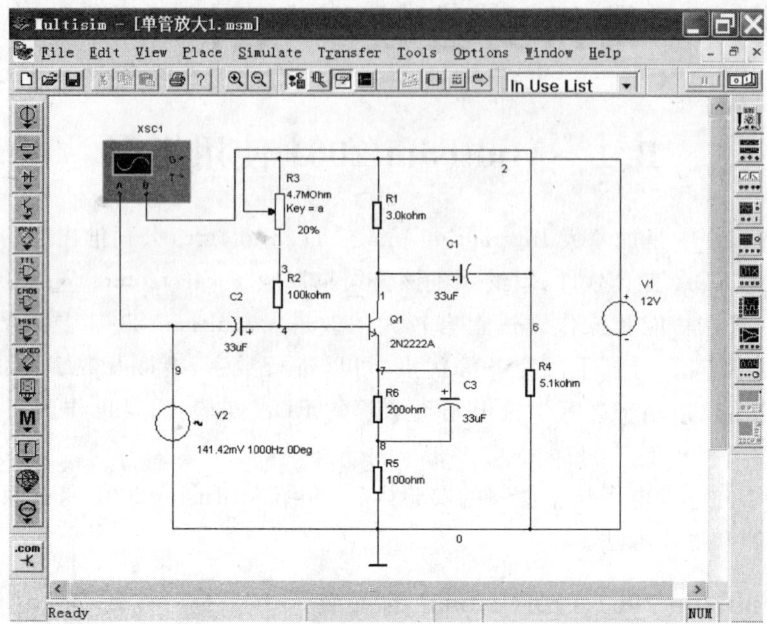

图 B-1　Multisim 2001 Professional 的基本界面

与所有的 Windows 应用程序类似，菜单中提供了 Multisim 所有的功能命令。

2. 系统工具栏

与 Windows 基本功能相同的按钮。

3. 设计工具栏

设计工具栏是 Multisim 的核心部分，使用它可以进行电路的建立、仿真和分析并最终输出设计数据等。各按钮的功能如下：

元件设计按钮，确定是否在电路界面上显示元件工具栏。

元件编辑器按钮，调整或增加元件。

仪表按钮，给电路添加仪表或观察仿真结果。

仿真按钮，开始、暂停或结束电路仿真。

分析按钮，选择要进行的分析。

后分析器按钮，对仿真结果的进一步操作。

VHDL/Verilog 按钮，使用 VHDL 模型进行设计。

报告按钮，打印有关电路的报告(材料清单，元件列表和元件细节)。

传输按钮，与其他程序(如 Untiboard)进行通信。

4. 元件工具栏

14 个元件库从左至右分别为：电源库、基本元件库、二极管库、晶体管库、模拟元件库、TTL 器件库、CMOS 器件库、各种数字元件库、混合器件库、指示器件库、其他器件库、控制器件库、射频器件库、机电类器件库。

5. 仪器工具栏

11 个测量仪表从左至右分别是：数字万用表、函数信号发生器、瓦特表、示波器、波特指示器、字信号发生器、逻辑分析仪、逻辑转换器、失真分析仪、频谱分析仪、网络分析仪。

6. 其他按钮

单击上网进入 EDAparts. com 网站。

In Use List 电路中使用的全部元件列表。

仿真开关。

B.1.3 定制 Multisim 界面

选取 Options 中的 Preferences...，打开 Preferences 对话框，如图 B-2，可以定制 Multisim 界面包括电路颜色、页尺寸、聚焦倍数、自动存储时间、符号系统等。如图 B-2

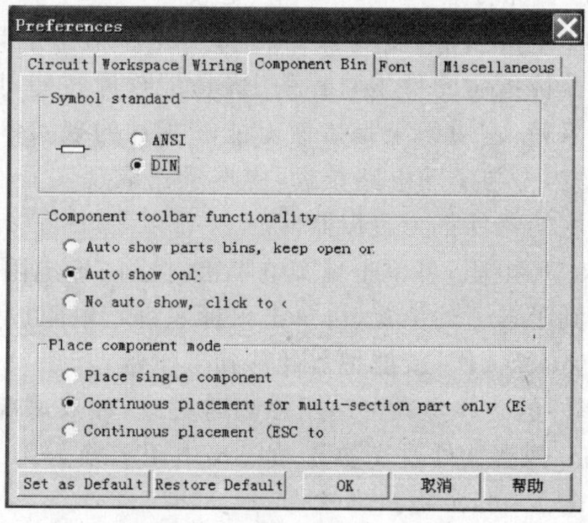

图 B-2 定制 Multisim 界面

所示，打开 Component Bin 页，Symbol standard 区的默认设置是 ANSI(美国标准)，如果选 DIN 项(欧洲标准)，则符号与我国现行的标准非常相近。在 Component toolbar functionality 中，选 Auto show only 是指当光标指向要选的元件分类库时，其元件库将自动打开，取完一个元件后，将自动关闭。

B.1.4 建立电路

下面以单管放大电路(图 B-3)为例，介绍如何进行放置元件及电路的连接。

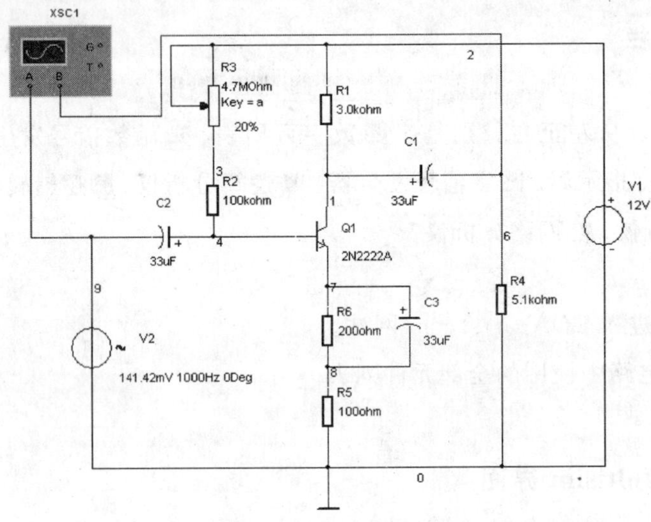

图 B-3 单管放大电路

1. 向电路窗口中放置元件

元器件被放置于 14 个元件箱(元件库)中，每一元件箱用工具栏中的一个按钮表示。如调用电阻，可把鼠标指向元件工具栏的 Basic 元件库按钮，则下一级元件库将自动打开，里面有两个电阻箱，左边一个是市面上能够买到的现实电阻，右边一个是带有绿色衬底的虚拟电阻。为了与实际电路接近，应尽量选取现实器件。在 Multisim 的元件库中，凡带有绿色衬底的器件都为虚拟器件。

放置器件：如选取 3K 电阻，可单击现实电阻箱，找到 3K 电阻，单击 OK 键，这个电阻将紧随鼠标移动，移到了合适的位置，再单击鼠标左键把电阻放置于当前位置。选取虚拟器件只需单击它的图标一次，就能把器件移到工作台。

参数设置：虚拟元件的某些参数可由用户随时更改，如双击虚拟电阻，在对话框的 Value 项可设置电阻值；现实器件改变参数，如 3K 电阻要换为 10K 的阻值，可双击 3K 电阻，在其对话框中单击 Replace 键重新选择。

器件旋转：可选取器件并单击鼠标右键弹出的菜单，如选取 Flip Horizontal 即可左右翻转、Flip Vertical 可上下翻转、90 Clockwise 可顺时针旋转 90 度、90 CounterCW 可逆时针旋转 90 度。

2. 常用元器件的使用

(1) 直流电源

单击电源元件库(Sources)的图标，取出 12V 理想电压源，双击它可改变电压值。

(2) 接地端

对一个电路来说，必须有一个公共参考点(接地端)。如果电路中没有接地端，Multisim 通常不能有效地进行仿真。电源元件库里的接地端，它的电位是 0V。

(3) 交流电压源

单击 Sources 库中的图标，取出一个 1V1000Hz0Deg 的交流电压源，双击它出现图 B-4 对话框，其中 Voltage 是最大电压值，Voltage RMS 是电压有效值，只需设置一个电压值，另一个将自动显示。

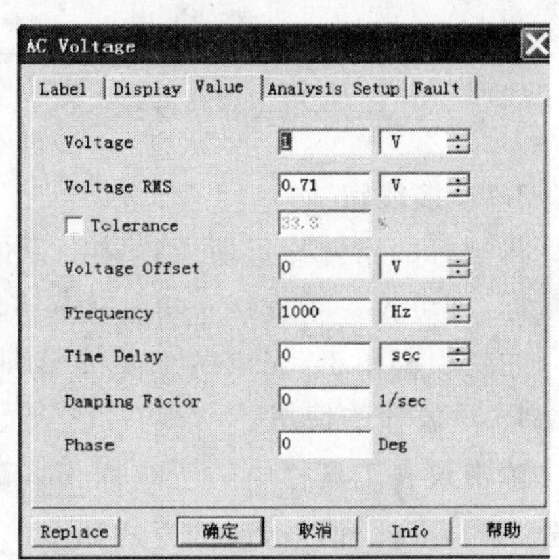

图 B-4　交流电压源

(4) 电位器

基本元件库中有现实和虚拟两个电位器，其图标分别为和，其中百分比表示滑动点下方电阻与总电阻的比值。Key 表示每按一次 a(或 A)，滑动点下方电阻将减少(或增加)，其变化量(Increment)可设置。双击电位器出现如图 B-5 所示的对话框，Key 可以用 A～Z 的任何字母表示，Increment 百分数可设置由 1 至 100 的整数。

(5) 电容

若选取电解电容时，标有"+"极性的端子必须接直流高电位端。

(6) 电压表

单击指示部件库里的，有四种放置位置不同的电压表，选择后，在工作台上出现一个电压表，双击后出现如图 B-6 所示对话框，其中内阻 Resistance 对测量误差有影响，建议一般用户采用默认内阻值(1MOhm)。模式有直流(DC)、交流(AC)之分，可用于测量直流、交流信号。

(7) 电流表

在指示部件库里的，一般用户不需要修改内阻，只需切换直流(DC)交流(AC)模式。

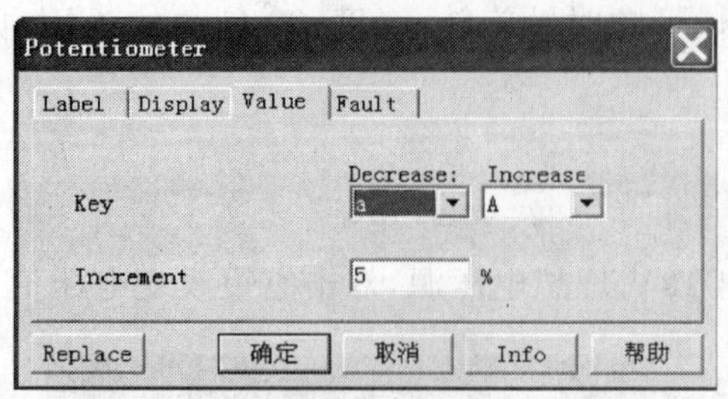

图 B-5　电位器的设置

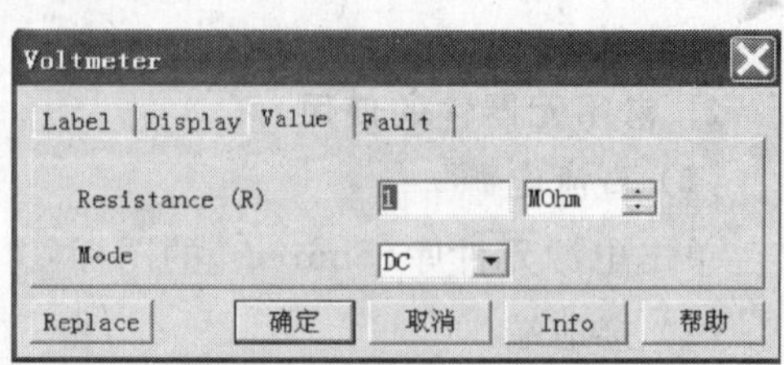

图 B-6　电压表的位置

3. 连接线路

将鼠标的指针靠近所要连接的元件引脚上，鼠标指针会变成一个小圆圈，单击并移动鼠标，即可拉一条虚线；如要从某点转弯，则先单击，固定该点，然后再移动鼠标，直到另一元件引脚单击，完成两个元件引脚的连接。

4. 示波器的使用

单击仪表工具栏中的示波器，调出双踪示波器。它有四个接线端子，A、B 通道可分别测量两个信号，连接方式如图 B-3。把 A 通道接放大电路输入端，B 通道接放大电路输出端，G 为接地端，一般要接地（若电路中已有接地，则可不接），T 为外触发端子。双击示波器，出现如图 B-7 的面板，其操作如下：

(1) Timebase 区：设置 X 轴方向时间基线扫描时间。

Scale：选择 X 轴方向每一大格所代表的时间。如测量 1kHz 信号，其周期为 1ms，可设置 0.5ms/Div，则信号的波形一个周期在 X 轴方向上占两大格。

X position：表示 X 轴方向时间基线的起始位置，修改它可使时间基线左右移动。

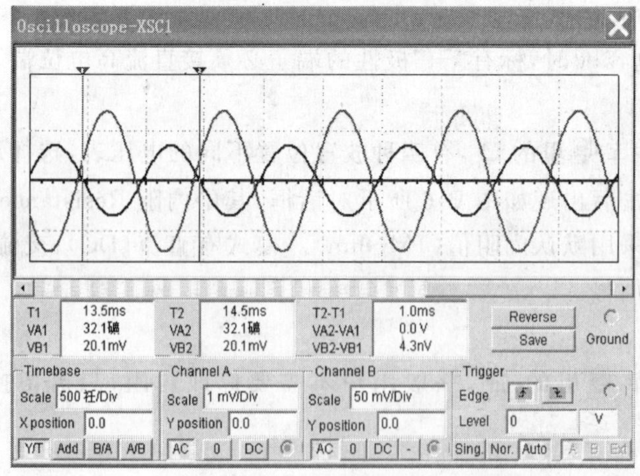

图 B-7　双踪示波器的面板

Y/T：表示Y轴显示输入信号，X轴显示时间基线。当显示随时间变化的信号时，常采用这种方式。

ADD：Y轴显示A、B两通道输入信号之和，X轴按设定时间扫描。

B/A：将B通道信号加在Y轴上，A通道信号作为X轴扫描信号。

A/B：与B/A相反，这两种方式可用于李莎育图形。

(2) Channel A区：用来设置A通道信号在Y轴方向上显示的标度。

Scale：表示A通道信号在Y轴方向上每格表示的电压值。

Y position：表示时间基线在显示屏中的上下位置。当此值大于零时，时间基线在屏幕中线的上方，反之在下方。

AC：仅显示输入信号的交变分量。

0：表示输入信号线对地短路。

DC：显示输入信号的交直流分量之和。

(3) Channel B区：用来设置B通道输入信号在Y轴方向的标度，设置方法与A通道相同。

(4) Trigger区：设置示波器的触发方式。

Edge：选择输入信号的上升沿或下降沿作为触发信号。

Level：选择触发电平的大小。

Sing.：单脉冲触发。

Nor.：一般脉冲触发。

Auto：触发信号不依赖外部信号，一般情况下采用此方式。

A(或B)：用A通道(或B通道)的输入信号作为同步X轴的触发信号。

Ext：用示波器的触发端子T连接的信号作为触发信号来同步X轴时基扫描。

(5) 测量波形的参数

在示波器屏幕上，有两条可移动的指针，面板上有数据区分别显示每条指针当前位置的时间、电压值及两条指针对应参数的差，应用指针可以准确地测量信号的幅度、周期、脉冲宽度、上升及下降时间等参数。测量波形参数时，须单击Pause(暂停)键，使波形"冻结"，然后再测量。

5. 波特图仪的使用

波特图仪用来测量电路的幅频和相频特性。in是输入端，其"+"、"−"端与电路输入端的正、负端子连接；out是输出端，其"+"、"−"端与电路输出端的正、负端子连接。因波特图仪本身没有信号源，所以电路的输入端要示意性地接入一个交流信号源，连接如图B-8所示。

波特图仪的面板如图B-9所示。

Magnitude：显示幅频特性曲线。

Phase：显示相频特性曲线。

Save：以BOD格式保存测量结果。

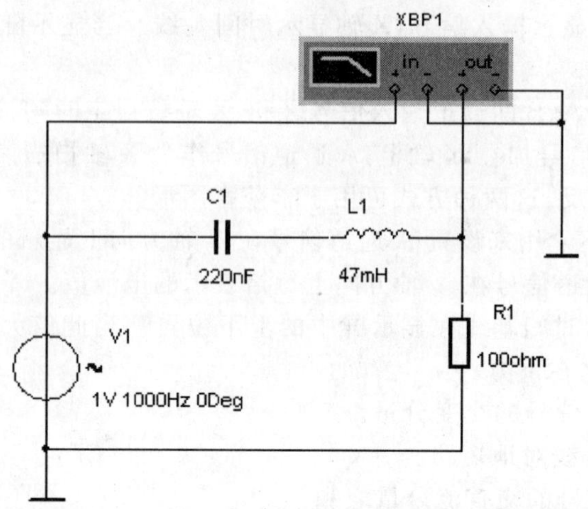

图 B-8 波特图仪的连接

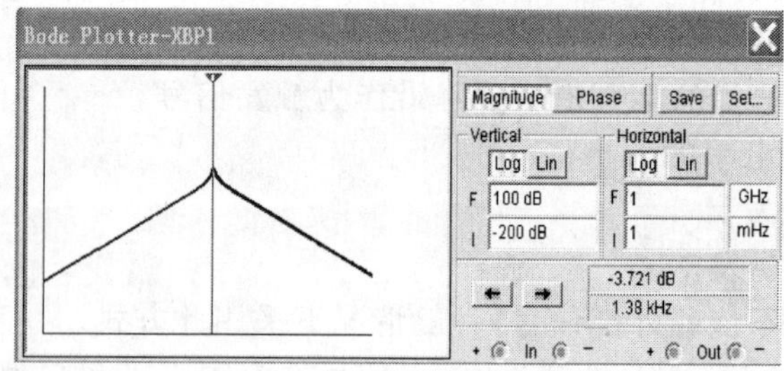

图 B-9 波特图仪的面板

Set：设置扫描分辨率，其值越大，读数精度越高，运行时间越长，默认值是 100。

Vertical 区：设定 Y 轴的刻度类型。选 Log（对数）键，Y 轴的单位是 dB（分贝）。选 Lin（线性）键，Y 轴是线性刻度。下面的 F 栏设置最终值，I 栏设置初始值，最终值须大于初始值。

Horizontal 区：设定 X 轴频率范围，为了清楚显示某一频率范围的频率特性，可将 X 轴频率范围设定小一些。

测量读数：拖动读数指针，可测量某个频率点的幅值或相位。

B.1.5 仿真应用

1. 直流工作点分析

启动 Simulate 菜单中 Analyses 子菜单下的 DC Operating Point... 命令，打开 DC Operating Point Analyses 对话框。在 Variables in circuit 选取电路中需要分析的节点以及流过电压源的电流等变量，然后按 Plot during simulation，则这些变量将移到右边

Selected variables for 栏中。如果要删除右边栏内的变量，只需选中并按 Remove，即可把不需要仿真的变量返回到左边栏中，然后单击 Simulate 键，则系统会显示出仿真结果。根据仿真数据，可计算出静态工作点，如图 B-10 及图 B-11 所示。

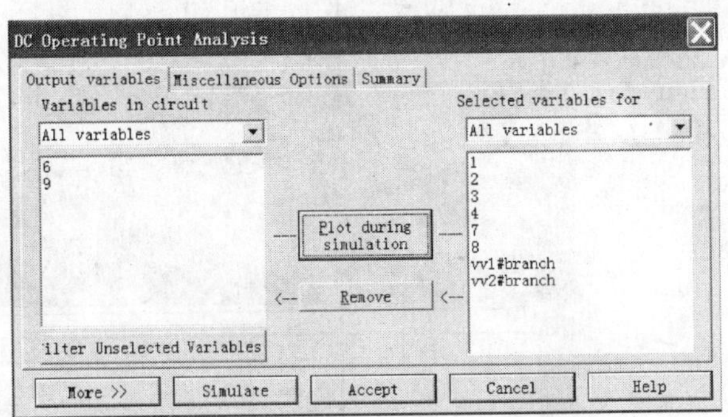

图 B-10 直流工作点分析对话框

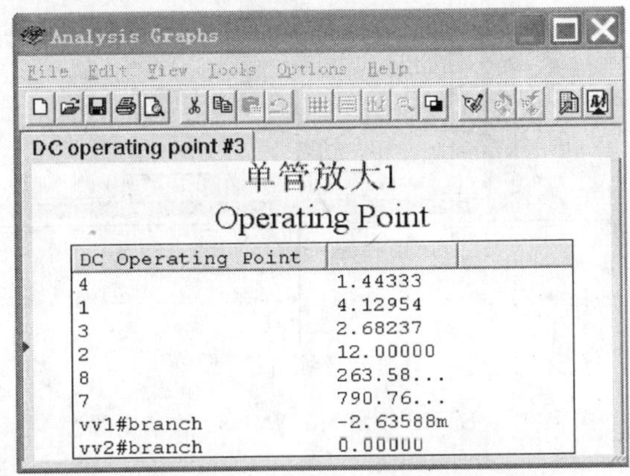

图 B-11 直流工作点分析结果

2. 交流分析

单击分析按钮 下的 AC Analysis... 命令，选定需要分析的节点，最后单击“Simulate”，即可获得测试点的交流频率特性。

B.2 西门子 S7-200 PLC 编程软件使用说明

B.2.1 STEP 7-Micro/WIN32 编程软件的基本界面及功能

基本界面如图 B-12 所示。

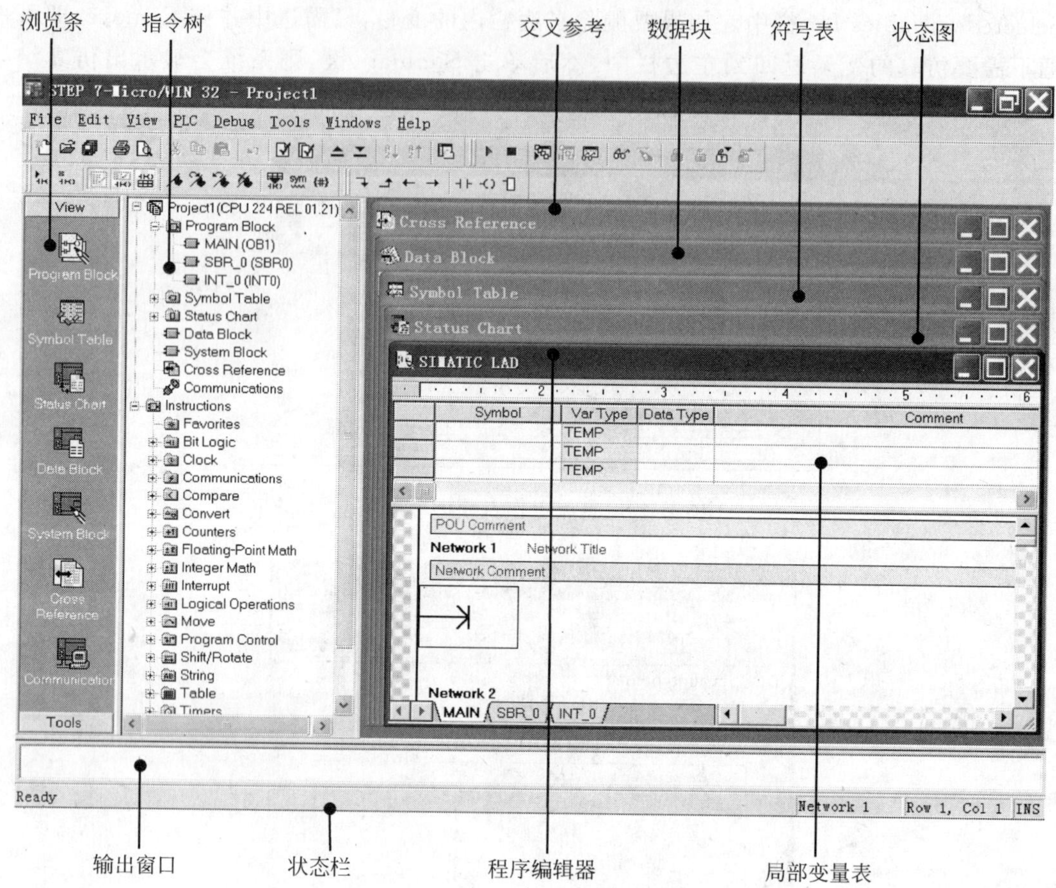

图 B-12　STEP 7-Micro/WIN32 的基本界面

1. 菜单栏

利用鼠标单击或对应热键的操作，用于执行各种命令，如图 B-13 所示。

File　Edit　View　PLC　Debug　Tools　Windows　Help

图 B-13　菜单栏

2. 工具栏

提供常用命令或工具的快捷按键，可分为标准工具栏、调试工具栏、常用工具栏、LAD 指令工具栏，如图 B-14～图 B-17 所示。

3. 浏览条

显示常用编程按钮，可用菜单 View | Frame | Navigation bar 选择是否打开。

View(视图)：显示程序块、符号表、状态表、数据块、系统块、交叉参考及通信按钮。

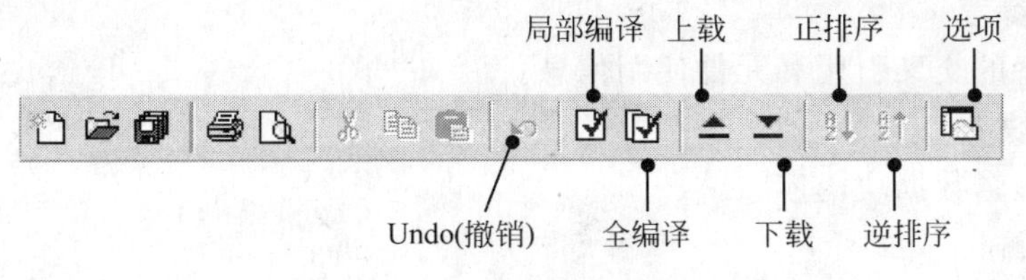

图 B-14 标准工具栏

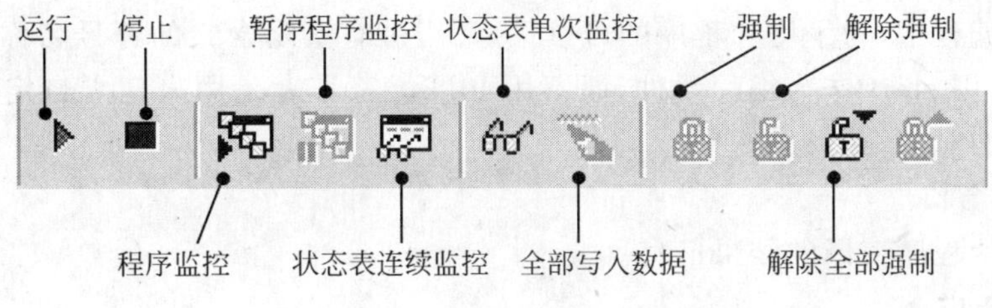

图 B-15 调试工具栏

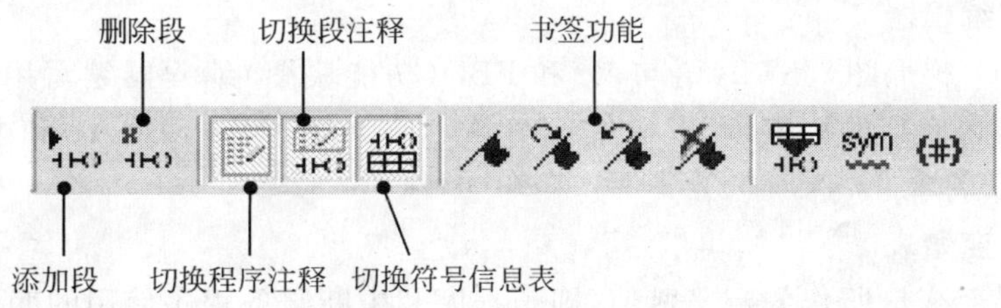

图 B-16 常用工具栏

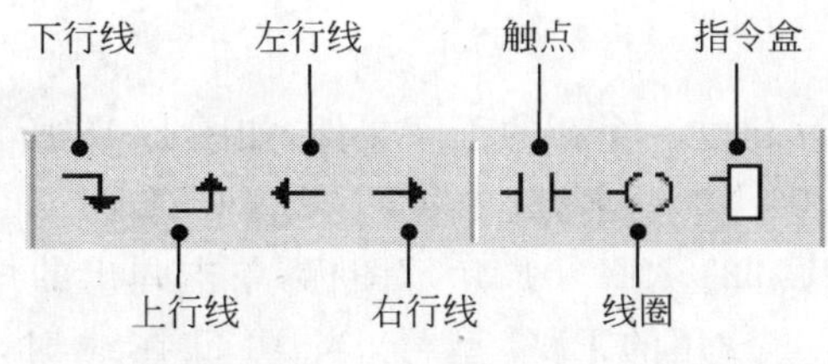

图 B-17 LAD 指令工具栏

Tools(工具)：显示指令向导、TD200 向导、位置控制向导、EM 253 控制面板和扩展调制解调器向导按钮。

4. 指令树

提供编程时用到的所有快捷操作命令和 PLC 指令。可用 View | Frame | Instruction Tree 选择是否打开。

5. 交叉参考

查看程序的交叉引用和元件使用信息。

6. 数据块

显示和编辑数据块内容。

7. 状态图

可在联机调试时监视各变量的值和状态。

8. 符号表

在实际编程中，为了增加程序的可读性，常用带有实际含义的符号名称作为编程元件，如编程时用 start 作为编程元件，而不用 I0.2。符号表是用来建立自定义符号与直接地址之间的对应，并可加注释。

9. 输出窗口

用来显示程序编译的结果信息。

10. 状态栏

用来提供软件的操作状态信息。

11. 程序编辑器

可用 LAD(梯形图)、STL(语句表)和 FBD(功能块图)编程器编写用户程序，单击程序编辑器窗口底部的标签，可以在主程序(MAIN)、子程序(SBR_0)和中断服务程序(INT_0)之间切换。

12. 局部变量表

包含对局部变量所作的定义赋值(即子程序和中断服务程序使用的变量)。

B.2.2 编程

1. 建立程序文件

可用菜单 File | New 建立一个新的程序文件，如图 B-18 所示。新建的程序文件以 Project1(CPU 221 REL 01.10)命名，其中"CPU 221 REL 01.10"为系统默认的 PLC 型号，可右击"Project1(CPU 221 REL 01.10)"图标，单击弹出的按钮"Type..."，选择所用的 PLC 型号，当 PLC 在线时，也可用对话框"Read PLC"来读取 PLC 的型号和版本。项目文件名为 Project1，可单击菜单"File | Save"或"File | Save As..."对它重命名。

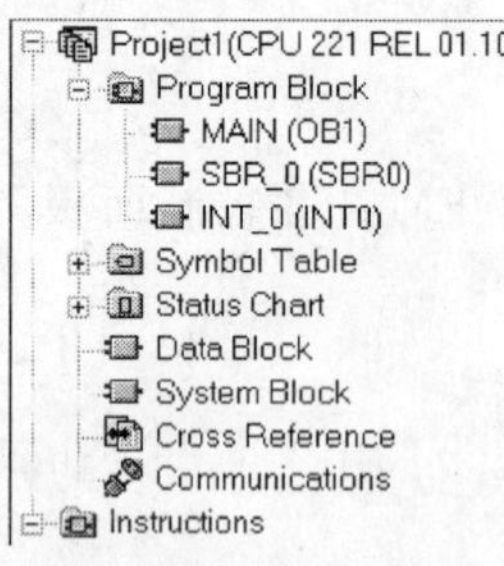

图 B-18 指令树窗口

2. 编辑程序

STEP 7-Micro/WIN 支持 LAD、STL 和 FBD 三种编程方式，其中 LAD(梯形图)是默认的编程模式。下面以图 B-19 所示的梯形图为例介绍一些基本编辑操作。

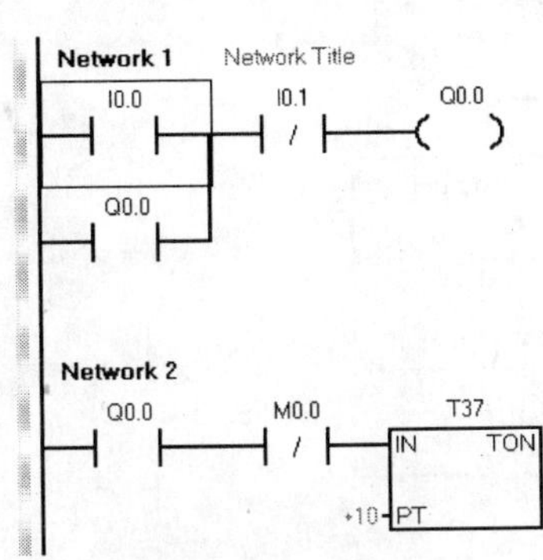

图 B-19 编程举例

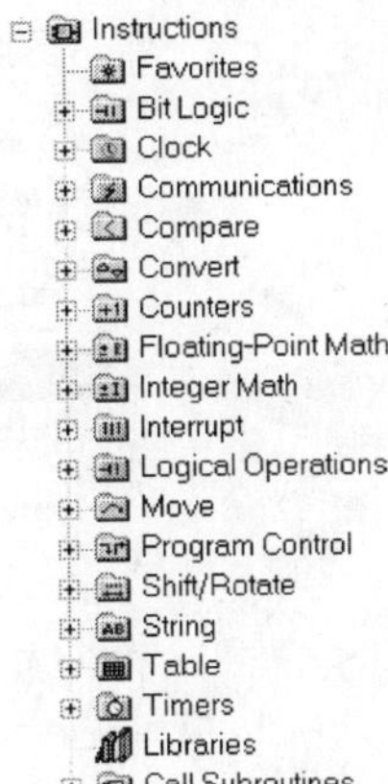

图 B-20 指令类别

(1) 输入程序指令

有以下三种方法：

① 利用 LAD 指令工具栏(如图 B-17 所示)，单击触点、线圈或指令盒按钮，在弹出的下拉菜单中选择所要的指令，单击即可输入指令。

② 在指令树窗口中，有按指令类别编排的若干子目录，如图 B-20 所示，进入子目录找到要输入的指令后，用鼠标拖放(或双击)到编程器中。

③ 使用特殊功能键(F4、F6、F9)，与使用 LAD 指令工具栏的按钮相同。

输入操作数：如图 B-21 中的"??.?"表示此处必须有操作数，可单击"??.?"输入操作数，如"I0.0"、"Q0.0"等。

使用线段操作：对复杂的结构，必须使用线段操作，如下行线 ↴ 和上行线 ↥，如图 B-21 所示，当光标在"I0.0"时，单击下行线 ↴，即可与另一元件并联。

图 B-21 中的→≫表示可在此继续输入元件，→| 表示一个网络的开始。

注意：每个 Network(程序段)相当于继电器控制图中的一个电流通路，一个 Network 内只能有一个能流通路，不能有两条互不联系的通路。

(2) 插入和删除

在编辑区单击鼠标右键，弹出如图 B-22 所示的菜单，可以对行、列、竖直、网络、中断和子程序进行插入(或删除)的操作。

(3) 块操作

在编辑器电源母线左侧用鼠标单击，可以选取

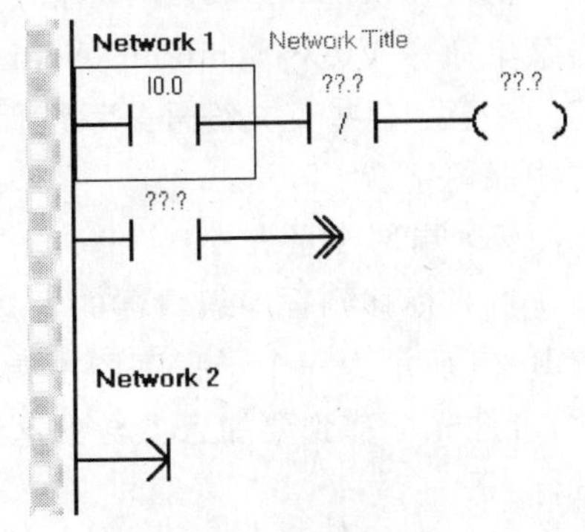

图 B-21 输入编程元

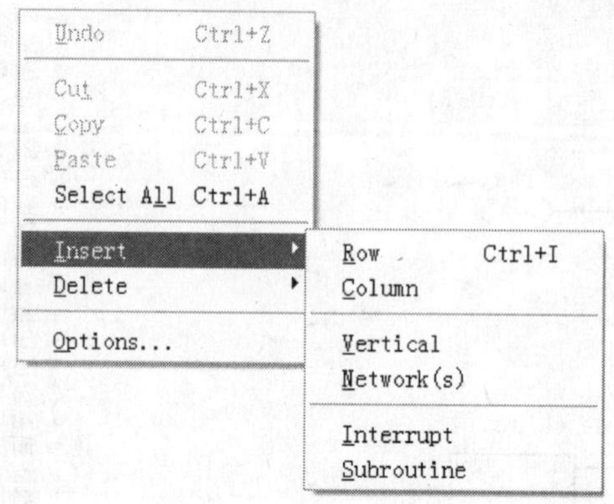

图 B-22 插入和删除

整个程序段，按住鼠标左键拖动，可以选取多个程序段。块选择后，可以对块进行剪切、复制、删除和粘贴，操作十分方便。

(4) 符号表

单击浏览条 View 中的，或单击菜单栏 View|Component|Symbol Table 打开符号表。在 Symbol 列中输入符号名，在 Address 列中输入地址，在 Comment 列中输入注释，如图 B-23 所示。

Symbol Table

			Symbol	Address	Comment
1			Start	I0.0	启动
2			Off	I0.1	停止
3			Motor	Q0.0	继电器线圈
4					

图 B-23 符号表

执行一次 Compile(编译)指令，就可以使符号表应用于程序中，如图 B-24 所示。单击菜单命令 View|Symbolic Addressing，可在符号寻址方式与绝对寻址方式之间切换。

注意：有些英文符号是系统保留的，不能作为符号名使用，Micro/WIN 不允许输入这些保留字。

(5) 局部变量表

将光标移到程序编辑器的上边缘，拖动上边缘向下，则自动显示出局部变量表，如图 B-25 所示为一个子程序调用指令及局部变量表。若要在局部变量表中加入一个参数，可把光标移到要加入参数的区域，单击鼠标右键，使用弹出的快捷菜单来插入新变量行。

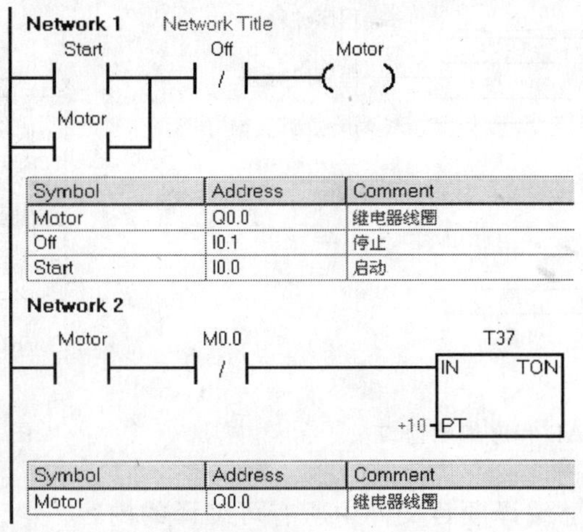

图 B-24 使用符号寻址的程序

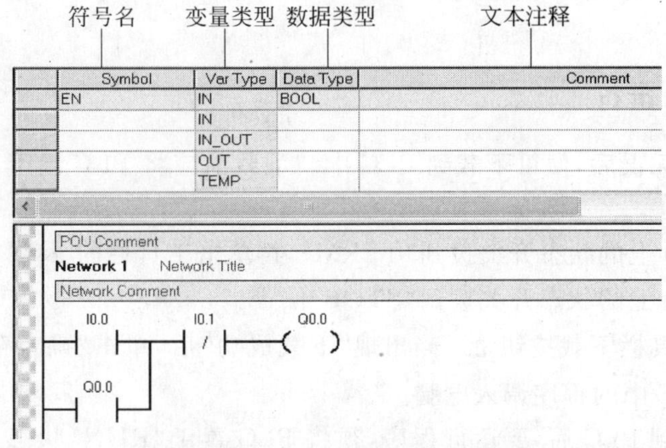

图 B-25 子程序及局部变量表

(6) 注释

如图 B-26 的 LAD 程序编辑窗口,为了使程序清晰易读,常需要加必要的注释。如单击工具栏上的 和 按钮,可切换程序注释和程序段注释的显示。用鼠标在注释处单击即可直接编辑注释,可以输入多行的文本,也可以用中文注释。程序段标题也是直接输入即可。

(7) 编译

程序编辑完成后,可用菜单 PLC | Compile 或 PLC | Compile ALL 选项,也可单击工具栏 或 按钮来执行编译功能。

Compile:编译当前所在的程序窗口或数据块窗口。

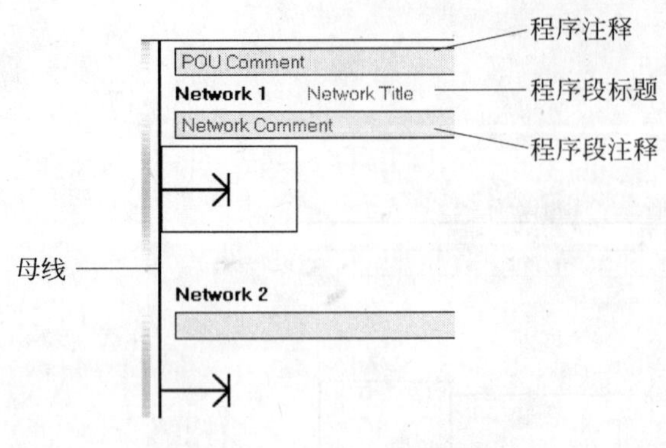

图 B-26　LAD 程序编辑窗口

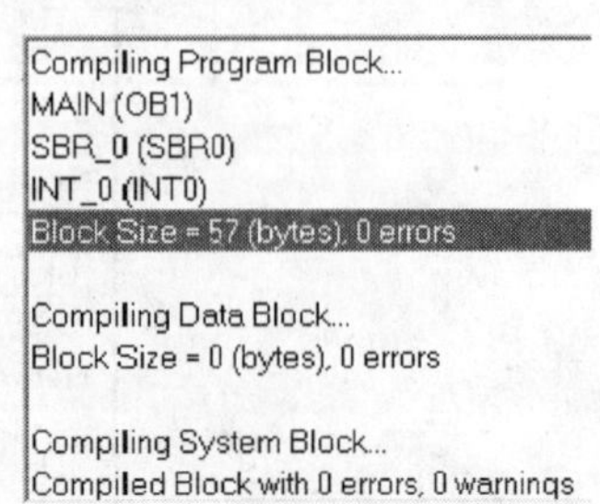

图 B-27　信息输出窗口

Compile ALL：编译项目文件中所有可编译的内容。

执行编译后，在输出窗口会显示相关的结果，如图 B-27 所示。如果显示编译中发现了程序错误，可双击错误信息，会自动在程序编辑器窗口中显示相应出错的程序段，以便修改。

B.2.3　下载和运行

当程序编译无误后，便可下载到 PLC 中。下载前应将 PLC 置于 STOP 模式，有以下两种方法：

① 把 S7-200 上的状态开关拨到“TERM”，再单击工具栏的 ■ 图标。

② 把 S7-200 上的状态开关拨到“STOP”位置。

然后单击工具栏下载按钮 ▼，当出现“下载成功”后，单击“确定”即可。另外 ▲ 键为上载，即把 PLC 中的程序调入电脑。

当程序下载到 PLC 后，要运行程序，须将 PLC 置于“RUN”状态，可单击工具栏的 ▶ 图标（当 S7-200 状态开关拨到“TERM”时）或把 S7-200 上的状态开关拨到“RUN”位置。

B.2.4　程序监视

利用程序编辑器在 PLC 运行时监视程序对各元件的执行结果，并可监视操作数的数值。

单击菜单命令 Debug | Program Status 或者工具栏上的按钮，并且将 PLC 置于 RUN 模式，即可进入监控程序状态，如图 B-28 所示。

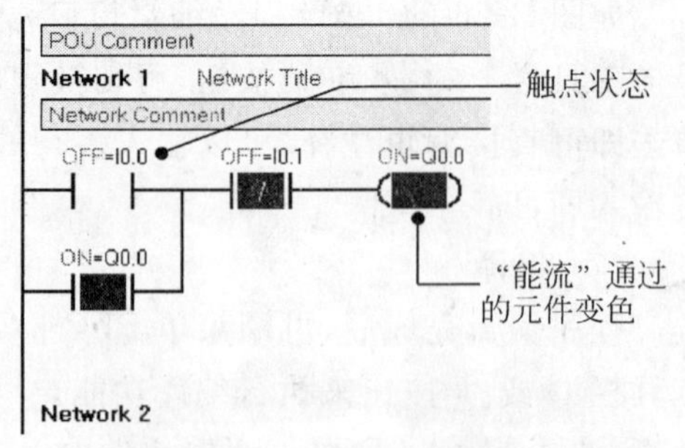

图 B-28　在线程序监视

附录C　实验室常用电工仪表与电子仪器

C.1　电流表、电压表及功率表

1. 电流表

电流表是测量电流的仪表，分为直流电流表和交流电流表两种。电流表使用注意事项：

(1) 电流表使用时应串联在被测电路中。为使电路的工作不因接入电流表而受影响，电流表的内阻应尽可能小。因此，切记不可将电流表并联在被测电路的两端(否则被测电路将通过电流表分流，电流表会被烧毁)。

(2) 对于直流电流表，使用时还应注意"＋"、"－"极性，即应保证电流从标有"＋"的接线端输入仪表，否则会使表针反方向偏转而受损。

(3) 电流表量程应大于被测电流。

2. 电压表

电压表是测量电压值的仪表，分为直流电压表和交流电压表两种。电流表使用注意事项：

(1) 测量电压时，必须把电压表与被测电路并联。

(2) 直流电压的测量应注意"＋"、"－"极性接线端的正确连接。

(3) 电压表量程应大于被测电压。

3. 功率表

功率的测量是电工测量中最基本的测量之一。测量功率，在直流电路中，应能反映被测电路的电压和电流的乘积；在交流电路中，功率除了与电压电流有效值的乘积有关之外，还与电压电流的相位差的余弦有关(即 $P=UI\cos\varphi$)。在交、直流电路中测量功率最基本的工具是功率表，一般由电动式测量机构构成，分为高功率因数功率表和低功率因数功率表。

(1) 功率表的量程读数

图 C-1(a)是 D—26 型功率表的面板图，它有三个电压量程，两个电流量程。电流量程是指与负载串联的电流线圈所容许通过的最大工作电流，电流线圈一般做成两个完全相同的绕组，通过改变其连接方法获得不同的量程。当两线圈串联时，可以通过的电流为 I，如图 C-1(b)所示；当两线圈并联时，其量程为 $2I$，扩大了一倍，如图 C-1(c)所示。电压量程是指与负载并联的电压线圈所能承受的最大工作电压。不同的量程由电压线圈串联不同的附加电阻来实现。功率量程实际上是由电流量程和电压量程所决定的，它等于二者的乘积，相当于负载功率因数 $\cos\varphi=1$ 时的功率值。功率量程也就是仪表满刻度偏转时的功率值。以 D26—W 型功率表为例，若其电流量程为 0.5/1A，电压量程为 150/300/600V，则 0.5A、300V 的功率量程为 $0.5\times300=150$W。当仪表的满刻度数为 150 格时，则每格功率为

$$C=\frac{0.5\times300}{150}=1\text{W}$$

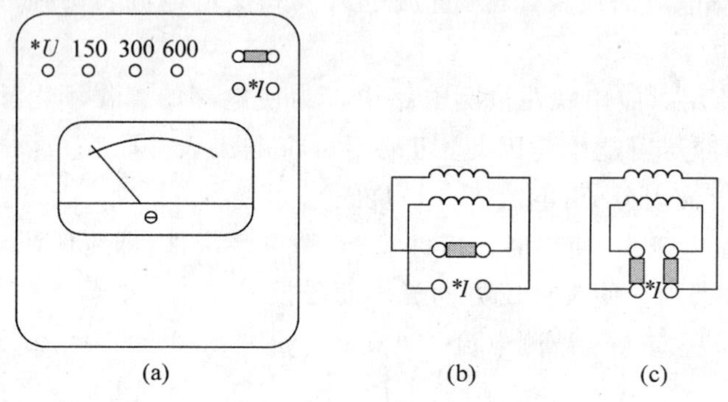

图 C-1 功率表的量程选择

(2) 功率表的正确接线

电动功率表的转矩与两个线圈的电流方向有关。如果其中一个线圈的电流方向接反了，转矩方向就要改变，这时不但不能正确读数，甚至还会将指针打弯。为了防止这种情况发生，两个线圈对于电流流进的接线端钮，仪表面板上均已标明“＊”或“±”标志，称为发电极端或同名端。功率表在接线时，应使电流和电压线圈的同名端接到电源统一极性的端子上，以保证两个线圈的电流方向都从同名端流入（或流出），这就是功率表接线时应遵循的“发电机端守则”。常用的接线方法如图 C-2 所示。

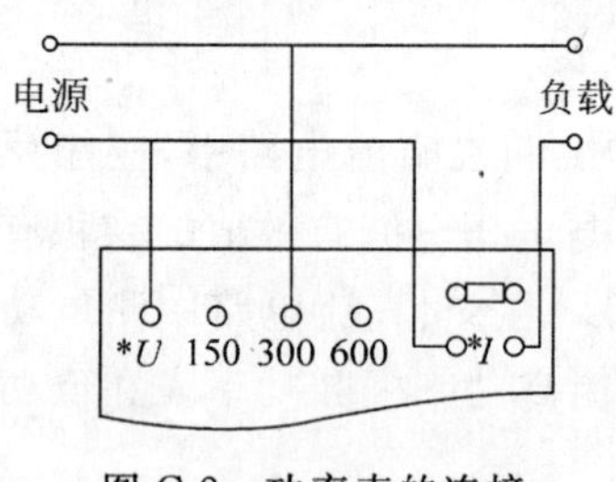

图 C-2 功率表的连接

C.2 万 用 表

万用表又称万能表，有多种量程，常用来测量直流电流、直流电压、交流电压、电阻和音频电平等。有的万用表还可以测量交流电流、电容、电感以及用于晶体管的简易测试等。由于万用表有用途广、量程多和使用方便等优点，所以应用十分广泛。万用表按指示方式可分为指针式万用表和数字式万用表。下面分别举例介绍其使用方法及使用

注意事项。

C.2.1 500 型万用表

500 型万用表是一种实验室常用的指针式万用表，其面板如图 C-3 所示。

1. 使用方法

(1) 使用之前须调整调零器 S_3 使指针准确地指示在标度尺的零位上。

(2) 直流电流测量

将开关 S_1 拨到“$\underline{A}$”挡，S_2 拨到需要的量程上，将表笔插在输入端 K_1 和 K_2 内，通过表笔串联到被测电路中，根据表针稳定时的位置和所选量程，正确读取测量值。测量超过 500mA 电流时，应将表笔插在输入端 K_1 和 K_3 内。

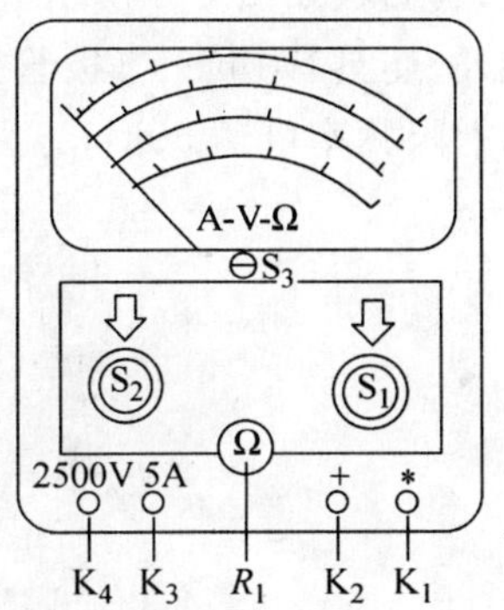

图 C-3 500 型万用表

(3) 直流电压测量

将开关 S_1 拨到“$\underset{\sim}{\underline{V}}$”挡，再将开关 S_1 转到测量直流电压的相应量程上。当不能预计被测电压范围时，应将开关旋钮旋在最大量程的位置上，然后根据指示值再选择适当的量程。测量直流电压时，如指针向相反方向偏转，需将“＋”、“－”表笔互换再进行测量。测量超过 500V 电压时，应将表笔插在输入端 K_1 和 K_4 内。

(4) 交流电压测量

将开关 S_1 拨到“$\underset{\sim}{\underline{V}}$”挡，再用开关 S_2 转到测量交流电压的相应量程上，测量方法与直流电压测量相似。50V 及以上各量程的指示值见第一条刻度，10V 量程见第四条“10$\underset{\sim}{\underline{V}}$”专用刻度。

(5) 电阻测量

将开关 S_2 拨到“Ω”挡，S_1 拨到“Ω”挡适当的量程上。先将两表笔短路，使指针向满度偏转，然后调节 R_1 旋钮，使指针指示在欧姆标度尺“0Ω”位置上，再将表笔分开进行电阻测量。每次转换量程都要进行“Ω”挡调零。

2. 使用注意事项

(1) 使用前首先选好两个波段开关的位置，在测试时，不能旋转开关旋钮！使用完毕后，应将两个开关均置“·”位置上。

(2) 万用表选用电阻挡时两表笔间有一定的直流电压，其“＋”端为低电位点（负极），“＊”端为高电位点（正极）。此时两表笔不能长时间短接，否则会因表内电池过度放电而失效。

(3) 测量电路中的电阻阻值时，应先切断被测电路的电源。如果电路中有电容器，应先将其放电后才能测量。切勿在电路带电情况下测量电阻。

C.2.2 DM—441B型数字多用表

DM—441B型数字多用表是具有发光二极管(LED)显示的4 $\frac{1}{2}$位便携式数字多用表,其面板如图C-4所示。它除了具有一般的交直流电压、交直流电流、电阻的测量功能外,还具有hFE、二极管、频率和通断测试的测量功能。它测量交流电压和交流电流的上限频率可达50kHz。

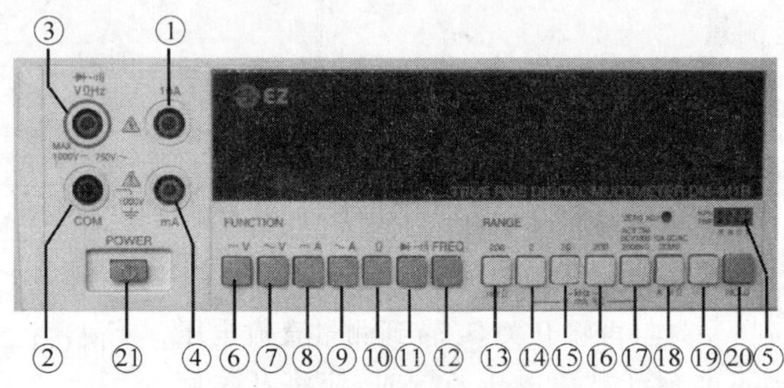

图C-4 DM—441B多用表前面板图

1. 面板介绍

(1) 输入端子

① (10A):安培电流输入端子。当电流量程选用10A挡时,用该端子作为电流(交流或直流)输入端子,被测电流有效值可达10A。

② (COM):所有测量的公共端子。公共端子和保护接地之间的电压不能超过1000V。

③ VΩHz:电压、电阻、频率、二极管、通断测试输入端子。

④ (mA):毫安电流输入端子。

⑤ (Socker):三极管放大倍数输入插座。

(2) 功能选择按钮

⑥~⑫用于选择不同的测量功能。

(3) 量程选择按钮

⑬~⑳用于选择不同的测量量程。

㉑——POWER,电源开关。

2. 使用说明

(1) 测量前,按下电源开关接通电源。

(2) 电压测量

① 把红表笔插进VΩHz插孔,黑表笔插进COM插孔。

② 功能挡选择电压测量功能,按下⎓V/hFE(直流电压)或~V(交流电压)按钮。

③ 选择合适的量程。

④ 把红表笔接入被测电路测量点，黑表笔接入被测电路共地点(COM)读取被测电压数值。数值显示窗口左边指示灯显示被测电量类型，数值显示窗口右边指示灯显示被测电量单位，如被测电压超出所选量程则屏幕显示闪烁的“0.000”。

交-直电压挡各量程的输入电阻约为 10MΩ，交流电压挡的测量频率范围为 50Hz～50kHz。

交-直流合成信号的测量过程如下：先用交流功能挡测量合成信号交流成分的有效值，再用直流功能挡测量合成信号直流成分，合成信号的总有效值与其交、直流成分的关系为

$$总有效值=\sqrt{(交流成分有效值)^2+(直流成分)^2}$$

(3) 电流测量

① 如果测量前未能估计被测电流的大小，则应先把红表笔插进 10A 插孔，黑表笔插进 COM 插孔。

② 选择电流测量功能，按下⎓A(直流电流)或～A(交流电流)按钮。

③ 选择合适的量程。

④ 测量时应把多用表串接到被测支路中，红表笔接电流流入端，读取被测电流值。如被测电流超出所选量程，则屏幕显示闪烁的“0.000”。

如被测电流未超出某一 mA 挡量程，应把红表笔插进 mA 插孔，量程选择选用该 mA 挡，以减小测量误差。

交流电流挡的测量频率范围为 50Hz～50kHz。

(4) 电阻测量

① 把红表笔插进 VΩHz 插孔，黑表笔插进 COM 插孔。

② 功能挡选择电阻测量功能，按下 Ω 按钮。

③ 选择合适的量程，在两表笔开路或被测电阻超出所选量程则屏幕显示闪烁的“0.000”。如所选量程远大于被测电阻阻值，则会影响测量精度。

④ 把红表笔和黑表笔分别接在被测电阻两端，读取电阻值。

注意：测量时不要用双手分别握着电阻的两只脚，这样会引进额外误差。如果在线测量电阻，应关闭被测电路电源并对电路中的电容器放电，否则会影响测量精度并可能损坏多用表。

(5) 频率测量

① 把红表笔插进 VΩHz 插孔，黑表笔插进 COM 插孔。

② 选择频率测量功能，按下 FREQ 按钮。

③ 选择合适的量程。

④ 把红表笔接入测量点，黑表笔接公共点，读取被测频率值。被测信号的电压有效

值不能低于 100mV，低于此触发电平则频率测量不能进行。

(6) 晶体管 hFE 测量

① 选择电压/放大倍数测量功能，按下 ⎓ V/hFE 按钮。

② 在量程选择挡中按下 hFE 按钮。把三极管管脚(发射极、基极、集电极)按 NPN 管或 PNP 管的不同类型，分别正确地插入多用表面板右边的测试孔中，读取测量值。该测量值是在基极电流 $I_B=2.4\mu A$，$U_{CE}=3V$ 条件下测得的近似的 hFE 值。

(7) 二极管测量

① 把红表笔插进 VΩHz 插孔，黑表笔插进 COM 插孔。

② 选择二极管测量功能，按下 ➔·))) 按钮。

③ 把表笔跨接在被测二极管管脚上。二极管的正向压降以 mV 为单位显示出来。反接时则显示闪烁的“0.000”。

(8) 通断测试

① 把红表笔插进 VΩHz 插孔，黑表笔插进 COM 插孔。

② 选择通断测试功能，按下 ➔·))) 按钮。

③ 把表笔接在通断测试点上，如两测试点之间的电阻小于 200Ω，则多用表会发出连续响声。

注意：测试前应关闭被测电路电源并对电路中的电容器放电。

(9) 锁定功能

按下锁定功能(HOLD)按钮，把该时刻的测量值锁定并显示在显示窗口上，仪表不再读取测量数据，再按一下按钮恢复到常态。

C.3 交流数字毫伏表

交流毫伏表是用来测量正弦波电压有效值的电子仪表，与一般的交流电压表相比，它具有较宽的频率响应范围和较高的灵敏度。图 C-5 所示为 MVT172D 型双通道交流数字毫伏表，它采用 4 位数字显示，特点是精度高(±0.5%)、灵敏度高(30μV～300V)、频率响应范围宽(5Hz～2MHz)、频率影响误差小、输入阻抗高(1MΩ，±10%)；有电压、dB、dBm 三种显示方式，显示清晰直观；可自动转换量程，使用方便。

1. 面板控制按钮说明

① (POWER)：电源开关。

② (PRESET RANCE)：当测量方式为“MAN”(手动转换量程)时，用于改变量程。按一下“◀”按钮，向小量程方向跳一挡；按一下“▶”按钮，向大量程方向跳一挡。

③ (AUTO/MAN)：用于选择测量方式。开机时处于“AUTO”(自动转换量程)状态。按一下该按钮，转换到“MAN”(手动转换量程)状态，再按一下按钮，又回到

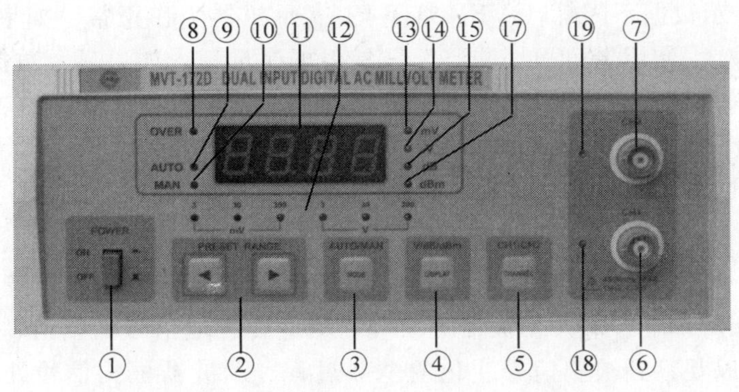

图 C-5　MVT172D 交流数字毫伏表面板图

"AUTO"状态。

④（V/dB/dBm）：用于选择显示方式。开机时处于 V(电压显示)方式。每按一下该按钮，机器便在 V、dB、dBm 三种显示方式之间切换。

⑤（CHANNEL）：输入通道选择按钮。开机时显示 CH1 输入电压，按一下按钮显示 CH2 输入电压。

⑥（CH1）：第一通道输入端子。当显示该通道电压时，其对应指示灯亮。

⑦（CH2）：第二通道输入端子。当显示该通道电压时，其对应指示灯亮。

⑧（OVER）：过量程或欠量程指示灯。当测量方式处于"MAN"状态，显示数字(忽略小数点)大于 3100 或小于 290 时，该指示灯亮，表示当前量程不合适。

⑨（AUTO）：该指示灯亮时表示当前处于自动转换量程状态。

⑩（MAN）：该指示灯亮时表示当前处于手动转换量程状态。

⑪（显示窗口）：4 位数码管显示。当被测电压超出测量范围时，显示数字会闪烁，表示该数据无效。

⑫（量程指示灯）：当机器处于手动转换量程状态时，量程指示灯的其中一个点亮表示当前的量程。

⑬～⑰（显示方式指示灯）：点亮者表示当前显示方式。

⑱～⑲（显示通道指示灯）：点亮者表示当前显示值为该通道输入信号的值。

2. 使用注意事项

(1) 测量前按下电源开关，接通电源。

(2) 开机后，机器处于 CH1 输入、自动量程、电压显示方式。使用者可根据测量需要重新选择输入通道、测量方式、显示方式。如果采用手动测量方式，在测量前要选择合适的量程。

(3) 当机器处于手动测量方式时，从输入端接入被测电压后，应立即显示被测电压数值；当机器处于自动测量方式时，加入被测电压后几秒后显示数据才会稳定下来。

(4) 如果显示数据不闪烁,OVER 灯不亮,表示机器工作正常。如果 OVER 灯亮,表示数据误差较大,使用者可根据需要选择是否更换量程。如果显示数据闪烁,表示被测电压已超出当前量程的范围,必须更换量程。

C.4 示 波 器

示波器是一种综合性的电信号测量仪器,它可以将被测电信号的波形及其变化过程直观地显示在屏幕上。利用示波器不仅可以测量各种电信号的幅值、频率、周期和比较相位,而且可以观察到被测信号变化的全部过程。示波器根据信号处理和显示方式的不同可分为模拟示波器和数字示波器,其中数字示波器还具有对被测信号波形进行处理和存储的功能。通过配合各种专用设备把非电量转换成电信号,还可以用示波器进行非电量测量。因此,示波器在电工电子测量技术中得到广泛的应用。

C.4.1 日立 V-252 型示波器

日立(HITACHI)V-252 型模拟示波器具有操作简单、使用方便的特点。其带宽为 0～20MHz,最高灵敏度为 1mV/DIV,双输入通道,其前面板如图 C-6 所示。

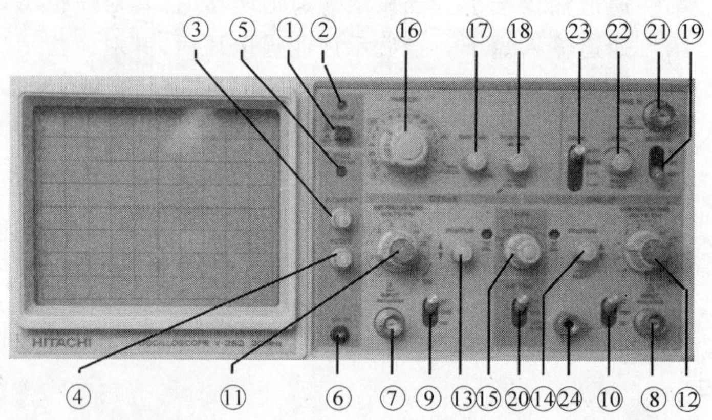

图 C-6 HITACHI V-252 型示波器前面板图

1. 面板各部件的作用及使用方法说明

(1) 电源、示波管部分

① (POWER):电源开关。

② (电源指示灯):电源接通时,此指示灯点亮。

③ (INTENSITY):亮度调节旋钮。旋转此旋钮可调节波形亮度,波形亮度不能调得太高,否则既容易烧伤示波管,也有损观测者的眼睛。

④ (FOCUS):聚焦调节旋钮。用于调焦,提高波形清晰度。

⑤(TRACE ROTATION)：扫描线旋转调节旋钮。用于调节扫描线的水平度。

⑥(CAL)：校准信号输出。输出幅度为0.5V_{P-P}、频率为1kHz的标准方波信号，用于校准Y轴灵敏度和X轴的扫描速度。

(2) 垂直偏转系统

⑦(CH1 INPUT)：通道1输入端口。被测信号输入BNC插座。当示波器工作于X-Y模式时作为X信号的输入端。

⑧(CH2 INPUT)：通道2输入端口。被测信号输入BNC插座。当示波器工作于X-Y模式时作为Y信号的输入端。

⑨、⑩(AC-GND-DC)：输入耦合方式开关。选AC时，输入信号经电容器耦合，信号的直流成分被隔离，只显示其交流成分。选GND时，输入端被接地。此时扫描线所处位置即为坐标横轴的位置。选DC时为直接耦合，输入信号的直流分量和交流分量同时显示。

⑪、⑫(VOLTS/DIV；VAR，PULL×5GAIN)：Y轴电压灵敏度调节组合旋钮。该组合旋钮下层可对Y轴灵敏度进行级调，使显示波形适合于观测；上层可对Y轴灵敏度进行连续调节。逆时针方向旋转此旋钮，可以使显示波形的幅度连续的减小。对显示波形的幅度进行定量测量时，应将此旋钮顺时针方向旋转到锁定状态，置于校准位置；拉出此旋钮，Y轴灵敏度将增大5倍，最高灵敏度达到1mV/DIV。

⑬(POSITION)：CH1垂直位移旋钮。用于调整CH1扫描线在屏幕垂直方向上的位置。

⑭(POSITION，PULL INVERT)：CH2垂直位移旋钮/反相开关。用于调整CH2扫描线在屏幕垂直方向上的位置。拉出此旋钮时，CH2的输入信号将被反相，这时在CH2显示的波形将是输入信号的反相波形。便于比较两个极性相反的信号和利用ADD(叠加)功能观测CH1和CH2两路信号的差信号(CH1－CH2)。通常情况下，此按钮应处于按入位置。

⑮(MODE)：通道显示模式选择开关：共分5挡。

CH1——屏幕仅显示CH1的信号。

CH2——屏幕仅显示CH2的信号。

ALT——交替显示方式。两通道信号交替的显示于屏幕，由示波管的余辉作用，可以同时观测到两通道的波形。用于同时观测两路频率较高的信号。

CHOP——断续显示方式。用高速电子开关对两路输入信号进行切换显示。用于同时观测两路频率较低的信号。当需要比较两路信号相位关系的时候，也采用这种显示方式。

ADD——叠加显示方式。此时显示的波形为CH1与CH2两路信号的代数和。

(3) 水平偏转系统

⑯ (TIME/DIV)：扫描速度选择旋钮。用于调整水平方向扫描速度，使显示波形的水平宽度适合于观测，扫描速度为 0.2μs/DIV～0.2s/DIV，共分 19 挡。此旋钮处于 X-Y 位置时，示波器成为 X-Y 工作方式。CH1 为 X 信号通道，CH2 为 Y 信号通道。此时，Y 轴的灵敏度由 CH2 的 VOLTS/DIV 旋钮调整，X 轴的灵敏度由 CH1 的 VOLTS/DIV 旋钮调整。

⑰ (SWP VAR)：扫描速度微调旋钮。与扫描速度选择旋钮(TIME/DIV)配合使用。逆时针方向旋转此旋钮，可以连续降低扫描速度。对显示波形周期做定量测量时，应将此旋钮顺时针方向旋转到锁定状态。

⑱ (POSITION，PULL×10)：水平位移旋钮/扫描扩展开关。用于调整扫描线在屏幕水平方向上的位置。拉出此旋钮，扫描线可被扩展 10 倍，此时的扫描速度为开关拉出前的 10 倍，扫描时间变为原来的 1/10。用此旋钮的 POSITION 功能将波形中需要扩展观察的部分移至中心刻度线，然后拉出此旋钮，屏幕中心的波形将向两侧扩展。

(4) 触发系统

⑲ (SOURCE)：触发信号源选择开关。用于选择触发扫描的信号源。

INT——以 CH1 或 CH2 的输入信号作为触发信号源。

LINE——以供电交流电源作为触发信号源。用于观测与交流电源信号具有固定相位关系的信号。

EXT——以 TRIG INPUT 的输入信号作为触发信号源。可以用与被测信号有同步关系的特殊信号作为触发信号源进行观测。

⑳ (INT TRIG)：内触发信号源选择开关。当 SOURCE 开关置于 INT 时，用此开关具体选择触发信号源。

CH1——以 CH1 的输入信号作为触发信号源。

CH2——以 CH2 的输入信号作为触发信号源。

VERT MODE——交替地分别以 CH1 和 CH2 两路输入信号作为触发信号源。观测两个通道的波形时，进行交替扫描的同时，触发信号源也交替地切换到相应的通道上。

㉑ (TRIG INPUT)：外触发信号输入端子。

㉒ (TRIG LEVEL，PULL-SLOPE)：触发电平选择旋钮/触发沿选择开关。调整触发电平可以改变输入波形上扫描开始的位置。触发电平合适，可以使显示波形稳定。这个旋钮同时作为触发沿(SLOPE)切换开关。推入的位置(正常位置)为信号上升沿触发扫描，拉出的位置为信号下降沿触发扫描。

㉓ (TRIGGER MODE)：触发方式选择开关。分 4 种方式。

AUTO——自动方式。任何情况下屏幕都有扫描线，有触发信号时，正常进行同步扫描，波形静止；无信号输入或触发失步时，也自动进行扫描。这种方式使用比较方便。

NORM——正常方式。仅在有触发信号时进行扫描。无信号输入或触发失步时，无扫描线出现。观察超低频信号(低于25Hz)调整触发电平时，使用这种触发方式。

TV-H——视频-行方式。用于观测视频行信号。

TV-V——视频-场方式。用于观测视频场信号。

㉔(GND)：接地端子。

2. 测量方法

(1) 直流电压的测量

① 将"触发方式选择"开关置于"AUTO"位置，选择合适的扫描速度，以使扫描不发生闪烁现象。

② 将"输入耦合方式"开关置于"GND"位置。此时的扫描线垂直位置即为零电平基准线，调节"垂直位移"旋钮，使该扫描线准确地落在屏幕中间水平刻度线上，以便读取被测直流信号电压。

③ 将被测电压接到输入端后，将"输入耦合方式"开关置于"DC"位置，将垂直灵敏度微调旋钮顺时针旋转到锁定位置，此时所显示的直线垂直位置即为所测电压值。若所测电压超出显示范围，应降低垂直灵敏度(即左旋"VOLTS/DIV"旋钮)；若所测电压值很小，应提高垂直灵敏度(即右旋"VOLTS/DIV"旋钮)。

若"VOLTS/DIV"旋钮处于"1V/DIV"位置，则如图C-7(a)所示的直流电压值为2.6V。

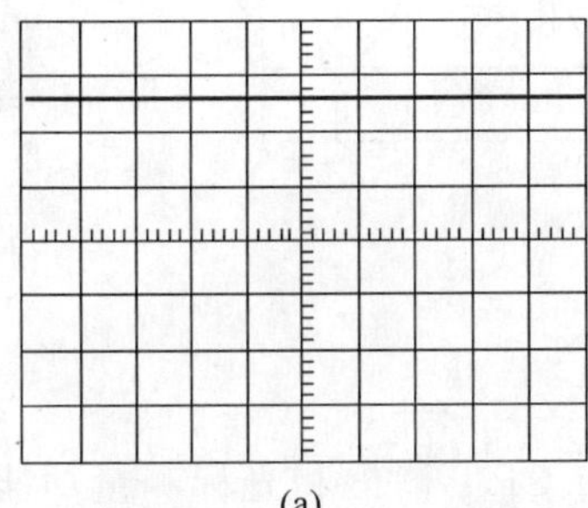

(a)

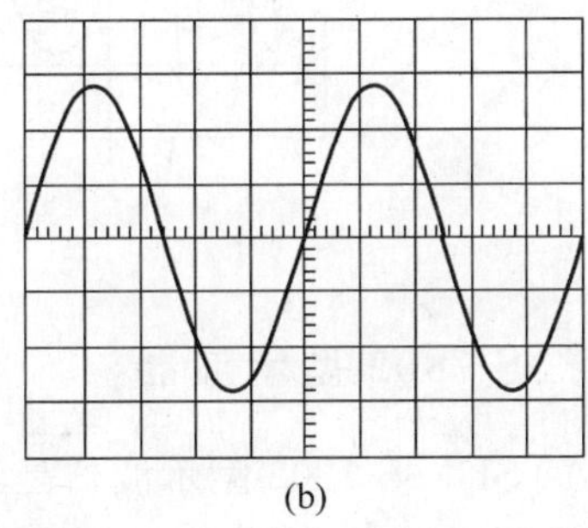

(b)

图C-7 电压测量

(2) 交流电压的测量

① 将"输入耦合方式"开关置于"GND"位置。调节"垂直位移"旋钮，使该扫描线准确地落在屏幕中间水平刻度线上。

② 将被测交流电压接到输入端后，将"输入耦合方式"开关置于"AC"位置(如输入电压中含有直流分量，则应将"输入耦合方式"开关置于"DC"位置)，将Y轴电压灵敏度调节组合旋钮调到适当的位置，此时所显示的波形即为所测交流电压波形。

若要测量交流电压值，则应将垂直灵敏度微调旋钮顺时针调到锁定位置。若“VOLTS/DIV”旋钮处于“1V/DIV”位置，则如图 C-7(b)所示的交流电压的幅值为 2.8V。

(3) 频率的测量

在图 C-7(b)中，若“TIME/DIV”旋钮处于“0.2ms/DIV”位置，交流电压的一个周期占 5 格，则所测电压的周期为 0.2×5=1ms，频率为 1kHz。

(4) 相位差的测量

① 将“通道显示模式选择”开关(MODE)置于“CHOP”位置，实现 CH1、CH2 的双通道显示。

② 将两路频率相同而相位不同的交流信号分别输入 CH1 和 CH2，此时屏幕上即显示所输入的两路交流信号的波形。

③ 在图 C-8 中，u_1 与 u_2 的周期均为 5DIV，它们之间的相位差为 1.6DIV，由此可算出 u_1 超前 u_2 的相位角差为 $\varphi=(1.6/5)\times 2\pi$，即 u_1 与 u_2 的相位差为 115.2°。

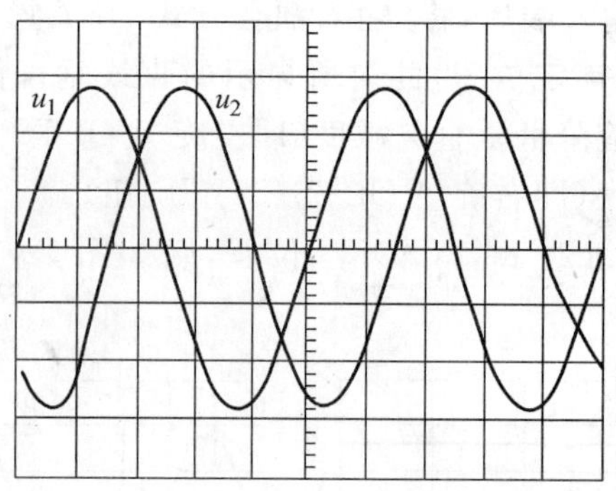

图 C-8 相位差测量

C.4.2 岩崎 SS-7802 型示波器

岩崎(IWATSU)SS-7802 型示波器是具有 CRT 读出和光标测量功能，并带有 5 位数字频率计的模拟双踪示波器，能够方便、准确地进行电压幅度、频率、相位等的测量。其带宽为 0～20MHz，最高灵敏度为 1mV/DIV，示波器操作面板上的波段开关大多采用电子开关(而非一般的机械开关)，从而避免了由于操作不当造成的机械损坏。

1. 主要性能指标

(1) 垂直偏转系统(Y 轴)

垂直显示方式：通道 1(CH1)显示，通道 2(CH2)显示，两通道相加(ADD)显示，双通道(ALT/CHOP)显示。

垂直灵敏度：范围从 2mV/DIV～5V/DIV，按 1-2-5 步进，分 11 挡。精度为±2%。可变控制范围从 2mV/DIV～12.5V/DIV 连续可变。

频带宽度：0～20MHz。

输入耦合方式：交流(AC)，直流(DC)。

输入阻容：1MΩ(±1.5%)/25pF±3pF(使用探头×10 挡时为 10MΩ/22pF)。

允许最大输入电压：±400V(DC+AC 峰值)。

(2) 水平偏转系统(X 轴)

① 扫频速率　20ns/DIV～500ms/DIV，按 1-2-5 步进分挡，挡内连续可调。精度为±5%。

② 扫描扩展　10 倍

2. 面板各部件的作用及使用方法说明

岩崎 SS-7802 型示波器操作面板如图 C-9 所示。

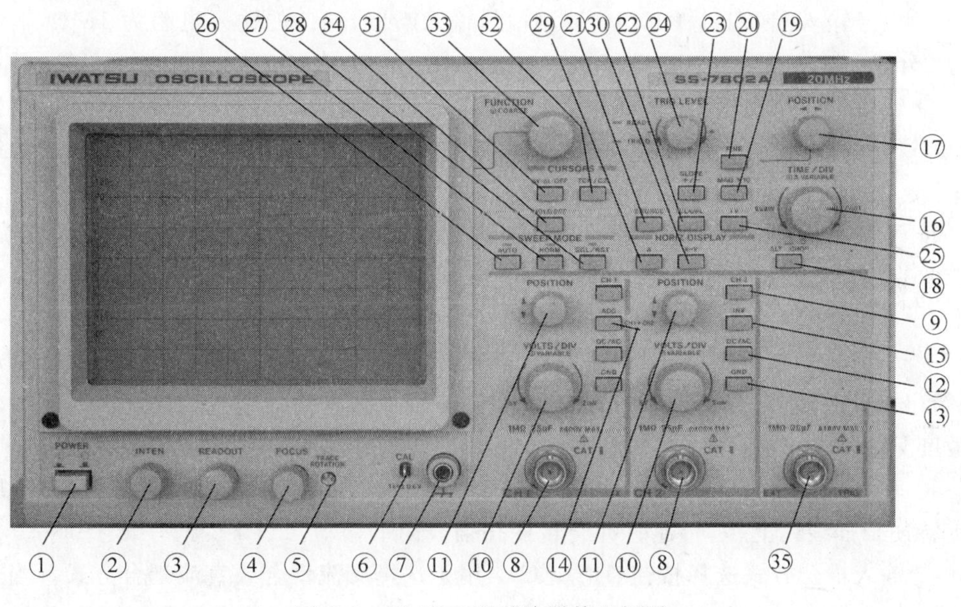

图 C-9　SS-7802 型示波器前面板图

(1) 电源、示波管部分

① 电源开关(POWER)：此开关为自锁开关。按入状态电源接通，弹出状态电源切断。

② 亮度调节旋钮/寻迹开关(INTEN/BEAM FIND)：此旋钮为一双功能旋钮。旋转此旋钮可调节波形亮度，波形亮度不能调得太高，否则既容易烧伤示波管，也有损观测者的眼睛。该旋钮的第二个功能为寻迹，当扫描线偏离屏幕中心位置太远，超出了显

示区域时，为判断扫描线偏离的方向，可按下此旋钮，这时，扫描线便回到屏幕中心附近，之后再将扫描线调回到显示区域内。

③ 屏幕读出亮度调节旋钮/开关(READOUT/ON/OFF)：此旋钮为双功能旋钮。旋转此旋钮可调节屏幕上显示的文字、游标线的亮度。此旋钮还作为屏幕读出的开关，按动此旋钮可切换屏幕读出("开"或"关")。

④ 聚焦调节旋钮(FOCUS)：用此旋钮进行聚焦调整，提高波形、文字和游标的清晰度。

⑤ 扫描线旋转调节旋钮(TRACE ROTATION)：用于调节扫描线的水平度。

⑥ 校准信号输出(CAL)：输出幅度为0.6V_{P-P}、频率为1kHz的标准方波信号，用于校准Y轴灵敏度和X轴的扫描速度。

⑦ 接地端子：此端子接到示波器机壳。

(2) Y轴偏转部分

⑧ 信号输入端(CH1、CH2)：被测信号输入断口，端口的输入电阻为1MΩ，输入电容为25pF。

⑨ 通道选择按钮(CH1、CH2)：此按钮用于选择所要观测的信号通道，可以设置为CH1/CH2单通道显示方式及双通道显示方式，被选中的通道号在示波器屏幕的下端以"1："或"2："的形式显示出来。

⑩ Y轴灵敏度调节旋钮(VOLTS/DIV VARLABLE)：该旋钮是一个双功能旋钮，旋转此旋钮，可进行Y轴灵敏度的粗调，按1-2-5的挡次步进，灵敏度的值显示在屏幕上。

按动此按钮，该旋钮处于Y轴灵敏度微调状态，此时在屏幕上通道标号后显示出">"符号，此时调节该旋钮，就可以连续改变Y轴放大电路的增益。注意：此时Y轴的灵敏度刻度已不准确，不能做定量测量。

⑪ 垂直位移旋钮(POSITION)：用于调整扫描线在屏幕垂直方向上的位置，顺时针旋转使扫描线向上移动，逆时针旋转使扫描线向下移动。

⑫ 输入耦合方式选择按钮(DC/AC)：用于选择交流耦合或直流耦合方式。当选择直流耦合时，屏幕上的通道灵敏度指示的电压单位符号为"V"，当选择交流耦合时，相应的单位符号为"v"。

⑬ 通道接地按钮(GND)：将此按钮按下，即将相应通道的输入端接地，以观察该通道的水平扫描线，确定零电平位置。输入端接地时，屏幕上电压符号"V"的后面出现"⏚"。再按一次按钮，此符号消失。

⑭ 输入信号相加按钮(ADD)：按动此按钮后，屏幕上显示出"1：500mV＋2：200mV"的字样，这时屏幕上在显示通道1和通道2波形的基础上，又显示出"通道1＋通道2"的波形。

⑮ 倒相按钮(INV)：按动此按钮后，屏幕上显示出"1：500mV+2：↓200mV"的字样，这时通道2的显示波形是输入信号波形的倒相。如果同时按动了"ADD"按钮，则看到的波形就是"通道1-通道2"的波形。

(3) X轴偏转部分

⑯ 扫描时间选择旋钮(TIME/DIV VARLABLE)：该旋钮为双功能旋钮。用该旋钮粗调扫描时间，按1-2-5的分挡步进，X轴上每格所代表的时间显示于屏幕的左上角，例如"A 10μs"。若按动此按钮，在字符"A"的后面显示出">"符号，表示X轴电路处于微调状态，再调节该旋钮，就可以连续调节X轴的扫描时间。注意：此时X轴扫描时间刻度已不准确，不能做定量测量。

⑰ X轴位移旋钮/扫描宽展开关(POSITION)：用于调整扫描线在屏幕水平方向上的位置，顺时针旋转使扫描线向左移动，逆时针旋转使扫描线向右移动。

⑱ 扫描切换选择按钮(ALT CHOP)：用于两通道的显示方式，即是交替扫描还是断续扫描。当按钮上方的指示灯亮时处于断续(CHOP)扫描方式，指示灯熄灭时处于交替(ALT)扫描方式。一般情况下，被观测信号的频率高时用交替扫描方式，被观测信号的频率低时用断续扫描方式。

⑲ 扫描扩展按钮：(MAG×10) 当此按钮按下时，在屏幕的右下角显示"MAG"，此时水平方向的扫描速度增加10倍，即每格代表的时间为原来的十分之一。

⑳ 水平位置微调旋钮(FINE)：按动FINE后指示灯亮，可微调扫描线的水平位置。将位移旋钮调到一头，扫描线就按一个方向缓慢移动。在扫描线移到合适位置后再将此旋钮往反方向微调一点，扫描线即停住不动。

(4) 扫描触发部分

㉑ 触发源选择按钮(SOURCE)：选择触发信号的来源。根据所观察信号的情况，可分别选择通道1(CH1)、通道2(CH2)、50Hz交流电网(LINE)或外触发(EXT)作为触发信号源。触发源符号显示于屏幕上方。

㉒ 触发信号耦合方式选择按钮(COUPL)：选择触发的耦合方式，共有AC、DC、HF-R、LF-R 4种耦合方式，其中后两种方式分别用于抑制触发信号中的高频干扰和低频干扰。

㉓ 触发沿选择按钮(SLOPE)：选择触发沿为"+"(上升沿)或"−"(下降沿)。

㉔ 触发电平调节旋钮(TRIG LEVEL)：调节该旋钮可以改变输入波形上扫描开始的位置。触发电平合适，可以使显示波形稳定。

㉕ 全电视信号触发方式(TV)：触发信号包含有行同步信号和场同步信号的全电视信号，触发信号由被测信号中同步信号产生。共有不分奇偶场触发(BOTH)、奇数场触发(ODD)、偶数场触发(EVEN)、行同步触发(H)等方式，根据被观察信号和观察目的而定。

㉖ 自动扫描方式按钮(AUTO)：按下该按钮进入自动扫描方式，即不管有无触发信号均会显示出扫描线。这种扫描方式适合于观测频率在50Hz以上的信号。

㉗ 常态扫描方式按钮(NORM)：按下该按钮进入常态扫描方式。在这种扫描方式下必须有触发信号才会开始扫描，适于观测频率在50Hz以下的信号。

㉘ 单次扫描方式按钮(SGL/RST)：按下该按钮后示波器处于单次扫描等待状态，这时"等待"(READY)指示灯亮，触发信号来到后开始一次扫描，扫描过后READY指示灯灭。

㉙ 正常扫描显示按钮(A)：按下此按钮时，由示波器内部电路产生线性扫描信号。注意：当由"X-Y"显示方式返回到正常扫描时必须按此按钮。

㉚ X-Y显示按钮(X-Y)：按下此按钮后，CH1的输入信号加到X轴，CH1或CH2或CH1+CH2的输入信号加到Y轴。用此功能可方便地观测电路的滞回特性、转移特性曲线等。

㉛ 游标切换按钮(ΔV-Δt-OFF)：在利用游标测量电压幅度、时间间隔、相位等参量时，使用此按钮来选择测量对象，按动此按钮可依次选定测量电压、时间间隔和关闭游标。

㉜ 游标线选择按钮(TCK/C2)：选择两条游标线中的一条或两条，依次为V-C1、V-C2、V-TRACK或H-C1、H-C2、H-TRACK。其中"V"表示测量垂直方向的物理量，"H"表示测量水平方向的物理量。"C1"、"C2"分别为第一条游标、第二条游标，"TRACK"为跟踪状态，即两条游标一起移动。被选中的游标线前端有一段短亮线，表示当前该游标可移动。

㉝ 功能/游标位移按钮(FUNCTION COARSE)：用于移动游标。此旋钮有两种移动方式，一种是旋转旋钮，能较精细地调节游标的位置，另一种是按动，进行步进调节(快速移动游标)。

㉞ 释抑调节按钮(HOLD OFF)：按动此按钮后，即可通过调节功能旋钮调节释抑比。其值在示波器屏幕的右上角显示。

㉟ 外触发输入端口(EXT TRIG)：外触发信号由此端口输入。

C.4.3 TDS2002数字存储示波器

TDS2002是一种小型、轻便、带宽为60MHz的二通道输入数字存储示波器。TDS2002数字存储示波器的主要功能包括：二通道输入，60MHz带宽，带20MHz可选带宽限制、每个通道都具有1.0GS/s(S/s表示每秒的取样数)的取样速率和2500点记录长度、自动设置菜单、光标带有读数、触发频率读出、11种自动测量、波形平均和峰值检测、双时基、数字快速傅里叶变换(FFT)、脉冲宽度触发能力、带可选行触发视频触发能力、外部触发、设置和波形存储、变量持续显示、可选的"TDS2CMA通信扩充模块"，可用于 RS-232、GPIB 和 Centronics 接口、十种用户可自选语言的用户界面。

1. 主要技术指标

(1) 信号采集

采集模式：取样、峰值检测和平均。

采集速率：每个通道最多为每秒 180 个波形。

(2) 信号输入

输入耦合：直流(DC)交流(AC)或地(GND)。

输入阻抗(直流耦合)：20pF±3pF 时为 1MΩ±20kΩ。

(3) 垂直控制

数字转换器：8 位分辨率(设置为 2mV/格时除外)，两个通道同时取样。

示波器垂直刻度范围：输入 BNC 处为 2mV/DIV～5V/DIV。

取样和平均模式中的模拟带宽，直流耦合：60MHz。

峰值检测模式中的模拟带宽(50s/DIV～5μs/DIV)：50MHz。

可选模拟带宽限制：20MHz。

较低频率限制，交流耦合：在 BNC 处为≤10Hz；使用一个 10×无源探头时为≤1Hz。

上升时间：<5.8ns。

峰值检测响应：对于>12ns 宽度(50s/DIV 到 5μs/DIV)的脉冲，在中心 8 个垂直分度中采集其 50%或更大幅度。

(4) 水平控制

取样速率范围：5S/s～1GS/s。

记录长度：每个通道 2500 个取样。

水平刻度范围：5ns/DIV～50s/DIV，按序列 1、2.5、5 排列。

取样递率和延迟时间精度：在任何≥1ms 时间内为$\pm 50\times 10^{-6}$。

增量时间测量精度：$\pm(1$ 取样间隔$+100\times 10^{-6}\times$读数$+0.4\text{ns})$。

(5) 触发

直流耦合：(a) CH1、CH2；从直流到 10MHz 为 1DIV，从 10MHz 到满带宽为 1.5DIV。
(b) 外部；从直流到满带宽为 200mV。

交流耦合：在 50Hz 及以上时与直流相同。

噪声抑制：从 10mv/DIV 以上到 5V/DIV，直流耦合触发灵敏度减小二倍。

高频抑制：从直流到 7kHz 时，与直流耦合限制相同，大于 80kHz 时将衰减信号。

低频抑制：频率大于 300kHz 时，与直流耦合限制相同，小于 300kHz 时将衰减信号。

(6) 测量

自动测定：频率、周期、平均值、峰-峰值、最小值、最大值、上升时间、下降时间、正频宽、负频宽。

2. 面板结构与说明

面板结构如图 C-10 所示，按功能可分为显示区、信息区、垂直控制区、水平控制区、触发区、功能区六个部分，另有五个菜单按钮和三个输入连接端口。下面将分别介绍各个部分的控制按钮以及屏幕上显示的信息。

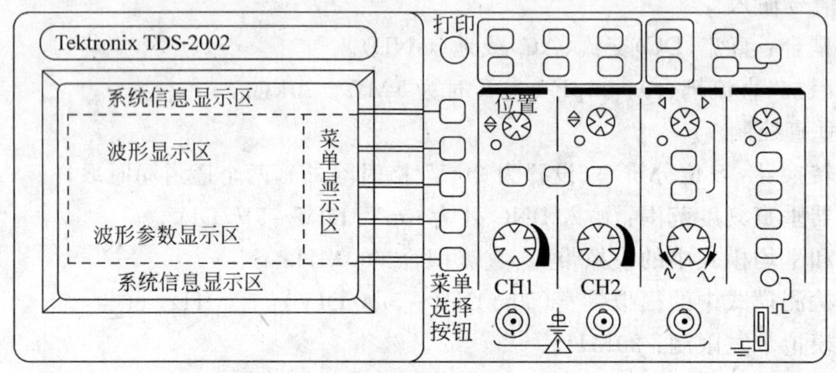

图 C-10 TDS-2002 面板示意图

(1) 显示区域如图 C-11 所示，下面介绍各部分含义。

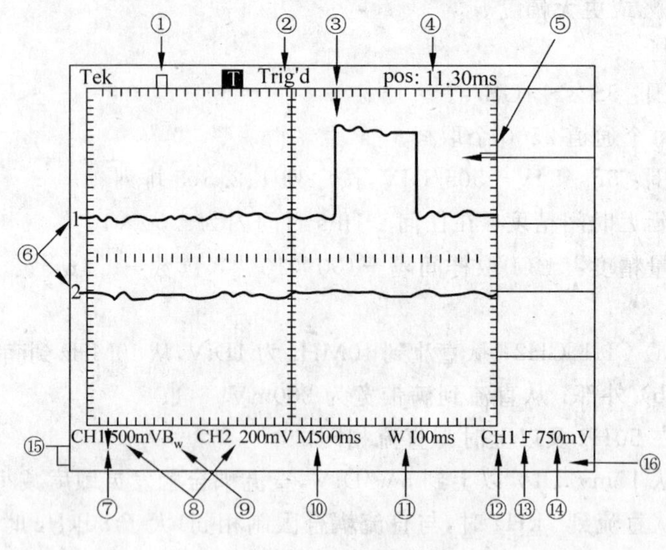

图 C-11 显示区域图

① 显示图标表示采集模式包括取样、峰值检测及均值。

② 触发状态显示。

③ 标记表示水平触发位置，旋转“水平位置”旋钮调整标记位置。

④ 以读数触发显示位置，数字表示触发位置与中心刻度线的时间偏差。

⑤ 使用标记显示“边沿”脉冲宽度触发电平，或选定的视频线或场。

⑥ 使用屏幕标记表明显示波形的接地参考点，如没有标记，不会显示通道。

⑦ 箭头图标表示波形是反相的。

⑧ 以读数显示通道的垂直刻度系数(V/DIV)。

⑨ B_W 图标表示通道是带宽限制的。

⑩ 以读数显示主时基设置。

⑪ 如使用窗口时基，以读数显示窗口时基设置。

⑫ 显示触发使用的触发源。

⑬ 采用图标显示选定的触发类型。

⑭ 用读数表示“边沿”脉冲宽度触发电平。

⑮ 显示区显示有用信息；有些信息仅显示 3s。如果调出某个储存的波形，读数就显示基准波形的信息，如 RefA 1.00V 500us。

⑯ 显示触发频率。

(2) 触发控制

“电平”和“用户选择”(LEVEL、USER SELECT)：使用边沿触发时，电平旋钮的基本功能是设置电平幅度，信号必须高于它才能进行采集。还可使用此旋钮执行“用户选择”的其他功能。LED 发亮以指示相应功能。

触发菜单(TRIG MENU)：显示触发菜单。

设置为 50%(SET TO 50%)：触发电平设置为触发信号峰值的垂直中点。

强制触发(FORCE TRIG)：不管触发信号是否适当，都完成采集，如采集已停止，则该按钮不产生影响。

触发视图(TRIG VIEW)：当按下“触发视图”按钮时，显示触发波形而不显示通道波形。可用此按钮查看诸如触发耦合之类的触发设置对触发信号的影响。

(3) 水平控制

水平位置(POSITION)：调整所有通道和数学波形的水平位置。这一控制的分辨率随时基设置的不同而改变，如图 C-12 所示。

水平菜单(HORIZONTAL MENU)：显示“水平菜单”功能表。

设置为零(SET TO ZERO)：将水平位置设置为零。

格/秒：用于改变时间刻度，以便放大或压缩波形。

(4) 垂直控制

CH1、CH2、光标 1 及光标 2 位置(POSITION、CURSOR1、CURSOR2)：可垂直定

位波形，显示和使用光标时，LED 变亮以指示移动光标时，可调节光标的位移，如图 C-13 所示。

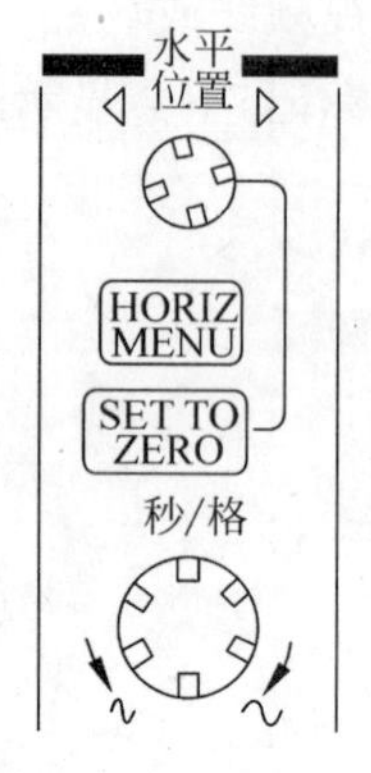

图 C-12　水平控制

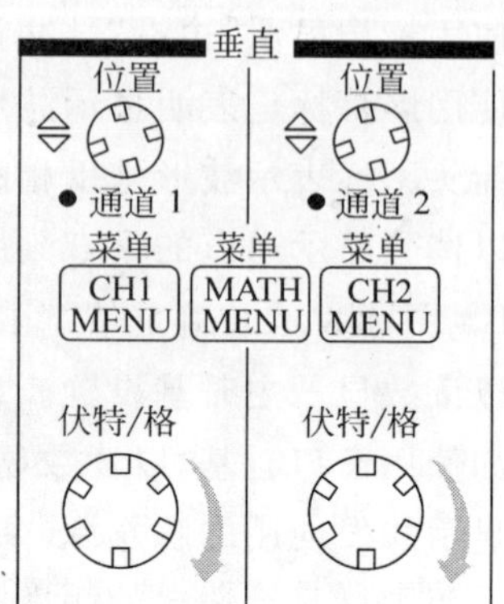

图 C-13　垂直控制

CH1、CH2 菜单(CH1 MENU、CH2 MENU)：显示垂直菜单选择项并打开或关闭对通道波形的显示。

伏特/格：用于选择垂直分辨率，分粗调与细调两种。

数学计算菜单(MATH MENU)：显示波形的数学运算，并可用于打开和关闭数学波形。

(5) 菜单和控制按钮(如图 C-14 所示)。

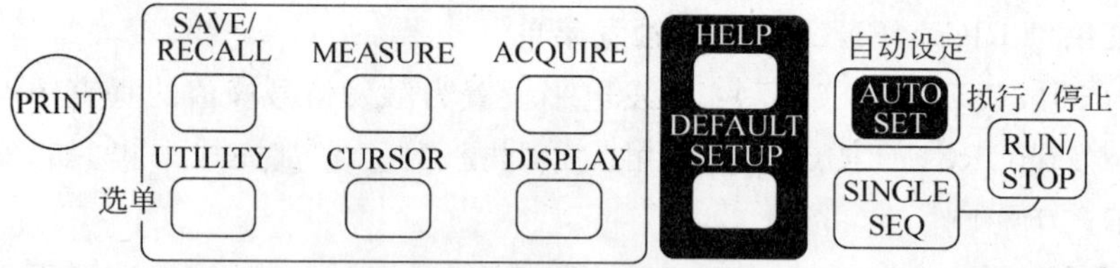

图 C-14　菜单和控制按钮

保存/调出(SAVE/RECALL)：显示设置和波形的保存/调出。菜单保存/调出的作用有两个，一个是保存/调出仪器的设置(指仪器面板控制钮的设定值)。另一个是保存/调出波形。

测量(MEASURE)：显示自动测量菜单。用于自动测定被测波形的参数。自动测定的参数有频率、周期、平均值、峰-峰值、均方根值五项。测定操作时，首先在测定功能表中选择信源，确定要测定的输入通道；然后再在测定功能表中选择类型，进一步选择每一位置上要显示的被测波形参数。

采集(ACQUIRE)：显示采集。菜单采集功能用于设定采集参数，而采集参数又与不同的采集状态有关。采集状态分为取样、峰值检测与平均值三种。

显示(DISPLAY)：用于选择波形的显示方式及改变波形的显示外观。

类型(显示方式)分矢量与光点两种。设定光点显示方式时，只显示取样点；若设定矢量显示方式，将显示连续波形(矢量填补取样点之间的空间)。

持续时间指设定显示的取样点保留的时间。设定值分1s、2s、5s、无限、关闭五种。

格式分YT与XY两种。YT格式是示波器的常规显示格式，用来表示显示波形的电压随时间变化而变化的相对关系；XY格式用来逐点比较两个波形间的相对相位关系(通道1为水平轴，通道2为垂直轴)。XY显示格式使用取样采集状态，数据成光点显示，取样率为1MS/s。

光标(CURSOR)：显示光标菜单。当显示光标菜单，并且光标被激活时，垂直位置控制方式可以调整光标的位置。光标菜单包括以下各项：

类型分电压或时间。电压用来测定两水平光标之间的电压值；时间用来测定两垂直光标之间的时间值或频率。

信源即光标所指的信号源，分通道1、通道2、Math、RefA、RefB。

增量表示两光标之间的差值。

光标1显示光标1的位置。

光标2显示光标2的位置。

离开光标菜单后，光标保持显示(除非类型选项设置为关闭)，但不可调整。

辅助功能(UTILITY)：显示"辅助功能菜单"。辅助功能菜单内容包括系统状态、自校正、故障记录及语言。

① 系统状态，显示水平系统、垂直系统、触发系统的参数设定值。

② 自校正，当环境温度变化达到或超过5℃时，可执行自校正程序，以提高示波器的精确度。

③ 故障记录，记录故障情况，便于仪器维修。

④ 语言，可选择操作系统的显示语言。

帮助(HELP)：显示帮助菜单。

默认设置(DEFAULT SETUP)：按下该按钮将示波器初始化为已知设置。

自动设置(AUTO SET)：自动设置示波器控制状态，以产生适用于输入信号的显示图形。

单次序列(SINGLE SEQ)：采集单次波形，然后停止采集。

运行/停止(RUN/STOP)：连续采集波形或停止采集。在任一模式中，波形显示可以用垂直和水平控制缩放或定位。

打印(PRINT)：开始打印操作。要求有适用于Centronics、RS-232或GSIB端口的扩充模块。

3. 应用实例

(1) 简单测量

要快速显示某个信号，使用自动设置，连接如图 C-15 所示，可按如下步骤进行：

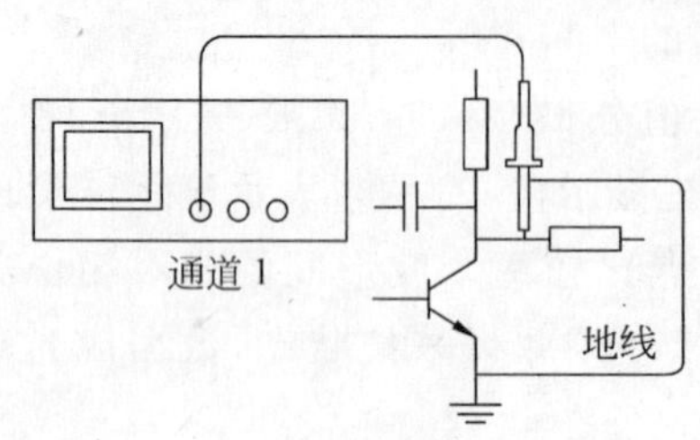

图 C-15　单信号连接

① 选择 CH1，将探头选项衰减设置成“10×”。

② 将 P2200 探头上的开关设定为“10×”。

③ 将 CH1 的探头与信号连接。

④ 按下“自动设置”按钮。

示波器自动设置垂直、水平和触发控制，使屏幕显示稳定的信号波形。如果要进一步优化波形的显示，可手动调整上述控制。

(2) 自动测量

示波器可自动测量大多数显示出来的信号。要测量信号的频率、周期、峰-峰值、上升时间以及正频宽，可按如下步骤进行：

① 按下测量按钮，查看测量菜单。

② 按下顶部的选项按钮；显示测量 1 菜单。

③ 按下类型选项按钮，选择频率。“值”读数将显示测量结果及更新信息。

④ 按下返回选项按钮。

⑤ 按下顶部第二个选项按钮；显示测量 2 菜单。

⑥ 按下顶部类型选项按钮，选择周期。“值”读数将显示测量结果及更新信息。

⑦ 按下返回选项按钮。

⑧ 按下中间的选项按钮；显示测量 3 菜单。

⑨ 按下“类型”选项按钮，选择“峰-峰值”。“值”读数将显示测量结果及更新信息。

⑩ 按下返回选项按钮。

⑪ 按下底部倒数第二个选项按钮，显示测量 4 菜单。

⑫ 按下类型选项按钮，选择上升时间。“值”读数将显示测量结果及更新信息。

⑬ 按下返回选项按钮。

⑭ 按下底部的选项按钮，显示测量 5 菜单。

⑮ 按下类型选项按钮，选择“正频宽”。“值”读数将显示测量结果及更新信息。

⑯ 按下返回选项按钮，如图 C-16 所示。

(3) 光标测量

使用光标可以快速对波形进行时间和电压测量。如测量振荡频率，要测量一个信号上升沿的振荡频率，可执行以下步骤：

① 按下光标按钮，查看光标菜单。

② 按下类型选项按钮，选择时间。

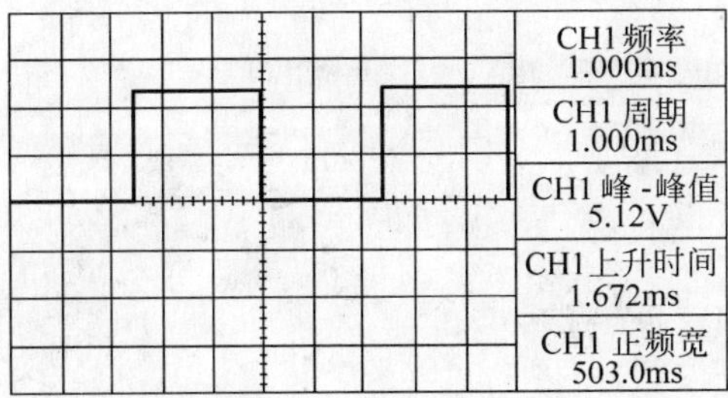

图 C-16 显示单信号波形

③ 按下信源选项按钮,选择 CH1。

④ 旋转光标 1 旋钮,将光标置于振荡的第一个波峰上。

⑤ 旋转光标 2 旋钮,将光标置于振荡的第二个波峰上。

⑥ 在光标菜单中将显示时间增量和频率增量(测量所得的振荡频率),如图 C-17 所示。

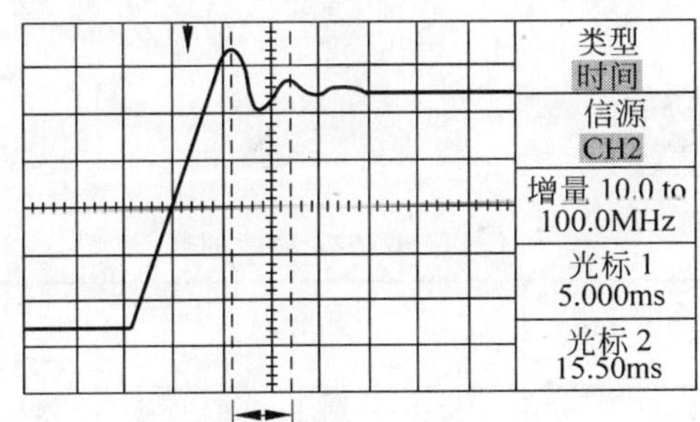

图 C-17 振荡频率的测量

C.5 信号发生器

C.5.1 SG1642 智能函数信号发生器

SG1642 智能函数信号发生器是一种具有高稳定度、多功能等特点的函数信号发生器。信号发生部分采用大规模单片函数发生器电路,能产生正弦波、方波、三角波、斜波、脉冲波;同时,采用单片机对仪器的各项功能进行智能化管理,对于输出信号的频率、幅度均由 LED 显示,其余功能则由发光二极管指示,使用者可以直观准确地了解到仪器的使用状况。其前面板如图 C-18 所示。

1. 主要技术指标

频率范围:0.3Hz～3MHz。

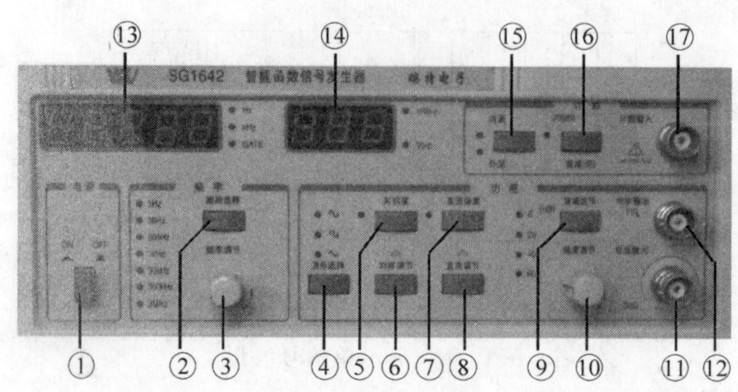

图 C-18 SG1642 智能函数信号发生器前面板

输出波形：正弦波、方波、三角波、正向或负向脉冲波、正向或负向锯齿波、TTL 脉冲波。波形对称度调节范围为 80：20～20：80。

正弦波失真度：≤2%(10Hz～100kHz)。

输出阻抗：50Ω±10%。

输出幅度：≥$20V_{p-p}$。

2. 面板标志说明及功能

面板各部分功能见表 C-1。

表 C-1 SG1642 功能列表

序号	面板标志	名 称	作 用
①	电源	电源开关	按下开关，机内电源接通，整机工作，此键释放为关掉整机电源
②	频段选择	频率范围选择	按一下此键，可改变输出信号频率的频段。同时，与此对应的指示灯亮。与③配合选择工作频率
③	频率调节	频率调节	频率微调旋钮，在②选定的频率范围内连续调节频率，以满足需要的输出信号频率要求
④		波形选择	按此键可选择正弦波、方波、三角波，同时与此对应的指示灯亮。与⑥、⑦配合使用可选择正向或负向斜波，正向或负向脉冲波
⑤	对称度	对称度	对称度控制按钮，指示灯亮时有效
⑥	△	对称度调节	当对称度控制有效(指示灯亮)时，按此按键对称度将从 20：80～80：20 变化，连续按时，变化的步进量由小到大
⑦	直流偏置	直流偏置	直流偏置控制按钮，指示灯亮时有效
⑧	△	直流偏置调节按钮	当输出信号直流偏置有效(指示灯亮)时，按此按键直流偏置从－10V～＋10V 变化，连续按下时，变化的步进量由小到大

续表

序号	面板标志	名　称	作　　用
⑨	衰减选择	衰减选择	按此键时，对应的指示灯亮，输出函数信号将被衰减0dB、20dB、40dB、60dB
⑩	幅度调节	幅度调节	调节输出信号的幅度
⑪	电压输出	输出(50Ω)	函数信号输出端，阻抗为50Ω，最大输出幅度为$20V_{P-P}$
⑫	同步输出TTL	TTL输出	TTL幅度的脉冲信号输出端，阻抗为50Ω
⑬		频率显示	显示输出信号的频率，或外测信号的频率
⑭		幅度显示	显示输出信号幅度的峰峰值(空载)，若负载阻抗为50Ω时，负载上的值应为显示值的1/2
⑮	测量选择	内测/外测	频率计的内测、外测选测按键。指示灯亮时有效。当选择外测时，如输入端无信号，约10s后，频率计显示为0
⑯	衰减	衰减	当计数选择外接时，若输入信号幅度较大，按一下此键指示灯亮有效
⑰	计数输入	计数器输入	外测频率时，信号从此输入

3. 使用注意事项

(1) 函数信号发生器输出端不能短接。

(2) 幅度显示窗口显示输出信号幅度的空载峰峰值，实际输出信号的有效值应以交流毫伏表测量值为准。

C.5.2　EE1411系列DDS合成函数信号发器

EE1411系列DDS合成函数信号发器是一种精密的测试仪器。它采用DDS(直接数字合成)技术，输出信号的频率稳定度等同于内部晶体振荡器，使测试更加准确。内部可输出正弦波、方波、脉冲波、三角波、锯齿波、TTL/CMOS、AM波及FM波、FSK、BPSK、BURST、扫频等30多种波形，可满足各种测试要求，是电子实验室必备的理想设备。

1. 主要技术指标

(1) 输出波形组合

正弦波，方波，脉冲，三角波，锯齿波，TTL/CMOS及扫频信号；

正弦波加{＋内/外AM，＋内/外FM，＋内/外FSK，＋内/外BPSK}；

方波加{＋内/外FM，＋内/外FSK，＋内/外BPSK}；

脉冲加{＋内/外FM，＋内/外FSK，＋内/外BPSK，＋内/外BURST}；

三角波加{＋内/外AM，＋内/外FM}；

锯齿波加{＋内/外AM，＋内/外FM}；

以及1kHz内部调制信号等30多种波形。

(2) 输出频率

0.01Hz～10MHz 正弦；

0.01Hz～3MHz 方波、脉冲、TTL/CMOS；

0.01Hz～100kHz 三角波、锯齿波；

最高分辨率：10mHz；

准确度：$\pm 2.5\times 10^{-6}$(常温)或 ±1mHz 中最大。

(3) 输出端：主函数输出、TTL/CMOS 输出。

(4) 输出信号方式：点频、扫频、调幅、调频、FSK、BPSK、BURST。

(5) 函数输出电平

幅度：2mV_{p-p}～20V_{p-p}(高阻 <10MHz)，优于 10%±1mV_{p-p}；<6V_{p-p}(高阻 >10MHz)；

频响：优于±0.5dB(<3MHz,20V_{p-p})；优于±2dB(<10MHz,20V_{p-p})；

方波，脉冲：优于±20%(<1MHz,20V_{p-p})；优于±30%(<3MHz,20V_{p-p})。

(6) TTL/CMOS 电平：标准 TTL 电平(正弦波，外调制)，CMOS 电平 3V_{p-p}～15V_{p-p}。

(7) 正弦波失真：≤0.1%(<100kHz,≥10V_{p-p})。

(8) 方波及脉冲

方波占空比 50%；脉冲占空比可调 10%～90%(频率<1MHz)，优于±10%(<3MHz,20V_{p-p})；

上升/下降沿：≤25ns。

(9) 三角波线性度偏差：优于 1%(≤50kHz)，优于 2%(>50kHz)。

(10) 内部扫频类型：线性，满量程扫频，频率可设置，扫描时间从 10ms～5s。

(11) 调制特性

内部调制：频率：1kHz±1Hz，前面板调制幅度可调；

外调制(典型参数)

AM：正弦波，输入 1.8V_{p-p}，频率<10kHz(前面板幅度可调)；

FM：正弦波，输入 1.8V_{p-p}，频率<30kHz(前面板幅度可调)；

FSK、BPSK、BURST：输入脉冲波，TTL 电平，频率<30kHz。

2. 前面板各部分名称及功能

EE1411 合成函数信号发器前面板如图 C-19 所示。

① 显示窗口：显示输出信号的频率、幅度、波形参数及波形标记区等。

② 偏置开关：调节输出信号的直流偏置电压。

③ 数字键盘区：输入数字，选择频率、幅度等参数。

④ TTL/CMOS 输出：当选择内部调制源时，该端口提供 1kHz 的音频调制信号输出；当选择外调制时，输出为主函数的同步信号。在正弦、方波、脉冲波时，信号电平为

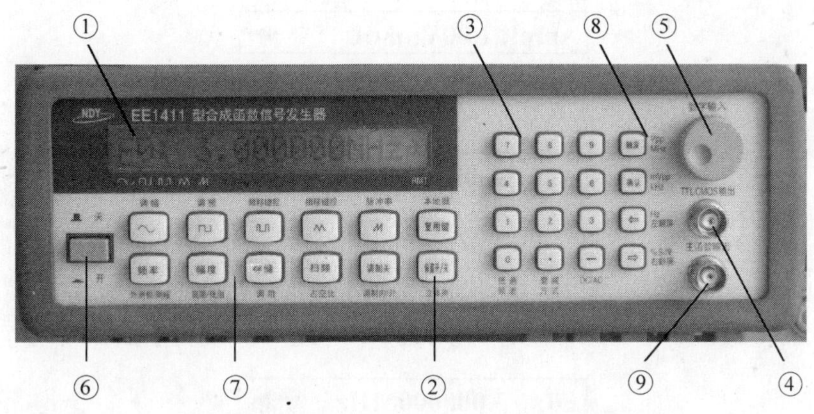

图 C-19　EE1411 合成函数信号发器前面板图

标准 TTL 或 CMOS 电平。后面板 TTL/CMOS 开关在关状态时输出 TTL 波形，开时输出 CMOS 电平(3～15V)。

内调制时：内部调制信号同步输出。

外调制时：不扫频时，时钟脉冲输出；正弦波扫频时，同步输出。

⑤ 旋转编码器：调节数字量(同键盘按钮)及功能确认。

⑥ 电源开关：按下接通电源，弹起关断电源。

⑦ 功能选择区：选择波形，频率，幅度，AM，FM，FSK，BPSK，BURST，调制内/外选择，调制开/关，扫频，存储，调用，偏置开/关等。

⑧ 单位键：选择频率单位，幅度单位，扫描时间单位，BPSK 角度单位等。

⑨ 主函数输出：射频信号输出端口。

3. 使用说明

开机后机器输出信号为正弦波、频率 3MHz、幅度 $1V_{p\text{-}p}$、无调制状态。可以看到如下显示：

1）频率调整

此时可以按数字键，频率单位键，输入需要的频率。

2）幅度调整

需要改变输出幅度时，可以按幅度键，将出现如下显示：

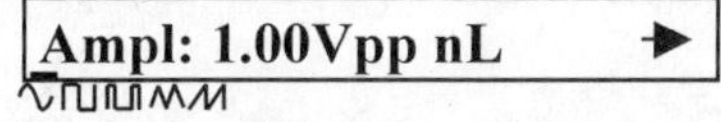

此时可以按数字键，幅度单位键输入需要的幅度；还可以按复用键 ＋ 幅度键切换幅度的显示，以适应不同的负载。如下图表示输出无负载高阻抗时的幅度值：

Ampl: 1.00Vpp nL →

而下图表示输出 50Ω 负载低阻抗时的幅度值：

Ampl: 500mVpp L →

3）输出波形改变

需要改变输出波形时，可以按相应的波形键来改变输出波形。

例如：希望输出波形为脉冲波时可以按脉冲键，显示将变为下图：

F0: 3.000000MHz →

注意屏幕下方的小光标，它将移动到脉冲波标志的上方。本机用此光标表示当前的输出波形。

4）工作模式设置

（1）调幅模式

可以通过按复用键＋正弦键，进入调幅状态，此时输出信号为调幅波。显示如下图：

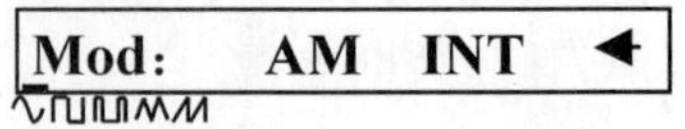

表示当前工作模式为调幅、调制源为内部。此时可以转动编码器来改变调幅深度，在旋动时可以看到“＊”在屏幕上闪烁。表示调制深度在改变。其他调制模式设置与此类似。

（2）扫频模式

按扫频键，进入频率扫描工作状态，显示如下图：

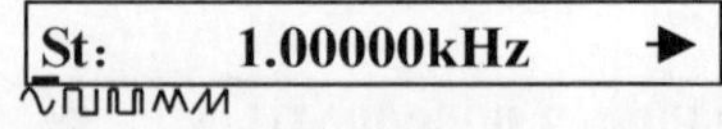

表示扫描开始频率，此时可以按数字键和频率电位键修改该频率。

继续按右翻屏键，显示如下：

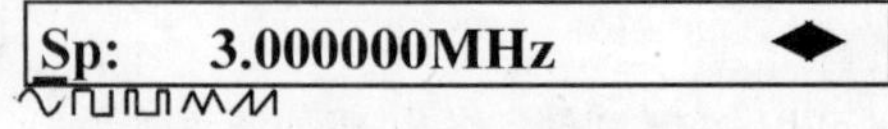

表示扫描终止频率，此时可以按数字键和频率电位键修改该频率。继续按右翻屏键，显示如下：

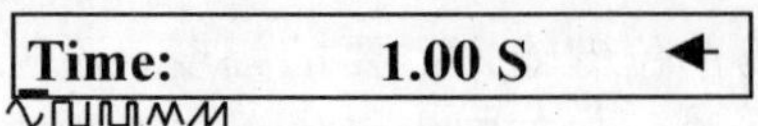

表示扫描时间，此时可以按数字键和右翻屏键(时间单位)修改该扫描时间。

(3) 调制源选择

在非扫频状态时，可以按复用键＋调制关来切换调制源状态。例如本机在调频、调制源为内部工作状态。显示如下：

Mod:　FM　INT　◄

此时可以按复用键＋调制关，显示发生如下变化：

Mod:　FM　EXT　◄

表示调制源已经切换到外部。

(4) 调制关闭

在任何调制模式中，都可以按调制关键退出调制模式。

(5) 脉冲波占空比调整

仅在脉冲波输出时才能进行占空比调整。例如在脉冲波输出状态下，按复用键＋扫频键，显示如下：

DUTY:　50%

此时可以按数字键和右翻屏键(百分比单位)修改脉冲波的占空比。按频率键将退出修改占空比，返回频率设置菜单。

(6) 直流偏置调整

按偏置开/关键，直流偏置将进行开、关状态的切换。例如在偏置关时想要打开直流偏置。显示如下：

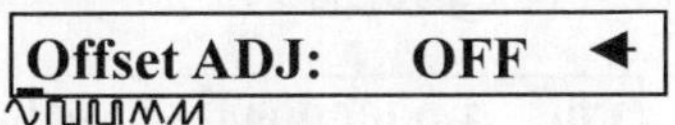

按偏置开/关键打开直流偏置。显示将发生如下变化：

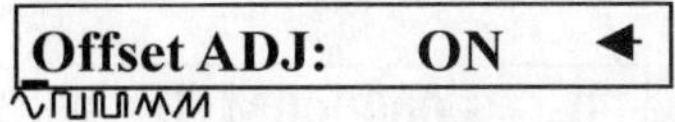

在偏置开的状态下，转动编码器调节偏置量，屏幕上会出现"＊"号闪烁，表明正在调节直流偏置量。

(7) 存储调用

本机可以对频率、幅度、波形信息进行存储调用。在需要存储时按存储键，显示如下：

Save:

此时可以按数字键(0～9)完成频率、幅度、波形信息的存储，显示如下信息(大约3秒钟后退出)：

Successful!

通过调用功能可以把已经存储的频率、幅度、波形信息调用出来。

在需要调用时按复用键＋存储键，显示如下：

Recall:

此时可以按数字键(0～9)完成频率、幅度、波形信息的调用，如果记录存在调用成功显示如下信息（大约3秒钟后退出)：

Successful!

如果记录不存在调用不成功显示如下信息(大约3秒钟后退出)：

Record Empty!

(8) 旋转编码器的使用

除了扫频模式，其他所有参数都可以通过旋转编码器来调节。旋转编码器有两种状态，分别为步进量调节状态和参数步进状态，它们之间可以通过压低旋转编码器的轴或确认键来切换。

步进量调节图示如下(注意参数下的光标)：

F0: 3.000000MHz ►

右旋编码器光标将向右移动，显示如下：

F0: 3.000000MHz ►

压低编码器的轴切换到参数步进状态。然后右旋编码器，变化如下：

F0: 3.010000MHz ►

当参数变化达到设定值时，压低编码器的轴确认。

C.6 直流稳定电源

DF1731SB2A是由二路可调输出电源和一路固定输出电源组成的高精度电源。其中二路可调输出电源具有稳压与稳流自动转换功能，电路稳定可靠，电源输出电压能从0～30V之间任意调整。在稳流状态时，稳流输出电流能从0～2A之间连续可调。二路可调电源间又可以任意进行串联或并联，在串联和并联的同时又可由一路主电源进行电压或电流（并联时）跟踪。串联时最高输出电压可达两路电压额定值之和，而并联时最大输出电流可达两路电流额定值之和。另一路固定输出5V电源，三组电源均具有可靠的过载保护功能，输出过载或短路都不会损坏电源。

1. 主要技术参数

可调电压：0～30V（双路）。

固定电压：5V/3A。

可调电流：0～2A（双路）。

工作方式：双路、可串并联。

指示方式：4位LCD数字显示。

纹波：CV≤1mV、CC≤3mA。

电源效应：CV≤1×10^{-4}、CC≤2×10^{-3}。

负载效应：CV≤1×10^{-4}、CC≤2×10^{-3}。

2. 操作面板说明

DF1731SB2A直流稳定电源的前面板如图C-20所示。

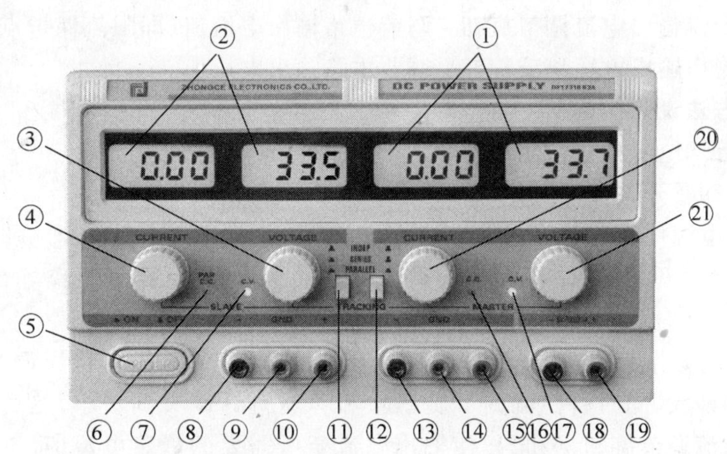

图C-20 DF1731SB2A直流稳定电源面板图

① 数字表：指示主路输出电压、电流值。

② 数字表：指示从路输出电压、电流值。

③ 从路稳压输出电压调节旋钮：调节从路输出电压值。

④ 从路稳流输出电流调节旋钮：调节从路输出电流值(即限流保护点调节)。

⑤ 电源开关：当此电源开关被置于"ON"时(即开关被按下时)，机器处于"开"状态，此时稳压指示灯亮或稳流指示灯亮。反之，机器处于"关"状态(即开关弹起时)。

⑥ 从路稳流状态或二路电源并联状态指示灯：当从路电源处于稳流工作状态时或二路电源处于并联状态时，此指示灯亮。

⑦ 从路稳压状态指示灯：当从路电源处于稳压工作状态时，此指示灯亮。

⑧ 从路直流输出负接线柱：输出电压的负极，接负载负端。

⑨ 机壳接地端：机壳接大地。

⑩ 从路直流输出正接线柱：输出电压的正极，接负载正端。

⑪ 二路电源独立、串联、并联控制开关。

⑫ 二路电源独立、串联、并联控制开关。

⑬ 主路直流输出负接线柱：输出电压的负极，接负载负端。

⑭ 机壳接地端：机壳接大地。

⑮ 主路直流输出正接线柱：输出电压的正极，接负载正端。

⑯ 主路稳流状态指示灯：当主路电源处于稳流工作状态时，此指示灯亮。

⑰ 主路稳压状态指示灯：当主路电源处于稳压工作状态时，此指示灯亮。

⑱ 固定 5V 直流电源输出负接线柱：输出电压负极，接负载负端。

⑲ 固定 5V 直流电源输出正接线柱：输出电压正极，接负载正端。

⑳ 主路稳流输出电流调节旋钮：调节主路输出电流值(即限流保护点调节)。

㉑ 主路稳压输出电压调节旋钮：调节主路输出电压值。

3. 使用方法说明

1) 双路可调电源独立使用

(1) 将⑪和⑫开关分别置于弹起位置。

(2) 可调电源作为稳压源使用时，首先应将稳流调节旋钮④和⑳顺时针调节到最大，然后打开电源开关⑤，并调节电压调节旋钮③和㉑，使从路和主路输出直流电压至需要的电压值，此时稳压状态指示灯⑦和⑰发光。

(3) 可调电源作为稳流源使用时，在打开电源开关⑤后，先将稳压调节旋钮③和㉑顺时针调节到最大，同时将稳流调节旋钮④和⑳逆时针调节到最小，然后接上负载，再顺时针调节稳流调节旋钮④和⑳，使输出电流至所需要的稳定电流值。此时稳压状态指示灯⑦和⑰熄灭，稳流状态指示灯⑥和⑯发光。

(4) 在作为稳压源使用时,稳流电流调节旋钮④和⑳一般应该调至最大,但是本电源也可以任意设定限流保护点。设定办法:打开电源,逆时针将稳流调节旋钮④和⑳调到最小,然后短接输出正、负端子,并顺时针调节稳流调节旋钮④和⑳,使输出电流等于所要求的限流保护点的电流值,此时限流保护点就设定好了。

(5) 电源只带一路负载时,为延长机器的使用寿命减少功率管的发热量,应使用在主路电源上。

2) 双路可调电源串联使用

(1) 将⑪开关按下,⑫开关置于弹起,此时调节主电源电压调节旋钮㉑,从路的输出电压严格跟踪主路输出电压,使输出电压最高可达两路电流的额定值之和(即端子⑧和⑮之间电压)。

(2) 在两路电源串联以前应先检查主路和从路电源的负端是否有连接片与接地端相联,如有则应将其断开,不然在两路电源串联时将造成从路电源的短路。

(3) 在两路电源处于串联状态时,两路的输出电压由主路控制但是两路的电流调节仍然是独立的。因此在两路串联时应注意④电流调节旋钮的位置,如旋钮④在逆时针到底的位置或从路输出电流超过限流保护点,此时从路的输出电压将不再跟踪主路的输出电压。所以一般两路串联时应旋钮④顺时针旋到最大。

(4) 在两路电源串联时,如有功率输出则应用与输出功率相对应的导线将主路的负端和从路的正端可靠短接。因为机器内部是通过一个开关短接的,所以当有功率输出时短接开关将通过输出电流。长此下去将有损整机的可靠性。

3) 双路可调电源并联使用

(1) 将⑪和⑫开关均按下,此时两路电源并联,调节主电源电压调节旋钮㉑,两路输出电压一样。同时从路稳流指示灯⑥发光。

(2) 在两路电源处于并联状态时,从路电源的稳流调节旋钮④不起作用。当电源做稳流源使用时,只需调节主路的稳流调节旋钮⑳,此时主、从路的输出电流均受其控制并相同。其输出电流最大可达二路输出电流之和。

(3) 在两路电源并联时,如有功率输出则应用与输出功率对应的导线分别将主、从电源的正端和正端、负端和负端可靠短接,以使负载可靠的接在两路输出的输出端子上。若将负载只接在一路电源的输出端子上,将有可能造成两路电源输出电流的不平衡,同时也有可能造成串、并联开关的损坏。

参考文献

1. 秦曾煌.电工学(第五版).北京：高等教育出版社,1999
2. 殷瑞祥,罗昭智,朱宁西.电路基础.广州：华南理工大学出版社,2004
3. 殷瑞祥,樊利民.电气控制.广州：华南理工大学出版社,2004
4. 殷瑞祥,朱宁西,丘晓华.模拟电子技术.广州：华南理工大学出版社,2004
5. 殷瑞祥,罗昭智,朱宁西.数字电子技术.广州：华南理工大学出版社,2004
6. 李春茂.电工技术.北京：科学技术文献出版社,2003
7. 李春茂.电子技术.北京：科学技术文献出版社,2004
8. 李春茂.电路基础(英文版).北京：电子工业出版社,2005
9. 李春茂.电子技术基础(英文版).北京：电子工业出版社,2005
10. 李春茂.电工电子技术实践教学的研究与探索.实验技术与管理,2005,22(4)：3～5
11. 李春茂.电工学课程模块化教学方案的建设与实施.实验技术与管理,2005,22(5)：4～5,10
12. 王建华.电工学实验(第三版).北京：高等教育出版社,2003
13. 吴建强,姜三勇.可编程控制器原理及其应用.哈尔滨：哈尔滨工业大学出版社,1998
14. 清华大学电机系电工学教研组.电工技术与电子技术指导.北京：清华大学出版社,2004
15. 韩明武.电工学实验.北京：高等教育出版社,2004
16. 李桂安.电工电子实践初步.南京：东南大学出版社,1999
17. 西门子(中国)有限公司自动化与驱动集团. 深入浅出西门子 S7-200 PLC(第二版).北京：北京航空航天大学出版社,2003
18. 郑步生,吴渭.Multisim 2001 电路设计与仿真入门.北京：电子工业出版社,2002
19. Iteractive Image Technologies. Multisim 2001 用户指南
20. 陈大钦.电子技术基础实验(第二版).北京：高等教育出版社,2000
21. 林时昌.数字逻辑电路与实验.北京：高等教育出版社,2003